학문을 키워주는 미래로의 산책

온고지신
인문학

에게 드립니다

온고지신(溫故知新)

'온고(溫故)'는 옛것을 익힌다는 뜻이고, '지신(知新)'은 새것을 안다는 뜻으로
새로운 것을 알기 위해서 옛것을 익히고 배워야 한다.

온고지신 인문학 5

원저:손무 / 편저:박일봉

일봉 손자병법

개정판

육문사
Yukmoonsa

온고지신 인문학 5

일봉 손자병법

초판 1쇄 | 2016년 3월 15일 발행

원저자 | 손무
편저자 | 박일봉
교   정 | 이정민
디자인 | 인지숙
펴낸이 | 이경자
펴낸곳 | 육문사

주소 | 서울 마포구 월드컵로 11길 35, 101동 502호
전화 | 02-336-9948
팩시밀리 | 02-337-4315
출판등록 | 제313-2011-2호 (1974. 5. 29)

ISBN 978-89-8203-026-0 04140
        978-89-8203-100-7 (세트)

국립중앙도서관 출판시도서목록(CIP)

(일봉) 손자병법 / 원저자: 손무 ; 편저자: 박일봉. -- 서울
: 육문사, 2016
  p. ;   cm. -- (온고지신 인문학 ; 5)

원표제: 孫子兵法
원저자명: 孫武
중국어 원작을 한국어로 번역
ISBN 978-89-8203-026-0 04140 : ₩13000
ISBN 978-89-8203-100-7 (세트) 04140

손자 병법[孫子兵法]

152.27-KDC6
181.11-DDC23   CIP2016003805

一峰 孫子兵法

손자병법을 시작하며……

이 책은 손자병법(孫子兵法)을 완역한 것이다.

병법에 관한 책으로는 뭐니 뭐니 해도 손자병법이 천하제일이다. 손자병법은 지금으로부터 약 이천오백 년 전에 쓰인 가장 오래된 병법서일 뿐 아니라 내용이 간결하고 전쟁의 심리를 유감없이 묘사한 격조 높은 병법서이다.

그리하여 일찍이 삼국지(三國志)의 영웅인 조조(曹操)는 손자병법을 탐독하고 연구하여 주해서(註解書)까지 남겼고 중국의 수많은 장수들은 누구나 손자병법을 공부했으며, 프랑스의 나폴레옹도 손자병법을 항상 옆에 놓고 읽었다.

독일의 황제 빌헬름 2세는 1차 세계대전에서 패한 후,
"만일 내가 이십 년 전에 손자병법을 읽었더라면……."
하고 탄식했다고 한다.

손자병법을 한마디로 말하면 '싸우지 않고 승리하는 병법서'이다. 손자는 또 "적을 알고 나를 알면 백 번 싸워도 위태하지 않다."고 말하였다. 열세 편으로 이루어진 손자병법은 어디를 읽어 보나 병법의 깊은 뜻이 심리적으로 잘 묘사되어 있다.

　손자병법은 또한 단순한 병법서만이 아니다. 현대 기업을 경영함에 있어서도 이 손자병법에 있는 그대로만 운영해 나간다면 누구나 성공을 거둘 수 있을 것이다. 이 책은 현재 기업을 경영하고 있는 사람들, 또는 앞으로 사업을 꿈꾸고 있는 사람들이라면 반드시 읽어야 할 필수 서적이라고 하겠다.

　책에는 수많은 스승과 내가 모르는 상상의 이야기를 담고 있다. 옛사람들의 책을 많이 읽어 온화한 품성과 안정된 정서를 갖추어 타인, 공동체, 자연과 더불어 사는데 필요한 인간다운 성품과 역량을 기르도록 올바른 인성교육과 밥상머리교육을 위하여 이 책을 꾸며 보았다.

차 례 / 손자병법(孫子兵法)

손무(孫武)와 손빈(孫臏)에 대하여

1. 시대적 배경

지금으로부터 약 삼천일백 년 전 주무왕(周武王)이 은(殷)왕조를 멸망시키고 주왕조(周王朝)를 세운 이래로 삼백삼십 년쯤 후 주왕조의 위력이 무너지면서부터 세상은 어지러워졌다. 이때부터 약 오백 년이 지난 기원전 221년에 진시황(秦始皇)이 중국 전토를 통일할 때까지를 후세 사학자들은 소위 춘추전국시대라고 말한다.

공자(孔子)가 쓴 춘추(春秋)라는 역사책의 대상이 되는 이백사십이 년 동안을 춘추시대라 하고, 유향(劉向)이 전국책(戰國策)에서 기술한 기원전 221년까지를 전국시대라 한다.

춘추시대는 주왕조가 붕괴되던 시기로, 중국 각지에서는 제후(諸侯)들이 힘을 길러 독립국을 형성하고 약육강식(弱肉強食)의 싸움이 벌어져 무려 일백사십 여개나 되는 나라들이 난립하여 소위 군웅할거(群雄割據) 시대가 전개되었다. 이윽고 이 나라들은 십여 나라로 줄어들었지만 제후국의 지배권은 불안정하였다.

전국시대로 접어들자 난립하여 다투던 작은 나라들은 점차로 통합되어 드디어 진(秦)·초(楚)·연(燕)·제(齊)·한(韓)·위(魏)·조(趙)의 소위 전국칠웅(戰國七雄)이 남아 서로 공방전을 펴게 된다. 이 일곱 나라 중에서도 세력이 가장 우세한 진(秦)나라가 강대한 국력을 배경으로 다른 여섯 나라를 차례차례 정복하여 드디어 기원전 221년에 진시황(秦始皇)이 천하를 통일하게 된다.

2. 손자(孫子)에 대하여

손자병법은 지금으로부터 약 이천오백 년 전 춘추시대에 살던 손무(孫武:기원전 541년~482년)가 지은 책이라고 전한다.

제(齊)나라에서 태어난 손무는 천재적인 병법가로, 양자강 하류에서 번영을 누리던 오(吳)나라 왕 합려(闔閭)의 장수가 되었다. 오나라가 남방의 신흥국으로서 차차 발전하여 서쪽의 강국인 초(楚)나라를 격파하여 그 수도까지 진격하고, 북쪽으로 제(齊)나라와 진(晋)나라를 위협하고, 남쪽으로 월(越)나라와 선전한 것은 모두 손무의 공로라고 전해지고 있다.

태고 때 일흔 번의 전투를 하여 한민족을 처음으로 통합하였다는 황제(黃帝)의 병서에다 손무 자신의 경험을 토대로 한 독창적인 전술을 가하여 이 손자병법을 지었다고 한다. 손무의 영적인 직감력은 전쟁의 심리적인 면을 치밀하게 설파하고 있어 병법서로서도 완벽하지만 처세철학서로서도 훌륭한 불후의 명작이다.

그 당시는 길흉화복을 점으로 판가름하던 시대였음을 고려했을 때 손무는 전쟁의 법칙을 과학적으로 탐구한 최초의 인간으로서 실로 경탄을 금할 수가 없다.

손무는 "사실의 본질을 파악하여 무리가 되지 않는 승리를 거두라."고 주장하였다. 또 "물은 일정한 형태가 없고 군대는 일정한 형세가 없다."고 말한 바와 같이 세상의 만물은 항상 변화하고 발전하는 것이 본래의 모습이라고 하는 노자(老子)의 사상과 일맥상통하기도 한다.

손자병법은 중국의 여러 병법서 중에서도 가장 오래되었지만 필요한 내용은 모두 갖추고 있다. 손자병법 이후에도 많은 병법서들이 나와 장관을 이루고 있지만 손자병법을 읽으면 다른 병법서는 읽지 않아도 될 정도이다. 그래서 중국 사람들은 "손자 이전에 병법서 없고 손자 이후에 병법서 없다."고 말하는 것이다.

3. 손무, 오(吳)나라 왕비를 베다

권력을 함부로 휘두르지 않았던 손무도 군벌에 대해서는 엄격했다. 손무가 처음으로 오(吳)나라 임금인 합려를 만나게 되자 합려는 손무에게 이렇게 말했다.

"나는 그대가 쓴 병법서 열세 편을 다 읽었는데 상당히 흥미가 있더군. 그런데 책만 가지고는 잘 이해할 수 없으니 어디 한 번 실전 모습을 나에게 보여 주지 않겠는가? 궁중에는 백팔십 명의 미녀들이 있으니 이 여인들을 두 패로 나누어 그대의 작전을 제대로 한 번 보여 주게."

하고 말했다. 손무는 왕명을 받들어 궁중에 있는 미녀들을 구십 명씩 둘로 나누고 오나라 임금이 총애하는 제2 부인과 제3 부인을 각각 대장으로 임명했다. 그리고 '전진! 하면 앞으로 가고 후퇴! 하면 뒤로 돌아가야 한다.'고 가르쳐 주었다.

그런데 대장이 명령을 해도 젊은 여자들뿐인지라 한 사람이 웃기 시작하면 그 웃음이 그치지를 않고, 대장이 이것을 타이르면 그 모습이 우스워 또 웃음이 터지는 것이었다.

몇 번이나 명령을 되풀이해 보았지만 미녀들은 애교 있는 소리만 지를 뿐이었다. 결국 손무는 두 대장을 베어버리겠다고 말했다. 임금은 깜짝 놀라 필사적으로 이를 말렸다. 그러자 손무는 이렇게 말했다.

"일단 왕명을 받아 장수가 된 이상 설사 임금의 명령이라도 도리에 맞지 않을 때는 따르지 않을 수 있습니다."

하면서 두 대장을 베어버렸다. 이것을 본 미녀들은 얼굴이 새파랗게 질렸다. 그 후 두 대장을 새로 세우고 명령을 내리자 미녀들은 마치 손무의 손발처럼 움직였으며, 손무가 명령하는 대로 진형과 작전의 오묘함을 보여 주었다고 한다.

처음에는 손무의 무엄한 행동에 화를 내던 왕도 차례차례 전개되는 용병의 오묘함에 넋을 잃고 바라보았으며 이후로 손무를 장수로 삼아 극진히 대우하고 모든 군대를 그에게 맡겼던 것이다.

이상의 이야기는 사마천(司馬遷)이 쓴 사기(史記)에 실려 있는 '오궁참미인(吳宮斬美人)'을 부연해 소개한 것이다.

4. 손빈(孫臏)에 대하여

그런데 최근에 이르러 다른 견해가 나오고 있다.

① 전국시대에 이르러서야 비로소 사용된 말인 '형명(形名)'이라든가 '패왕(覇王)'과 같은 말이 있으므로 손자병법은 춘추시대의 작품이 아

니다.

② 손무의 작품이 아니라 손빈의 작품이다.

그렇다면 손무가 죽은 후 백여 년 뒤에 제(齊)나라에서 활약하던 손빈은 어떤 사람인가?

손빈은 손무의 자손으로서 오자병법(吳子兵法)을 쓴 오기(吳起)에게 배웠다고 한다. 그런데 같은 제자 중에 방연(龐涓)이라는 수재가 있었다. 방연은 나중에 위(魏)나라 혜왕(惠王)의 장군이 되어 왕에게 손빈을 추천했다. 하지만 손빈의 재능이 자신보다 나은 것을 질투하게 되고 장군의 지위를 뺏길 것이 두려워, 혜왕에게 참소하여 손빈의 두 다리를 자르고 얼굴에 먹물로 죄명을 새기는 자자질을 하였다. 뿐만 아니라 다른 나라에서 손빈의 재능을 이용할까 두려워 나라 안에 감금해 놓고 있었다.

이때 우연히 위나라에 왔던 제나라의 사자가 손빈이 병법의 천재임을 알고 몰래 자기 수레에 태워 제나라로 데리고 돌아왔다. 제나라의 장수인 전기(田忌)는 몹시 기뻐하며 손빈을 군사(軍師)로 등용하여 우대했다.

뒤에 위나라가 원정하여 조(趙)나라를 공격했다. 조(趙)나라로부터 구원병을 요청 받은 제나라의 위왕(威王)은 손빈을 구원군의 장수로 삼으려 했지만 손빈은 '두 다리가 없는 사람이 장수 노릇을 할 수 없다.'고 사퇴했다. 그래서 전기(田忌)를 장수로 임명하고 손빈을 군사(軍師)로 삼아 출정하여 손빈은 아군의 호위를 받는 수레 안에서 작전계획을 짰다.

조나라의 도읍인 한단(邯鄲)을 포위하고 있는 위나라 방연이 이끄는 군대의 배후를 제나라 구원군이 공격하려 하자 손빈은,

"아군의 방향을 바꾸어 위나라 도읍인 대량(大梁)을 공격하도록 하시오."

하고 전기에게 말했다. 위나라 군대는 조나라 원정에 나와 있었기 때문에 도읍인 대량의 방위는 허술하기 짝이 없었다. 허를 찔린 방연의 군대는 급히 본국으로 돌아와 계릉(桂陵)에서 제나라 군대와 싸웠지만 '피로함으로써 편한 적을 치는' 결과가 되어 대패하고 말았다. 결국 제나라는 조나라도 구원하고 강적인 위나라 군대를 격파하여 일석이조(一石二鳥)의 성공을 거두었다.

　뒤에 손빈은 전기에게,

　"방연은 끝까지 한단을 공략하고 대량을 버렸어야 했다."

　하고 설명했다. 그렇게 했더라면 오히려 이익도 되고 병사들의 사기도 충천하여 제나라 군대에 승산이 없었다는 것이다. 그런데 방연은 그것을 해내지 못했다.

　이로부터 십삼 년 뒤에 위나라는 조나라와 연합하여 한(韓)나라를 공격했다. 한나라로부터 구원병을 요청 받은 제나라는 다시 전기를 장수로 삼아 위나라 도읍인 대량을 공격하게 했다. 위나라 장수인 방연은 이 급보를 받고 달려와 제나라 군대를 추격했다.

　손빈은 다시 전기에게 말했다.

　"위나라 군대는 지금 제나라 군대를 업신여기고 교만하게 굴고 있소. 지금은 그 교만함을 키워 주는 술책을 쓸 때요."

　이리하여 제나라 군대는 날마다 취사하는 가마솥의 수를 줄였다. 첫날에는 십만 명분이던 것을 다음 날에는 오만 명분으로 줄이고 또 그 다음 날에는 삼만 명분으로 줄이며 전진했다.

　방연은 제나라 군대의 뒤를 따라오며 사흘 동안 제나라 군대가 진을 쳤던 곳에 가마솥을 걸었던 자리를 세웠다.

"과연 추측했던 대로 제나라 군대에는 도망병이 많아 불과 사흘 만에 3분의 1로 줄어들었다."

하고 좋아했다. 그리고는 주력부대를 남겨둔 채 가볍게 차린 기병들만을 이끌고 피로함을 무릅쓰고 밤낮으로 길을 달려 급히 추격해 왔다. 그야말로 '백 리에 이익을 다투면 세 장수는 포로가 되며, 강한 자는 앞서 가고 피로한 자는 뒤에 처져 그 비율은 십 분의 일에 이르게 된다.'는 상태 그대로였다.

손빈은 그날 밤 늦게 방연이 마릉(馬陵)에 도착할 것으로 계산했다. 이 지형은 자리가 좁고 양쪽에는 나무들이 울창하여 복병하기에 안성맞춤이었다. 손빈은 나무의 껍질을 벗겨 '방연이 이 나무 아래에서 죽는다.'고 쓴 다음, 쇠뇌(石弓)를 가진 활의 명수들을 모아 길 양편에 잠복시켰다. 그리고 '밤이 되어 누가 이 나무 아래에서 불을 붙이거든 곧 일제히 사격하라.'고 명령했다.

과연 방연은 그날 밤 늦게 마릉에 도착하여 큰 나무에 무슨 글이 씌어 있는 것을 보았다. 그런데 너무 어두워 잘 보이지 않기에 그 글씨를 확인하기 위하여 불을 붙이게 하였다. 그러자 매복했던 제나라 병사들이 일제히 쇠뇌를 발사했다. 위나라 군대는 즉시 대혼란에 빠져 전멸하고 말았다. 마침내 방연도 미처 손쓸 사이도 없이 "결국 손빈에게 이름을 주고 말았다."고 한탄하면서 자살했다고 한다.

승세를 잡은 제나라 군대는 위나라의 본군을 습격하여 전멸시키고 총대장인 위나라 태자 신(申)을 포로로 하여 개선했다.

손빈은 이 싸움으로 천하에 이름이 알려지고 그의 병법은 '손빈의 병법'이라고 하여 많은 사람들의 칭송을 받게 되었던 것이다.

5. 손자병법에 대하여

그렇다면 손자병법은 과연 누가 쓴 것인가?

손무와 손빈은 그 품위가 다르다. 그것은 손무가 오나라 궁중에서 두 여인을 벤 이야기와 손빈이 위나라 대군을 격파하고 방연을 자살하게 한 이야기만 비교해 보아도 그 품위가 전혀 다름을 알 수 있다.

만일 앞에서 든 이야기가 손빈의 병법을 상징하는 것이라면, 이것을 손자병법에서 보면 하나의 결점에 불과하다.

단지 손빈에게 공이 있다면 그것은 자신의 선조인 손무가 쓴 병법을 정리한 일이라 하겠다.

중국에서 발간되는 잡지《文物》1974년 2월호에 의하면, '1972년 4월, 산동성에 있는 은작산(銀雀山)에서 손무와 손빈의 두 병법서가 출토되었다. 손자병법의 열세 편은 종래의 손무가 지었다는 열세 편과 거의 비슷하고, 손빈의 병법은 이것과는 전혀 별개의 것이다.' 라고 하였다.

그러므로 이 손자병법은 춘추시대에 살았던 손무가 쓴 것으로서 병법서 중에서 가장 오래된 것이라고 하겠다.

〈일러두기〉

- 이 책은 세상을 움직이는 책 《일봉 손자병법》을 원본으로 하여 자신의 내면을 바르고 건전하게 가꾸며 타인, 공동체, 자연과 더불어 사는 데 필요한 인간다운 성품과 역량을 기르는 인성교육의 도움이 되도록 온고지신 인문학 시리즈로 발간하였다.
- 한자의 뜻과 문장을 【글자 뜻】, 【말의 뜻】, 【뜻 풀이】로 음과 훈을 달아 자세히 풀어 한자 사전을 찾는 번거로움을 덜도록 하였다.
- 한자와 어구(語句)를 익힌 다음, 【뜻 풀이】로 문장을 참고해 가며 원문을 큰 소리로 되풀이하여 읽으면 한문 실력이 좋아질 것이다.

제1장
시계편
(始計篇)

이 시계편(始計篇)에서는 전쟁을 국가적인 입장에서 설명하고 있다.

전쟁은 국가의 대사이고 백성들의 생사가 달려 있으며 국가의 존망이 이에 달려 있다고 말하고 있다. 이어서 도(道)·천(天)·지(地)·장(將)·법(法)의 다섯 가지 기본 조건과 일곱 가지 실정을 비교하면 누가 이기고 질 것인지 미리 알 수 있다고 설명하고 있다.

1. 전쟁은 국가의 중대한 일이다

孫子曰 兵者 國之大事. 死生之地 存亡之道 不可不察
손 자 왈 병 자 국 지 대 사   사 생 지 지   존 망 지 도   불 가 불 찰
也. 故經之以五事 校之以七計 而索其情. 一日道 二
야   고 경 지 이 오 사   교 지 이 칠 계   이 색 기 정   일 왈 도   이
日天 三日地 四日將 五日法.
왈 천   삼 왈 지   사 왈 장   오 왈 법

손자(孫子)가 이렇게 말했다.

"전쟁은 국가의 중대한 일이다. 국민의 생사가 달려 있고 국가의 존망이 달려 있으니 가히 신중하게 살펴보지 않을 수 없다. 그러므로 다섯 가지 사항으로써 조사하고 일곱 가지 계교로써 비교하여 그 실정을 탐구해야 한다. 다섯 가지 사항이란 첫째는 도덕이요, 둘째는 하늘이요, 셋째는 땅이요, 넷째는 장수요, 다섯째는 법이다."

【글자 뜻】存:있을 존. 亡:망할 망. 察:살필 찰. 經:헤아릴 경, 글 경. 校:비교할 교, 학교 교. 計:계교 계. 索:찾을 색.

【말의 뜻】兵者:무력, 전쟁. 不可不~:~하지 않을 수 없다. 經之:실지로 헤아림. 五事:도(道)·천(天)·지(地)·장(將)·법(法)의 다섯 가지 사항. 校:비교함. 七計:일곱 가지 계교, 즉 군주, 장수, 천시와 지리, 법령, 군대, 병사, 상벌이다. 索其情:그 실정을 탐구함.

【뜻 풀이】손자는 이 병법 첫머리에서 그의 전쟁관(戰爭觀)을 보여 주고 있다. 전쟁이란 국가의 중대한 일일 뿐 아니라 국민들의 생사가 달려 있고 국가의 존망이 좌우되기 때문에 함부로 일으킬 것은 못 된다.

그렇지만 어차피 불가피한 전쟁이라면 다섯 가지 근본적인 사항과 일곱 가지 계교에 의하여 그 실정을 신중히 연구하고 검토하지 않으면 안 된다고 말했다.

2. 다섯 가지 근본 문제

道者 令民與上同意 可與之死 可與之生 而不畏危也.
도 자 영 민 여 상 동 의 가 여 지 사 가 여 지 생 이 불 외 위 야

天者 陰陽 寒暑 時制也. 地者 遠近 險易 廣狹 死生
천 자 음 양 한 서 시 제 야 지 자 원 근 험 이 광 협 사 생

也. 將者 智信仁勇嚴也. 法者 曲制 官道 主用也. 凡
야 장 자 지 신 인 용 엄 야 법 자 곡 제 관 도 주 용 야 범

此五者 將莫不聞 知之者勝 不知者不勝.
차 오 자 장 막 불 문 지 지 자 승 부 지 자 불 승

"도(道)란 백성으로 하여금 위와 더불어 한뜻이 되게 하여 함께 죽을
수 있고 함께 살 수 있게 해서 위험을 두려워하지 않게 하는 것이다.

하늘이란 낮과 밤(음양), 추위와 더위, 시기에 맞추는 일이다.

땅이란 멀고 가까움, 험하고 평탄함, 넓음과 좁음, 결사적으로 싸울 곳
인가 살 수 있는 곳인가 하는 것이다.

장수란 지혜와 신의와 어짊과 용기와 위엄이 있느냐 하는 것이다.

법(法)이란 군대의 편성, 명령의 계통, 병기와 식량 등의 군용품을 말한
다.

대저 이 다섯 가지는 장수가 다 알고 있지 않으면 안 되거니와, 아는 사
람은 승리하고 알지 못하는 사람은 승리하지 못한다."

【글자 뜻】 令:하여금 령. 畏:두려워할 외. 危:위태할 위. 制:단속할 제,
　　지을 제. 險:험할 험. 易:편할 이, 쉬울 이. 狹:좁을 협. 智:지혜 지.
　　曲:자세할 곡, 굽을 곡. 聞:알 문, 들을 문.
【말의 뜻】 令民與上之同意:백성으로 하여금 위와 더불어 한뜻이 되게

함.　不畏危:위험을 두려워하지 않음.　陰陽:낮과 밤, 비바람, 안개 등.　時制:시간의 제약.　險易:지리적으로 험하고 평탄함.　死生:결사적으로 싸울 곳과 살 수 있는 곳.　曲制:군대의 편성.　官道:군대의 명령 계통과 복무 규율.　主用:무기, 식량 등의 군용품.　莫不聞:알지 않으면 안 됨. 다 알아야 함.

【뜻 풀이】 이상은 전쟁에 있어서의 다섯 가지 근본 원칙이다.

　도(道)는 곧 대의명분이다. 전쟁을 하려면 대의명분이 있어야 한다. 기업으로 말하면 그것이 상도덕에 맞느냐, 사회의 복지를 위하여 필요한 것인가 등이 중요하다. 대의명분이 있으면 모든 직원들이 하나로 단결되어 아무리 어려운 일도 능히 해낼 수 있게 된다.

　둘째의 하늘은 곧 기상과 기후에 해당된다. 기업도 기상이나 기후에 관계되는 바가 크다고 하겠다.

　셋째의 땅은 지리적인 이점이다. 기업 역시 지리적인 위치, 인구의 밀도, 교통 조건 등이 크게 좌우한다.

　넷째는 장수이다. 장수는 지략과 신망과 인격과 용기와 위엄 등을 갖추어야 한다. 기업에 있어서 회장이나 최고경영자(CEO)도 이와 같은 조건들을 갖추고 있어야 직원들을 이끌 수 있다.

　다섯째의 법(法)이란 질서요 룰이다. 올바른 질서가 없는 곳에서는 원활한 운영이나 발전은 기대할 수 없다. 기업도 마찬가지다. 업무의 분담이나 명령 계통이 제대로 짜여 있어야 하고 자금이나 시설이 제대로 되어 있어야 발전할 수 있는 것이다.

3. 일곱 가지 기본 조건

故校之以七計 而索其情. 曰 主孰有道 將孰有能 天地
고 교 지 이 칠 계 이 색 기 정 왈 주 숙 유 도 장 숙 유 능 천 지

孰得 法令孰行 兵衆孰强 士卒孰練 賞罰孰明. 吾以此
숙 득 법 령 숙 행 병 중 숙 강 사 졸 숙 련 상 벌 숙 명 오 이 차

知勝負矣.
지 승 부 의

"그러므로 다음의 일곱 가지 계책을 비교하여 그 실정을 탐색해야 한
다.

일곱 가지 계책이란 임금은 누가 더 법도가 있는가, 장수는 누가 더 유
능한가, 천시(天時)와 지리(地利)는 누가 더 얻고 있는가, 법령은 누가 더
시행되고 있는가, 군대는 누가 더 강한가, 병사는 누가 더 훈련되었는가,
상과 벌은 누가 더 밝은가이다.

나는 이것으로써 승부를 알 수 있다."

【글자 뜻】 孰:누구 숙. 令:법령 령. 衆:무리 중. 卒:병졸 졸. 練:익힐
련. 賞:상줄 상. 罰:벌줄 벌. 負:질 부.

【말의 뜻】 主孰有道:임금은 누가 더 법도로 다스리는가? 天地孰得:천시
(天時)와 지리(地利)는 어느 편이 얻고 있는가? 法令孰行:법령은 어
느 편이 잘 시행되고 있는가? 士卒孰練:병사는 어느 편이 잘 훈련되
어 있는가? 賞罰孰明:상과 벌은 어느 편이 더 명백하게 주는가? 以
此知勝負:이것으로써 이기고 질 것을 알 수 있다.

【뜻 풀이】 다음에는 일곱 가지 기본 조건을 서로 비교하여 그 실정을 파

악해야 한다.

첫째, 어느 쪽의 군주가 법도를 지켜 훌륭한 정치를 하고 있는가?

둘째, 장수의 지략은 어느 쪽이 더 유능한가?

셋째, 하늘의 시기와 지리적인 이점은 어느 편이 더 유리한가?

넷째, 법령은 어느 편이 더 철저하게 시행하고 있는가?

다섯째, 군대는 어느 편이 더 강한가?

여섯째, 병사들은 어느 편이 잘 훈련되어 있는가?

일곱째, 상과 벌은 어느 편이 더 공정하게 시행하고 있는가?

나는 이상의 일곱 가지 기본 조건을 비교하고 검토함으로써 어느 편이 이기고 질 것인가를 미리 알 수 있다.

4. 기본 원칙과 응용

> 將聽吾計 用之必勝 留之. 將不聽吾計 用之必敗
> 장 청 오 계 용 지 필 승 유 지 장 불 청 오 계 용 지 필 패
> 去之. 計利以聽 乃爲之勢 以佐其外. 勢者 因利而
> 거 지 계 리 이 청 내 위 지 세 이 좌 기 외 세 자 인 리 이
> 制權也.
> 제 권 야

"장수가 나의 계략을 듣고서 쓰면 반드시 이길 것이니 머물고, 장수가 나의 계략을 듣지 않고서 쓰면 반드시 패할 것이니 떠날 것이다.

나의 계략을 이롭게 여겨 들으면 곧 세력이 되어 그 밖의 싸움을 도울 것이니, 세력이란 것은 유리함으로써 임기응변의 책략을 통제하는 것이다."

【글자 뜻】 聽:들을 청. 留:머무를 류. 勢:형세 세. 佐:도울 좌. 因:인할 인. 制:억제할 제, 지을 제.

【말의 뜻】 將聽吾計:장수가 내 계략을 들음. 留之:머물러 있음. 去之:떠나버림. 計利:나의 계략을 이롭게 여김. 爲之勢:세력이 됨. 佐其外: 나라 밖의 싸움을 이롭게 도움. 因利而制權:유리한 점에 의하여 임기응변의 계책을 억제시킴.

【뜻 풀이】 이상에서 설명한 일곱 가지 기본 조건이 유리하다고 하자. 그러면 다음에는 세력을 잡아 위의 기본 조건들을 보강해야 한다.

내가 말하는 계략을 유리하게 생각하여 채용하면 그것은 곧 세력이 되어 전쟁을 유리하게 도와줄 것이다. 대저 세력이란 이러한 점을 의

지하여 임기응변의 계책을 쳐부수는 일이다.

기본 조건들이 갖추어져 있으면 다음에 문제가 되는 것은 분위기와 세력이다. 세력이란 원래 이쪽의 유리한 조건을 활용하여 임시방편적인 잔꾀를 쳐부수는 일이다. 진정한 힘은 여기에서 생겨나 회사의 경영도 유리하게 끌어갈 수 있는 것이다.

정치에도 도덕정치와 권도정치가 있다. 도덕정치란 원칙에 따라 다스리는 정치이고 권도정치란 임기응변의 방법으로 다스리는 정치이다. 그러므로 유리한 기본 조건 밑에서 큰 세력을 잡아 이를 활용해 나간다면 임기응변적인 잔꾀는 마음대로 처리해 나갈 수 있는 것이다.

기본 원칙에 충실한 것은 좋은 일이지만 원칙만 지켜서는 성공하지 못할 수도 있다. 승리를 거두기 위해서는 기본 원칙의 응용이나 활용을 잘할 필요가 있다.

기본 원칙에만 너무 충실했기 때문에 패배를 자초한 경우가 있다. 이백이십팔 년에 촉한(蜀漢)의 제갈량(諸葛亮)이 북벌(北伐)을 일으켰을 때 참모인 마속(馬謖)을 선봉군의 장군에 임명했다.

마속은 가정(街亭)에서 적군을 만났다. 마속은 부관들의 만류를 뿌리치고 산꼭대기에 진을 치고 적군을 맞아 싸웠다. 손자(孫子)에도 '군대는 높은 곳을 좋아하고 낮은 곳을 싫어한다.(行軍篇)' 라는 말이 있다. 진을 칠 때는 높은 곳에 치는 것이 원칙이다. 마속은 이 원칙에 충실했던 것이다.

적군의 장군 장합(張郃)은 마속이 산꼭대기에 진을 친 것을 보자 이를 몇 겹으로 포위한 후 물이나 식량의 보급로를 끊고 지구전으로 들어갔다.

물과 식량이 없으면 견딜 도리가 없다. 이에 마속은 앉아서 죽음을 기다리느니 차라리 전군에 명을 내려 산을 달려 내려가도록 했다. 결국 곳곳에 기다리고 있던 적군에게 무참히 죽어갔다.

5. 전쟁은 속임수다

兵者 詭道也. 故能而示之不能 用而示之不用 近而示
병자 궤도야   고능이시지불능 용이시지불용 근이시

之遠 遠而示之近 利而誘之 亂而取之 實而備之 強而
지원 원이시지근 이이유지 난이취지 실이비지 강이

避之 怒而撓之 卑而驕之 佚而勞之 親而離之 攻其無
피지 노이요지 비이교지 일이노지 친이리지 공기무

備 出其不意. 此兵家之勝 不可先傳也.
비 출기불의   차병가지승 불가선전야

　"전쟁은 속이는 방법이다. 그러므로 유능하면서도 무능한 것처럼 나타
내고, 방법을 쓰면서도 쓰지 않는 것처럼 나타내고, 가까우면서도 먼 것
처럼 나타내고, 멀면서도 가까운 것처럼 나타내며, 이로움을 줄 것같이
하여 끌어내고, 혼란시키고서 취하며, 충실하면 대비하고, 강하면 피하
며, 성나게 하여 흔들어 놓고, 낮추어서 교만하게 하며, 편안하면 수고롭
게 만들고, 화친하면 이간시키며, 무방비함을 공격하고, 그 뜻하지 않은
데 나가니 이는 용병하는 사람의 이기기 위함이라 가히 먼저 전해지면 안
된다."

【글자 뜻】詭:속일 궤. 示:보일 시. 誘:꾈 유. 亂:어지러울 란. 取:취할
　취. 備:갖출 비. 避:피할 피. 怒:성낼 노. 撓:흔들 요. 卑:낮을 비.
　驕:교만할 교. 佚:편안할 일. 勞:수고롭힐 로. 離:이간할 리, 떠날
　리. 攻:칠 공.
【말의 뜻】詭道:속이는 방법. 不用:어떤 방법을 쓰지 않는 체함. 利而誘
　之:이익 될 것을 보여 유인함. 亂而取之:혼란시켜 놓고 탈취함. 實而

備之:적이 견실하면 한 걸음 물러나 태세를 정비함. 怒而撓之:적군을 성나게 하여 흔들어 놓음. 卑而驕之:저자세를 보여 적군을 교만하게 만듦. 佚而勞之:적군이 평온한 때 허를 찔러 피로하게 만듦. 親而離之:적군이 화친하면 이간질함. 出其不意:불의로 적군의 허를 찌름. 兵家之勝:용병하는 사람이 이기는 방법. 先傳:사전에 알게 함.

【뜻 풀이】전쟁은 한마디로 속임수이다. 다음에 드는 열네 가지는 속임수 의 방법들이다.

• 能而示之不能 : 능력을 충분히 가지고 있으면서도 일부러 적에게 무능하고 어리석게 보이도록 한다. 이것도 일종의 속임수이다.

• 用而示之不用 : 어떤 작전을 쓰면서도 겉으로는 그 작전을 쓰지 않는 것처럼 적에게 보인다. 앞의 것이 능력에 대한 속임수라면 이것 은 작전에 대한 속임수이다.

• 近而示之遠 遠而示之近 : 가까운 곳에 있으면서도 먼 곳에 있는 체하고, 먼 곳에 있으면서도 가까운 곳에 있는 체한다. 이것은 거리에 관한 속임수로, 이편의 소재를 적군이 알지 못하도록 하는 방법이다.

• 利而誘之 : 작은 이익을 보여 상대방을 유혹하라. 큰 이익은 자기 가 취하고 작은 이익을 상대편에게 주는 속임수이다.

• 亂而取之 : 상대방을 혼란시킨 후 그 틈을 이용하여 공략하라. 이 것은 교란전술이다. 상대방의 약점을 이용하여 혼란에 빠뜨리거나 상 대방의 배후를 교란시킨 다음, 그 혼란한 틈을 이용하여 공격을 가함 으로써 이쪽의 이득을 취하는 방법이다.

• 實而備之 强而避之 : 상대방이 내용적으로 충실하면 이쪽도 그에 대비하여 대등한 세력을 갖추고, 상대방의 전력을 비교 평가하여 이 쪽보다 우세하면 격돌을 피하라.

• 怒而撓之 : 상대방을 성나게 하여 이성을 잃게 하는 속임수이다. 이것은 상대방을 자극하여 성나게 함으로써 상황 판단이나 행동함에 있어 정상적인 상태를 벗어나게 하는 것이다. 상대방이 평정을 잃고 이쪽이 냉정하고 침착하다면 승부는 당연히 이쪽에 유리하게 된다. 이와 같은 속임수는 당연히 생각할 수 있는 수단이다.

• 卑而驕之 : 이쪽을 무력한 체 가장함으로써 상대방을 오만불손하게 만드는 속임수이다. 이쪽이 무력하고 무능한 것을 보여 주면 상대방은 당연히 거만한 태도를 취하여 경계심이나 적대의식을 완화하게 된다. 억지로 키를 키우면 발이 불안해지기 마련이다. 겸양은 적당하면 미덕이지만 필요 이상의 겸양은 속임수인 경우가 많다.

• 佚而勞之 : 상대방이 평온무사할 경우에는 어떤 작용을 가함으로써 상대방을 피로하게 만든 다음에 공격해야 한다. 이것은 평범한 말 같지만 잘 음미해보면 깊은 뜻을 지니고 있다.

• 親而離之 : 적대국들이 화친하고 있으면 이간으로 그들을 불화하게 만들라. 이것은 국제간의 모략으로 잘 이용되는 소위 이간작전이다.

• 攻其無備 出其不意 : 상대방의 태세가 갖춰져 있지 않을 때 공격하고, 상대방의 전혀 뜻하지 않은 곳을 공격하라. 이것은 상대방의 실정을 잘 알고 있을 때 사용하는 기습작전이다.

이상으로 열네 가지 속임수의 설명은 다 끝났는데 이와 같은 속임수들은 전략가들이 승리를 거두기 위하여 사용하는 작전으로, 그것이 사전에 상대방에게 알려져서는 안 된다.

예로부터 명장들 중에는 이 속임수를 잘 구사하는 사람들이 많았다. 삼국시대 위(魏)나라의 장군인 사마의(司馬懿)도 그중의 한 사람이었다. 그는 서기 이백이십팔 년에 상용(上庸)에서 맹달(孟達)을 공격할 때에는 속전속결로써 전광석화(電光石火)와 같은 승리를 거두었다. 그런데 십 년 후에 요동(遼東)에서 공손연(公孫淵)을 포위했을 때는 유유한 태도를 지녀 좀처럼 공격을 가하지 않았다. 기다리다 못한 참모가,

"연전에 상용에서 맹달을 공격했을 때는 속전속결로 불과 5일 만에 성을 함락시키고 맹달의 목을 베었습니다. 그런데 이번에는 유유하게 기다리고 있으니 무슨 까닭입니까?"

하고 묻자 사마의는 이렇게 대답했다.

"그때와 지금과는 상황이 전혀 다르다. 상황이 다르면 그에 대한 작전도 달라져야 한다. 오늘은 적군의 수가 많을 뿐 아니라 비까지 그들을 도와주고 있다. 싸움이란 결국 속임수인 것이다. 이런 때는 유유한 태도를 취하여 적군을 안심시키는 것이 상책이다. 목전의 이익만을 보고 싸움을 거는 것은 어리석은 작전에 불과한 것이다."

6. 승리에 대한 전망

夫未戰而廟算勝者 得算多也. 未戰而廟算不勝者 得
부 미 전 이 묘 산 승 자   득 산 다 야   미 전 이 묘 산 불 승 자   득
算少也. 多算勝 少算不勝 而況於無算乎. 吾以此觀之
산 소 야   다 산 승   소 산 불 승   이 황 어 무 산 호   오 이 차 관 지
勝負見矣.
승 부 견 의

　"대저 아직 싸우지 아니하고서 작전 회의에서 이기는 사람은 승산을
얻음이 많고, 아직 싸우지 아니하고서 작전 회의에서 이기지 못하는 사
람은 승산을 얻음이 적다. 승산이 많으면 이기고 승산이 적으면 이기지
못하거니와, 하물며 승산이 없음에 있어서랴!
　이것만 관찰하면 이기고 지는 것이 나타난다."

【글자 뜻】廟:사당 묘.　算:산놓을 산.　況:하물며 황.　觀:볼 관.　見:나타
　　날 현, 볼 견.
【말의 뜻】未戰:싸우지 않음. 싸우기 전.　廟算:종묘에서 상황을 판단함.
　　작전회의.　得算多:승산을 얻음이 많음.　多算勝:승산이 많으면 이김.
　　況於無算乎:하물며 승산이 없음에 있어서랴!　勝負見矣:이기고 지는
　　것이 저절로 나타난다.

【뜻 풀이】'승산이 없으면 싸우지 않는다.—모공편(謀攻篇)'는 것이 손자
　　(孫子)의 기본적인 입장이다. 자기 나라의 전력과 적국의 전력의 우열
　　을 검토하고 평가해 보는 것은 모두가 승산이 있고 없음을 분명히 하
　　기 위한 것이다. 이것은 가능한 일이며 필요불가결한 전제라는 것이

손자(孫子)의 기본 사상이다.

그러므로 우선 전쟁을 시작하기 전에 작전 회의를 열어 피차간의 다섯 가지 근본 문제와 일곱 가지 기본 조건을 비교 검토하여 승산이 있고 없음을 알아보아야 한다. 여기에서 승산이 많으면 이기고 승산이 적으면 이기지 못한다. 더구나 승산이 전혀 없다면 전쟁을 일으켜서는 안 된다. 이것을 따져 살펴보면 승부에 대한 것은 저절로 나타나게 마련이다.

제2장
작전편
(作戰篇)

이 작전편(作戰篇)은 국가적인 입장에서 기본전략을 설명하고 있다.

전쟁에서 군대 십만을 동원하려면 전차 천 대, 짐수레 천 대를 동원해야 하며, 천 리나 되는 먼 길에 식량 보급과 군수 물자를 보급하려면 날마다 천 금이나 되는 막대한 비용이 소요된다.

그러므로 싸움에 이길지라도 시일이 오래 걸려 군대를 싸움터에 버려 두게 되면 사기가 떨어지므로 비록 지혜 있는 장수라도 그 뒷수습을 잘할 수 없다. 따라서 손자(孫子)는 어디까지나 속전속결을 근본으로 삼고 있다.

1. 전쟁에는 막대한 비용이 든다.

孫子曰 凡用兵之法 馳車千駟 革車千乘 帶甲十萬 千
손자왈 범용병지법 치거천사 혁거천승 대갑십만 천
里饋糧 則內外之費 賓客之用 膠漆之材 車甲之奉 日
리궤량 즉내외지비 빈객지용 교칠지재 거갑지봉 일
費千金 然後十萬之師擧矣.
비천금 연후십만지사거의

손자(孫子)가 이렇게 말했다.

"대저 군대를 이용하는 방법은 전투용 마차 천 대, 수송용 마차 천 대, 무장 병사 십만으로 천 리나 되는 곳에 식량을 보내려면, 안팎의 경비와 빈객들의 접대비와 군수물자의 조달과 차량과 병기의 보충 등 하루에 천 금을 쓴 뒤에라야 십만의 군대를 일으킬 수 있다."

【글자 뜻】 馳:달릴 치. 駟:사마 사. 革:가죽 혁. 乘:수레 승, 탈 승. 帶: 찰 대, 띠 대. 甲:갑옷 갑. 饋:보낼 궤. 糧:양식 량. 費:쓸 비. 膠:아교 교. 漆:옷 칠. 奉:받들 봉. 擧:들 거.

【말의 뜻】 馳車:속력이 빠른 전투용 수레. 네 마리의 말이 끎. 千駟:천 대. 革車:수송용의 작은 수레. 千乘:천 대. 帶甲:갑옷을 입은 병사. 饋糧:군량미를 보냄. 賓客之用:외교관의 접대비. 膠漆之材:군수물자 의 조달. 車甲之奉:수레와 병기의 보충. 師擧:군대를 움직임.

【뜻 풀이】 현대 전쟁은 육해공군이 우수한 무기를 사용하여 승부를 가리 지만 손자(孫子)가 살던 당시에는 주로 전투용 수레로 승부를 결정했

다. 전투용 수레는 네 필의 말이 끌고 세 명의 무장한 병사가 탔으며, 각 수레에는 열 명 이상 칠십오 명의 병사들이 따랐다. 제후(諸侯)가 다스리는 나라에서는 대개 전투용 수레 천 대를 보유하였으며, 그래서 이를 천승의 나라(千乘之國)라고 일렀다.

이 밖에 식량과 군수물자를 운반하는 작은 수레 천 대, 무장한 병사만도 십만 명, 거기에다 천 리 밖에까지 식량을 보내야 하며 이에 따르는 국내외의 여러 가지 비용, 이웃 나라와의 외교에 들어가는 비용, 아교와 옻칠 등의 보수재료 등 수레와 병사들에게 소요되는 경비는 하루에 무려 천 금이나 들어야 했다. 이런 뒤에라야 능히 십만 명의 병사를 동원할 수 있는 것이다.

2. 전투는 졸속(拙速)으로 처리하라

> 其用戰也 勝久則鈍兵挫銳 攻城則力屈 久暴師則國用
> 기 용 전 야 승 구 즉 둔 병 좌 예 공 성 즉 력 굴 구 폭 사 즉 국 용
> 不足.
> 부 족

"전쟁을 함에 있어서 이길지라도 오래 끌면 병사들이 무디어지고 날카
로움이 꺾여, 성을 공격하면 곧 전력이 다하고 오래도록 병사들을 드러내
놓으면 곧 국가의 재정이 부족해진다."

【글자 뜻】 久:오랠 구. 鈍:무딜 둔. 挫:꺾일 좌. 銳:날카로울 예. 攻:칠
　　　　공. 屈:굽힐 굴. 暴:드러낼 폭, 사나울 폭. 師:군사 사, 스승 사.
【말의 뜻】 用戰:싸움을 함. 勝久:이기더라도 오래 끎. 鈍兵:병사들이 무
　　　　디어짐. 挫銳:날카로움이 꺾임. 力屈:전력이 굽힘. 久暴師:오래도록
　　　　병사들을 드러내놓음. 國用不足:국가의 재정이 부족해짐.

【뜻 풀이】 싸움에서 비록 일시적으로 이긴다 할지라도 장기전으로 끌고
　　　　가면 병사들은 피로해지고 사기가 쇠퇴하여 적군의 성을 공격할지라
　　　　도 전력이 뒤떨어지고, 병사들을 오랫동안 싸움터에 내버려둔다면 국
　　　　가의 재정도 부족하여 위기에 빠지게 된다.

> 夫鈍兵挫銳 屈力殫貨 則諸侯乘其弊而起. 雖有智者
> 부 둔 병 좌 예 굴 력 탄 화 즉 제 후 승 기 폐 이 기 　 수 유 지 자
> 不能善其後矣.
> 불 능 선 기 후 의

"대저 병력을 둔하게 하고 날카로운 기운을 꺾이게 하고 전력을 떨어지게 하고 재정을 다하게 만들면 곧 다른 제후가 그 피폐함을 틈타 일어날 것이니, 비록 지혜 있는 사람이 있을지라도 능히 그 뒤를 잘 수습하지 못한다."

【글자 뜻】殫:다할 탄. 貨:재물 화. 侯:제후 후. 弊:피폐할 폐.

【말의 뜻】殫貨:재정이 다함. 乘其弊而起:그 피폐한 틈을 타서 일어남. 不能善其後:그 뒷수습을 잘할 수 없음.

【뜻 풀이】이와 같이 하여 일단 병사들의 능력이 둔해져 사기가 꺾이고 전력이 떨어지고 국가의 재정이 부족하게 되어, 이 피폐한 틈을 타서 다른 제후가 일어나 공격해 들어오면, 아무리 지혜 있는 사람이 있을지라도 그 뒷수습을 잘할 수 없어 나라가 무너져버리고 만다.

2차 세계대전 때 독일군이나 일본군이 처음에는 승리를 거두어 승기를 잡은 듯했지만 장기전으로 끌게 되자 군대의 사기는 날이 갈수록 떨어져 가고 국가의 재정까지 부족하게 되어 결국 패전하고 말았던 것은 아직도 우리들 기억에 생생하다.

故兵聞拙速 未睹巧之久也. 夫兵久而國利者 未之有
고 병 문 졸 속 미 도 교 지 구 야 부 병 구 이 국 리 자 미 지 유
也. 故不盡知用兵之害者 則不能盡知用兵之利也.
야 고 부 진 지 용 병 지 해 자 즉 불 능 진 지 용 병 지 리 야

"전쟁은 서툴더라도 빠르게 해야 한다는 말은 들었어도 교묘하게 오래 끌어 이긴 예는 아직까지 보지 못했다.

대저 전쟁을 오래 끌고서도 국가에 이익 되는 것은 이제까지 없었다.

그러므로 작전의 해됨을 다 알지 못하는 사람은 곧 작전의 이로움을 다 알지 못하는 것이다."

【글자 뜻】拙:졸할 졸. 速:빠를 속. 睹:볼 도. 巧:공교할 교. 盡:다할 진.

【말의 뜻】聞拙速:서툴더라도 빨리 끝내야 승리한다는 말은 들었음. 未睹巧之久:교묘한 작전으로 오래 끌어 이긴 예는 보지 못했음. 兵久而國利:전쟁을 오래 끌어 국가에 이익이 됨. 未之有:아직까지 없었음. 不盡知:다 알지 못함. 用兵之害:작전의 해로움. 즉 전쟁을 오래 끄는 작전의 해로움. 用兵之利:작전의 이로움. 즉 전쟁을 빨리 끝내는 작전의 유익함.

【뜻 풀이】 일단 싸우기로 결정한 전쟁이라면 다소 미비한 점이 있더라도 새로운 전력으로써 속전속결로 나가야 한다. 이것이 손자(孫子)의 병법 원칙이다.

예로부터 전쟁에 있어서는 다소 미비한 점이 있더라도 속전속결로 끝내야 승리를 거둔다는 말은 들었어도, 이제까지 교묘한 작전을 쓰며 장기전으로 끌고서도 승리한 예는 보지 못하였다.

대저 전쟁에 있어서는 장기전으로 오래 끌면서도 국가에 이익을 가져다준 예는 이제까지 한 번도 없었다. 그러므로 전쟁을 오래 끄는 작전계획의 해로움을 다 알지 못하는 사람은 곧 단기전으로 빨리 끝내야 승산이 있다는 이로움을 능히 다 알지 못하고 있는 것이다.

3. 지혜 있는 장수는 적을 이용한다.

> 善用兵者 役不再籍 糧不三載 取用於國 因糧於敵 故
> 선용병자 역부재적 양불삼재 취용어국 인량어적 고
>
> 軍食可足也. 國之貧於師者遠輸 遠輸卽百姓貧.
> 군식가족야 국지빈어사자원수 원수즉백성빈

"작전을 잘하는 사람은 병역을 두 번 징집하지 아니하고, 식량을 세 번 실어오지 아니하며, 군수품은 나라에서 가져오고, 식량은 적지에서 보급하므로 군량미는 족할 수 있다.

나라가 군대로 인하여 가난해지는 것은 멀리 보내기 때문인데 멀리 보내려면 백성들이 곧 가난해진다."

【글자 뜻】役:병역 역, 부릴 역. 籍:병적 적, 호적 적. 糧:양식 량. 載:실을 재. 因:인할 인. 貧:가난할 빈. 輸:보낼 수.

【말의 뜻】役不再籍:병역을 두 번 징집하지 않음. 糧不三載:식량을 세 번 실어오지 않음. 取用於國:군용품은 본국에서 가져옴. 因糧於敵: 식량은 적지에서 조달함. 軍食可足:군대의 식량이 족할 수 있음. 貧於師:군대로 인하여 가난해짐. 遠輸:멀리 보냄.

【뜻 풀이】전략을 잘 세우는 지혜 있는 장수는 병사들을 두 번 징집하지 않고, 군량미를 본국에서 세 번 실어오지 않는다. 무기나 군용품은 본국에서 갖다 쓰지만 식량은 적지에서 보급하여 자급자족한다. 그래서 군대의 식량은 넉넉하게 되는 것이다.

국가가 군대로 인하여 가난해지는 까닭은 군용품과 식량을 천 리나

떨어진 먼 곳에까지 수송하기 때문이니, 이와 같이 멀리 수송하려면
백성들은 자연히 가난해지게 되는 것이다.

近於師者貴賣 貴賣則百姓財竭 財竭則急於丘役. 力屈
근 어 사 자 귀 매 귀 매 즉 백 성 재 갈 재 갈 즉 급 어 구 역　역 굴
財殫中原 內虛於家 百姓之費 十去其七 公家之費 破
재 탄 중 원 내 허 어 가 백 성 지 비 십 거 기 칠 공 가 지 비 파
車罷馬 甲冑弓矢 戟楯矛櫓 丘牛大車 十去其六.
거 피 마 갑 주 궁 시 극 순 모 로 구 우 대 거 십 거 기 육

"군대에서 가까우면 물가가 비싸지거니와, 물가가 비싸지면 백성들의
재물이 고갈되고 재물이 고갈되면 부역이 어려워진다.

한편 국가의 힘이 약해지고 재물이 다 없어지게 되면 집의 안이 텅 비
게 되어 열에 일곱은 백성들의 부담으로 사라지고, 국가의 소비로 수레는
파괴되고 말은 지치고, 갑옷과 투구와 활과 화살과 큰 창과 작은 방패와
작은 창과 큰 방패와 소와 큰 수레는 열에 여섯이 못 쓰게 된다."

【글자 뜻】貴:값비쌀 귀, 귀할 귀. 賣:팔 매. 竭:다할 갈. 虛:빌 허. 費:
비용 비. 罷:고달플 피, 파할 파. 甲:갑옷 갑. 冑:투구 주. 矢:화살
시. 戟:큰 창 극. 楯:방패 순. 矛:창 모. 櫓:큰 방패 로. 丘:모을 구,
언덕 구.

【말의 뜻】近於師:군대에서 가까움. 貴賣:물건 값이 비쌈. 財竭:재물이
고갈됨. 丘役:부역. 고대 井田法에 있어서는 사방 十里를 井자로 나누
어, 여덟 집이 경작하고 가운데 한 구역은 여덟 집에서 공동 작업하여
수확된 것을 세금으로 바쳤음. 中原:국가. 內虛於家:집의 안이 텅 빔.
百姓之費:백성들의 부담. 公家之費:국가의 부담. 破車罷馬:수레는 부

서지고 말은 피로함. 甲胄弓矢:갑옷과 투구와 활과 화살. 戟楯矛櫓:
큰 창과 작은 방패와 작은 창과 큰 방패. 丘牛:부역으로 동원한 소.

【뜻 풀이】 전쟁터에 가까운 곳에서는 물가가 올라가게 마련이다. 물가가
비싸지면 백성들의 재물을 탕진하게 하고, 백성들의 재물이 탕진되면
부역으로 동원하기가 어려워진다.

   한편 전쟁을 장기전으로 끌면 국가의 재정이 바닥 나고, 백성들은
소득의 십 분의 7을 전쟁 비용으로 부담하게 되어 백성들의 창고도
비고 꺼풀만 남게 된다. 또한 국가적으로도 사상자가 많이 발생할 뿐
만 아니라 수레가 부서지고 피로해진 말이 죽고 무기와 부역으로 동
원한 소와 수레에 이르기까지 그 십 분의 6은 잃게 된다.

故智將務食於敵. 食敵一鍾 當吾二十鍾 其秆一石 當
고 지 장 무 식 어 적   식 적 일 종 당 오 이 십 종   기 간 일 석   당
吾二十石.
오 이 십 석

   "지혜 있는 장수는 적의 것을 뺏어 먹기에 힘쓰거니와, 적의 식량 한
종(鍾)을 먹으면 이쪽의 식량 이십 종에 해당되고, 적의 말먹이 한 섬은
이쪽의 말먹이 이십 섬에 해당된다."

【글자 뜻】 務:힘쓸 무. 鍾:휘 종, 쇠북 종. 當:당할 당. 其:콩깍지 기.
   秆:볏짚 간.
【말의 뜻】 智將:지혜 있는 장수. 務食於敵:적의 것을 먹기에 힘씀. 鍾:6
   섬 4말. 其秆:콩깍지와 볏짚 등의 말먹이.

【뜻 풀이】지략이 뛰어난 장수는 가능한 한 적지에서 식량을 보급하려고 노력한다. 적의 한 종은 본국에서 수송하는 이십 종에 필적하며, 말먹이 한 섬은 본국에서 수송하는 이십 석에 필적한다. 결국 적지에서 확보하는 분량은 본국에서 수송해 오는 것의 이십 배에 해당되는 것이다.

4. 승리하면 더욱 강해진다

故殺敵者 怒也 取敵之利者 貨也. 車戰 得車十乘以上
고 살 적 자 노 야 취 적 지 리 자 화 야   거 전 득 거 십 승 이 상

賞其先得者 而更其旌旗 車雜而乘之 卒善而養之 是
상 기 선 득 자 이 경 기 정 기 거 잡 이 승 지 졸 선 이 양 지 시

謂勝敵而益强.
위 승 적 이 익 강

　"적군을 죽이려는 사람은 부하들에게 분노를 일으키게 하고, 적군의
이익을 취하려는 사람은 상으로 재물을 주어야 한다.

　싸움에서 적군의 수레 열 대 이상을 얻으면 제일 먼저 얻은 자에게 상
을 주고, 그 기를 바꾸어 달아 수레에 섞어 타며, 적의 병사는 잘 대우하
여 아군으로 양성해야 하거니와, 이것을 일러 적에게 이기면 더욱 강해진
다고 하는 것이다."

【글자 뜻】殺:죽일 살. 怒:성낼 노. 貨:재물 화. 賞:상줄 상. 更:고칠
　경. 旌:기 정.
【말의 뜻】殺敵者怒:적군을 죽이려는 사람은 부하들을 격노시킴. 取敵之
　利者貨:적군의 이득을 취하려는 사람은 부하들에게 상으로 재물을
　줌. 車戰:전투용 수레로 전투함. 賞其先得者:가장 먼저 탈취한 부하
　에게 상을 줌. 更其旌旗:적군의 기를 아군의 기로 바꿔 닮. 車雜而乘
　之:아군의 수레 속에 섞어 아군의 병사가 탐. 卒善而養之:적군의 병
　사를 잘 대우하여 아군으로 양성함. 勝敵而益强:적군에게 이기면 더
　욱 강력해짐.

【뜻 풀이】 적군을 죽이려고 하는 장수는 자기 병사들에게 적개심을 불어넣어 격노하게 만들어야 한다. 그리고 적군의 물자를 탈취하려고 하는 장수는 먼저 탈취한 사람에게 상을 줄 것을 부하들에게 약속해야 한다.

　전투용 수레의 싸움에서 적군의 수레 열 대 이상을 탈취하는 전과를 올렸을 경우에는 적군의 수레를 제일 먼저 탈취한 병사에게 상을 주어 표창한다. 그리고 탈취한 수레에 꽂은 적군의 기를 아군의 기로 바꿔 달게 한 다음, 아군의 병사를 태워 아군의 수레에 섞여 달리게 해야 한다. 한편 포로가 된 적군의 병사는 후하게 잘 대우하여 아군에 편입시킨다. 그래서 적군에게 이기면 점점 더 강해진다고 말하는 것이다.

故兵貴勝 不貴久. 故知兵之將 民之司命 國家安危之
고 병 귀 승 불 귀 구　　고 지 병 지 장　민 지 사 명　국 가 안 위 지
主也.
주 야

　"전쟁에서는 승리하는 것이 귀중하지 장기전이 귀중한 것이 아니다. 그러므로 전쟁을 아는 장수는 백성들의 생명을 맡고 국가의 안전과 위험을 맡은 주인이다."

【글자 뜻】 貴:귀중할 귀, 귀할 귀. 司:맡을 사. 危:위태할 위.

【말의 뜻】 兵貴勝:전쟁에서는 승리하는 것이 귀중함. 不貴久:장기전이 귀중한 것이 아님. 知兵之將:전쟁을 잘 아는 장수. 民之司命:백성들의 생사를 맡음. 國家安危之主:국가의 안전과 위험을 결정하는 책임자.

【뜻 풀이】 전쟁의 목적은 승리를 거두는 데 있는 것이지 장기전을 펴는 데 있는 것이 아니다. 도리어 전쟁은 속전속결로 처리해야 승리를 거둘 수 있다. 그러므로 전쟁을 잘 아는 지혜 있는 장수는 백성들의 생사를 맡아 다스리고 국가의 안전과 위태함을 맡아 결정하는 책임자인 것이다.

제3장
모공편
(謀攻篇)

    이 모공편(謀攻篇)에서는 '싸우지 않고 이기는 방법'을 최상의 전략으로 삼고 있다.

    손자(孫子)는 "백 번 싸워서 백 번 이기는 것이 최선의 방법이 아니요, 싸우지 않고서 적군을 굴복시키는 것이 최선의 방법이다."라고 한다. 이와 같이 하려면 적군의 전략을 미리 알고 쳐부수는 것이 으뜸이라고 말한다.

    손자(孫子)는 또 "적을 알고 나를 알면 백 번 싸워도 위태하지 않고, 적을 알지 못하고 나를 알면 한 번은 이기고 한 번은 지며, 적을 알지 못하고 나도 알지 못하면 싸울 때마다 반드시 패한다."는 유명한 말을 남기고 있다.

1. 백전백승(百戰百勝)이 최선은 아니다

孫子曰. 凡用兵之法 全國爲上 破國次之 全軍爲上 破
손자왈 범용병지법 전국위상 파국차지 전군위상 파

軍次之 全旅爲上 破旅次之 全卒爲上 破卒次之 全伍
군차지 전려위상 파려차지 전졸위상 파졸차지 전오

爲上 破伍次之.
위상 파오차지

손자(孫子)가 이렇게 말했다.

"무릇 전쟁하는 방법은 적국을 온전히 두는 것이 최상이고 적국을 파
괴하는 것은 차선(次善)이며, 적군의 군(軍)을 온전히 두는 것이 최상이고
군(軍)을 파괴하는 것은 차선(次善)이며, 적군의 여(旅)를 온전히 두는 것
이 최상이고 여(旅)를 파괴하는 것은 차선(次善)이며, 적군의 졸(卒)을 온
전히 두는 것이 최상이고 졸(卒)을 파괴하는 것은 차선(次善)이며, 적군의
오(伍)를 온전히 두는 것이 최상이고 오(伍)를 파괴하는 것은 차선(次善)
이다."

【글자 뜻】 全:온전할 전. 破:깨뜨릴 파. 次:버금 차. 旅:군사 려. 卒:군
　　사 졸, 마칠 졸. 伍:다섯 오.

【말의 뜻】 全國:적국을 온전한 채로 둠. 爲上:최상이 됨. 次之:그 다음.
　　次善. 軍·旅·卒·伍:1軍은 일만 이천오백 명, 1旅는 오백 명, 1卒은
　　일백 명, 1伍는 5명이었음.

【뜻 풀이】 전쟁 자체는 부득이한 경우에나 일으키지만 어차피 전쟁을 함
　　에 있어서 적국을 온전하게 두고 항복을 받는 것이 최선의 방법이고,

부득이한 경우에나 적국을 공격하여 재기 불능하도록 파괴하지만 이
것은 차선책(次善策)이다.

이와 마찬가지로 적의 군단(軍團)을 공격하지 않고 항복을 받는 것
이 최선의 방법이고 적의 군단을 파괴하여 항복을 받는 것은 부득이
한 경우의 차선책이며, 적의 여단(旅團)을 온전히 두고서 항복 받는
것이 최선의 방법이고 적의 여단을 공격하여 항복 받는 것은 부득이
한 경우에 취하는 차선책이며, 적의 졸(卒)이나 오(伍)도 공격하지 않
고 항복 받는 것이 최선의 방법이고 공격하여 항복 받는 것은 부득이
한 경우에 취하는 차선책이다.

> 是故百戰百勝 非善之善者也 不戰而屈人之兵 善之善
> 시 고 백 전 백 승 비 선 지 선 자 야   부 전 이 굴 인 지 병 선 지 선
> 者也.
> 자 야

"이런 까닭에 백 번 싸워 백 번 이기는 것이 최선의 방법이 아니요, 싸
우지 않고서 적군을 굴복시키는 것이 최선의 방법이다."

【글자 뜻】 是:이 시. 屈:굽힐 굴.
【말의 뜻】 百戰百勝:백 번 싸워서 백 번 이김. 善之善者:최선의 방법.
屈人之兵:적군을 굴복시킴.

【뜻 풀이】 백 번 전투하여 백 번 승리하는 것이 최선의 방법이 아니다. 전
투하지 않고도 적군의 항복을 받는 것이 최선의 방법인 것이다.
손자(孫子)는 전쟁을 정치적 목적을 달성하기 위한 수단으로 보았
다. 전쟁이기 때문에 당연히 승리를 거두어야 하겠지만 승리한다는

것은 어디까지나 수단이지 목적은 아닌 것이다. 전쟁을 하려면 막대한 비용이 들면서 이쪽 군대에서도 사상자가 많이 생기고 더구나 국력까지 기울어지게 마련이다. 그러므로 싸우지 않고서 적군을 굴복시키는 것이 최상의 방법이라고 말한 것이다.

2. 적의 계략을 쳐부숴라

故上兵伐謀 其次伐交 其次伐兵. 其下攻城 攻城之法
고 상 병 벌 모 기 차 벌 교 기 차 벌 병   기 하 공 성 공 성 지 법
爲不得已. 修櫓轒輼 具器械 三月而後成 距闉 又三
위 부 득 이   수 로 분 온 구 기 계 삼 월 이 후 성   거 인 우 삼
月而後已. 將不勝其忿 而蟻附之 殺士卒三分之一 而
월 이 후 이 장 불 승 기 분   이 의 부 지 살 사 졸 삼 분 지 일   이
城不拔者 此攻之災也.
성 불 발 자 차 공 지 재 야

"전쟁을 잘하는 방법은 적의 계략을 치고, 그 다음은 적의 외교관계를
치고, 그 다음은 적군을 공격하는 것이다.

그 다음은 적의 성을 공격하는 것이나 성을 공격하는 방법은 부득이한
경우에만 쓴다.

방패와 성을 부수는 수레[轒輼]를 수리하고 기구와 기계를 갖추는 데
석 달 후에 이루어지거니와, 흙산을 쌓으려면 다시 석 달 후에 끝난다.

장수가 그 분함을 이기지 못하여 병사들을 개미 붙듯이 기어오르게 하
면 3분의 1을 죽이고서도 성을 함락하지 못하거니와, 이것이 성을 공격
하는 재앙이다."

【글자 뜻】伐:칠 벌. 謀:꾀 모. 交:사귈 교. 攻:칠 공. 修:고칠 수, 닦을
    수. 櫓:방패 로. 轒:싸움수레 분. 輼:수레 온. 械:기계 계. 距:이를
    거. 떨어질 거. 闉:성안중문 인. 已:그칠 이, 이미 이. 忿:분할 분.
    蟻:개미 의. 附:붙을 부. 拔:뺄 발. 災:재앙 재.
【말의 뜻】上兵:전쟁을 잘하는 방법. 伐謀:적군의 계략을 쳐부숨. 伐交:
    적국에 가까운 나라를 이간하여 고립시킴. 伐兵:적군을 무력으로 공

격함. 其下:최하의 방법. 攻城:적군의 성을 공격함. 轒轀:성을 공격하는 튼튼한 수레. 器械:기구와 기계. 距闉:성 밖에 흙을 높이 쌓아 산을 만듦. 不勝其忿:자기의 분함을 이기지 못함. 蟻附之:개미 떼처럼 성벽을 기어오르게 함. 不拔:함락하지 못함. 攻之災:성을 공격하는 재앙.

【뜻 풀이】 가장 좋은 작전은 적군의 전략을 미리 내다보고 있다가 그 전략을 쳐부수는 방법이다. 이것은 소극적인 전법처럼 보이지만 실은 최상의 적극적인 전법이다.

그 다음으로 중요한 것은 적국과 동맹을 맺고 있는 나라에 이간질을 하여 적국을 완전히 고립시키는 전법이다. 이로 인하여 적국은 심한 타격을 받게 된다. 경제적인 원조가 끊어지는 것도 문제지만 그보다도 심리적으로 고립감과 불안감을 느끼게 될 것이다.

이상의 두 가지 방법이 불가능할 때 비로소 이쪽의 병력으로 적의 병력을 공격하는 방법을 쓰는 것이다.

가장 하급의 작전이 적군의 성을 공격하는 방법이다. 그러나 이 전법은 부득이한 경우에만 써야 한다. 우선 성을 부수는 여러 가지 기구를 설치하는 데만도 3개월은 걸린다. 더구나 흙을 쌓아올려 성 안에 있는 적군의 동정까지 살피려면 6개월은 걸려야 한다. 성이란 대개 방위하기는 좋고 공격하기는 어려운 지리적인 조건을 갖추고 있게 마련이다.

이러는 동안 장수가 분함을 참지 못하여 병사들에게 성벽을 개미 떼처럼 기어 올라가게 하는 인해전술을 쓴다면 병력의 3분의 1 이상은 잃을 각오를 해야만 한다.

그렇지만 그와 같은 희생을 치르고서도 성을 함락시키기는 어렵다.

그래서 성을 공격하는 재앙이라고 말하는데 그런 이유로 이 작전은 가장 서툰 최하의 방법인 것이다.

삼국시대에 오장원(五丈原)에서 제갈량(諸葛亮)과 대진한 사마의(司馬懿)가 이 전략을 썼다. 이때 사마의의 정치적인 목적은 제갈량의 군대를 철수시키는 데 있었다. 굳이 승리를 거둘 필요는 없었다. 단지 적군이 철수하기만 하면 되었던 것이다. 그래서 사마의는 성을 굳게 지키면서 적군이 철수하기만을 기다렸다.

한편 원정군을 이끌고 온 제갈량으로서는 사정이 좋지 못했다. 제갈량은 때때로 사자를 시켜 도전장을 보내기도 하고, 여자용 장식품을 보내어 사마의를 격분시키려 했다. '여자 같은 친구, 사나이라면 덤벼라.' 하는 뜻이었다. 그래도 사마의는 꿈쩍도 하지 않았다. 드디어 기다리다 지친 제갈량은 과로로 인하여 병이 나 오장원 진중에서 죽었다. 결국 사마의는 전투 한 번 하지 않고 한 사람의 부하도 잃지 않고서 적군을 철수시켰던 것이다.

3. 싸우지 않고서 승리하라

故善用兵者 屈人之兵而非戰也 拔人之城而非攻也 毁
고 선 용 병 자 굴 인 지 병 이 비 전 야 발 인 지 성 이 비 공 야 훼

人之國而非久也. 必以全爭於天下 故兵不頓而利可
인 지 국 이 비 구 야 필 이 전 쟁 어 천 하 고 병 부 둔 이 리 가

全. 此謀攻之法也.
전 차 모 공 지 법 야

"전략에 능한 사람은 적군을 굴복시키되 싸우지 않고, 적군의 성을 함
락시키되 공격하지 않고, 적군을 무너뜨리되 장기전을 쓰지 않는다. 반
드시 온전함으로써 천하를 다투거니와, 그러므로 전력이 무디어지지 않
고서 이익을 온전히 할 수 있으니, 이것은 계략으로 적을 공격하는 방법
이다."

【글자 뜻】 毁:헐 훼.   爭:다툴 쟁.   頓:무딜 둔, 가지런할 돈.
【말의 뜻】 屈人之兵:적군을 굴복시킴.   拔人之城:적군의 성을 함락시킴.
    毁人之國:적국을 멸망시킴.   非久:지구전을 펴지 않음.   兵不頓:전력
    이 무디어지지 않음.   利可全:이득을 완전히 취할 수 있음.   謀攻之法:
    계략으로 공격하는 방법.

【뜻 풀이】 전략을 잘 세우는 장수는 전투를 하지 않고서 적군을 항복시키
    고, 성을 공격하지 않고서도 적군의 성을 함락하며, 장기전을 펴지 않
    고서도 적국을 멸망시킨다. 즉 적군을 손상시키지 않고서 천하의 패
    권을 차지한다. 또한 아군의 전력을 조금도 피로하게 하지 않고서도
    완전한 승리를 거둘 수 있는 것이다. 이것이 지략으로써 적을 공격하

는 전법인 것이다.

故用兵之法 十則圍之 五則攻之 倍則分之 敵則能戰之
고 용 병 지 법 십 즉 위 지 오 즉 공 지 배 즉 분 지 적 즉 능 전 지
少則能逃之 不若則能避之. 故小敵之堅 大敵之擒也.
소 즉 능 도 지 불 약 즉 능 피 지 고 소 적 지 견 대 적 지 금 야

"전쟁을 하는 방법은 병력이 열 배면 포위하고, 5배면 공격하고, 2배면 분산시키고, 대적할 만하면 능히 싸우고, 병력이 적으면 능히 도피하고, 승산이 없으면 능히 싸움을 피해야 한다. 그러므로 적은 수의 적이 완강하게 싸우면 많은 적군의 포로가 된다."

【글자 뜻】 圍:에워쌀 위. 倍:갑절 배. 敵:적수 적. 逃:도망할 도. 避:피할 피. 堅:굳을 견. 擒:사로잡을 금.

【말의 뜻】 十則圍之:아군의 병력이 적군의 열 배가 되면 포위 작전을 씀. 五則攻之:병력이 5배가 되면 적군을 공격함. 倍則分之:병력이 2배가 되면 적을 분리시켜 하나하나 격멸시킴. 敵則能戰:병력이 비슷하면 능히 용감히 싸워야 함. 少則能逃之:병력이 적으면 전투하지 않고 도망감. 不若則能避之:승산이 없을 경우에는 전투를 피함. 小敵之堅:적은 수의 병력으로 완강하게 싸움. 大敵之擒:많은 적군의 포로가 됨.

【뜻 풀이】 전쟁하는 방법은 다음 원칙에 따라야 한다.

첫째, 아군의 병력이 적군의 병력보다 열 배가 되면 적군을 포위하는 전략을 써서 승리할 수 있다.

둘째, 아군의 병력이 적군의 5배가 되면 정면으로 공격을 감행하여 승리할 수 있다.

셋째, 아군의 병력이 적군의 2배가 되면 적군의 세력을 분리하여 약화시킨 다음 공격해야 한다.

넷째, 아군의 병력이 적군의 병력과 비슷할 때는 최선을 다하여 용감히 싸우는 쪽이 승리한다.

다섯째, 아군의 병력이 적군의 병력보다 열세일 때에는 후퇴 작전을 써야 한다.

여섯째, 승산이 전혀 없을 때에는 적군과의 전투를 피해야 한다. 만일 아군의 적은 병력으로써 마구 전투를 한다면 결국 강한 적군의 포로가 되고 만다.

결국 손자(孫子)의 병법은 유연성이 있고 합리적이다. 무리한 전쟁은 피하는 것이 원칙이다. 병력이 열세일 때는 전투를 피하고 그동안에 전력을 비축해 놓아야 후일의 승리를 기대할 수 있기 때문이다.

전투를 피해 도망을 잘 가기로는 한(漢)나라 유방(劉邦)을 당할 사람이 없다. 그는 초(楚)나라 항우(項羽)와 천하를 놓고 전쟁을 했지만 자주 패배의 쓴잔을 마셨다. 그때마다 유방은 도망하여 전력을 가다듬어 드디어는 항우를 격파할 수 있었던 것이다.

4. 장수는 국가를 도와야 한다

夫將者 國之輔也. 輔周則國必强 輔隙則國必弱.
부 장 자 국 지 보 야　보 주 즉 국 필 강　보 극 즉 국 필 약

"대저 장수는 국가를 보좌하는 사람이나 보좌하는 장수가 임금과 친밀
하면 나라는 반드시 강해지고, 보좌하는 장수가 임금과 틈이 있으면 나라
는 반드시 약해진다."

【글자 뜻】 輔:도울 보.　周:친할 주, 두루 주.　隙:틈 극.

【말의 뜻】 國之輔:국가를 보좌함.　輔周:장수와 임금 사이가 틈이 없이
　　친밀함.　輔隙:장수와 임금 사이에 틈이 있어 불화함.

【뜻 풀이】 한 나라의 군사권을 장악하고 있는 장군은 국가와 군주를 보좌
　　하는 사람이다. 그러므로 임금과 장수와의 사이가 친밀하여 호흡이
　　맞으면 그 국가는 반드시 강해진다. 그러나 만일 임금과 장수와의 사
　　이가 화합하지 못하고 틈이 있으면 그 국가는 반드시 약화되게 마련
　　이다.

故軍之所以患於君者三. 不知軍之不可以進而謂之進
고 군 지 소 이 환 어 군 자 삼　부 지 군 지 불 가 이 진 이 위 지 진
不知軍之不可以退而謂之退 是謂縻軍.
부 지 군 지 불 가 이 퇴 이 위 지 퇴　시 위 미 군

"군대가 임금에게 근심하는 바가 세 가지 있다. 첫 번째로는 군대가 진

격해서는 안 될 것을 알지 못하여 진격하라고 말하고, 군대가 후퇴해서는 안 될 것을 알지 못하여 후퇴하라고 말하거니와, 이것을 군대를 속박하는 것이라고 말한다."

【글자 뜻】 患:근심할 환. 謂:이를 위. 縻:얽어맬 미.

【말의 뜻】 患於君:임금에 대하여 근심함. 不可以進:진격해서는 안 됨. 不可以退:후퇴해서는 안 됨. 縻軍:군대를 속박함.

【뜻 풀이】 장군은 중요한 직책을 짊어지고 있다. 그 때문에 장군이 임금에 대하여 걱정하는 것이 세 가지 있다.

　　첫 번째로는 임금이 진격해서는 안 될 처지에 있는 것을 알지 못하고 진격하라는 명령을 내리거나 후퇴해서는 안 될 처지에 있는 것을 알지 못하고 후퇴하라는 명령을 내리는 일이다. 이것은 군사 행동을 속박하는 일이다.

> 不知三軍之事 而同三軍之政者 則軍士惑矣. 不知三
> 부 지 삼 군 지 사　이 동 삼 군 지 정 자　즉 군 사 혹 의　　부 지 삼
> 軍之權 而同三軍之任 則軍士疑矣.
> 군 지 권　이 동 삼 군 지 임　즉 군 사 의 의

"두 번째로는 삼군(三軍)의 일을 알지 못하면서 삼군(三軍)의 정사를 함께 하면 군사들을 혼란하게 만들고, 삼군(三軍)의 임기응변을 알지 못하면서 삼군(三軍)의 임무를 함께 하면 군사들을 의심나게 한다."

【글자 뜻】 政:정사 정. 惑:어지러울 혹, 미혹할 혹. 任:맡을 임. 疑:의심할 의.

【말의 뜻】 三軍之事:전 군대에 관한 일들. 同三軍之政:전 군대의 행정에
간섭함. 軍士惑:군사들이 혼란에 빠짐. 權:권모술수. 임기응변의 계
략. 任:지휘에 관한 임무. 軍士疑:군사들이 의심을 지님.

【뜻 풀이】 이것은 세 가지 근심 중의 두 번째에 해당된다. 만일 임금이 삼
군(三軍)에 관한 기구나 명령 계통을 모르면서 삼군(三軍)의 행정에
간섭한다면 군대 내부에 큰 혼란이 일어나게 된다. 또 임금이 삼군(三
軍)의 임기응변적인 전략을 모르고서 삼군(三軍)의 지휘에 간섭하여
실정에 맞지 않는 명령을 내린다면 현지에 나가 있는 군인들은 의심
을 품고 어찌할 바를 모르게 된다.

三軍旣惑且疑 則諸侯之難至矣 是謂亂軍引勝.
삼 군 기 혹 차 의 즉 제 후 지 난 지 의 시 위 난 군 인 승

"세 번째로는 삼군(三軍)이 이미 혼란하고 또 의심을 지니게 되면 제후
는 환란에 이르게 된다. 이것을 군대를 혼란시켜 승리를 물리친다고 말한
다."

【글자 뜻】 旣:이미 기. 且:또 차. 侯:제후 후. 亂:어지러울 난. 引:물리
칠 인, 끌 인.
【말의 뜻】 惑且疑:혼란하고 또 의심함. 難至:어려움이 이름. 亂軍引勝:
군대를 혼란시켜 승리를 물리침.

【뜻 풀이】 이것은 세 가지 근심 중의 세 번째이다. 왕이 군대의 일에 밝지
못하면서 실정이 맞지 않는 명령을 내림으로써 군대 내부에 혼란과

의혹이 생기게 되면, 이 틈을 엿보아 적군이 공격을 가해 옴으로 말미암아 환란을 당하게 된다. 이것은 군대를 혼란시켜 승리를 물리치는 것이다.

5. 적을 알고 나를 알면 백 번 싸워도 위태하지 않다

故知勝有五 知可以與戰不可以與戰者勝 識衆寡之用
고 지 승 유 오 지 가 이 여 전 불 가 이 여 전 자 승 식 중 과 지 용

者勝 上下同欲者勝 以虞待不虞者勝 將能而君不御者
자 승 상 하 동 욕 자 승 이 우 대 불 우 자 승 장 능 이 군 불 어 자

勝. 此五者 知勝之道也.
승 차 오 자 지 승 지 도 야

"승리를 아는 방법이 다섯 가지가 있으니, 가히 써 더불어 싸울 것과 가히 써 더불어 싸우지 않을 것을 아는 사람은 이기고, 많고 적음의 용병을 아는 사람은 이기고, 상하가 하고자 하는 것이 같은 사람은 이기고, 경계함으로써 경계하지 않는 것을 기다리는 사람은 이기고, 장수가 유능하고 임금이 간섭하지 않는 사람은 이긴다. 이 다섯 가지는 승리할 것을 아는 방법이다."

【글자 뜻】識:알 식. 衆:무리 중. 寡:적을 과. 虞:갖출 우, 나라이름 우. 御:어거할 어.

【말의 뜻】可以與戰:가히 써 더불어 싸움. 衆寡之用:병력의 많고 적음에 따라 전략을 세우는 방법. 上下同欲:상하 모두 하려는 목적이 같음. 以虞待不虞:만반의 태세를 갖추고 적의 미비함을 기다림. 將能而君不御:장수가 유능하고 임금이 간섭하지 않음. 知勝之道:승리하는 방법을 앎.

【뜻 풀이】승리할 것을 미리 알 수 있는 다섯 가지 조건이 있다.

첫째, 아군과 적군의 전력을 평가하여 싸울 것인가 싸우지 않을 것

인가를 아는 장수는 승리한다.

둘째, 병력의 많고 적음에 따라 적절한 전략을 세울 줄 아는 장수는 승리한다.

셋째, 군주와 국민들이 일치단결해 있으면 승리한다.

넷째, 아군이 만반의 태세를 갖추고서 적군의 미비한 점을 기다리는 장수는 승리한다.

다섯째, 장수의 전략이 뛰어나고 군주가 간섭하지 않으면 승리한다.

이상의 다섯 가지는 승리할 것을 미리 알 수 있는 방법이다.

故曰 知彼知己 百戰不殆 不知彼而知己 一勝一負 不
고왈 지피지기 백전불태 부지피이지기 일승일부 부
知彼不知己 每戰必敗.
지피부지기 매전필패

"적을 알고 나를 알면 백 번 싸워도 위태하지 않고, 적을 알지 못하고 나를 알면 한 번 이기고 한 번 지며, 적을 알 지 못하고 나도 알지 못하면 싸울 때마다 반드시 패한다."

【글자 뜻】彼:저 피. 己:몸 기. 殆:위태할 태. 負:질 부. 每:매양 매. 敗:패할 패.

【말의 뜻】知彼知己:적을 알고 나를 앎. 百戰不殆:백 번 싸워도 위태하지 않음. 一勝一負:한 번은 이기고 한 번은 지게 됨. 每戰必敗:싸울 때마다 반드시 패함.

【뜻 풀이】결국 이렇게 말할 수 있다. 즉 적을 알고 나를 알면 백 번을

싸우더라도 백 번을 이겨 결코 위태하지 않다. 그러나 적을 알지 못하고 나를 알면 승패의 확률은 반반이어서 한 번은 이기고 한 번은 진다. 그리고 적도 알지 못하고 나도 알지 못한다면 싸울 때마다 반드시 지게 마련이다.

여기에서 나온 말, 즉 "적을 알고 나를 알면 백 번 싸워도 위태하지 않다.(知彼知己 百戰不殆)"는 말은 손자(孫子)의 병법 중에서 가장 널리 알려진 말일 것이다.

제4장
군형편
(軍形篇)

　이 군형편(軍形篇)에서는 우선 싸움에 패하지 않을 태세를 갖추어 놓고 적군의 약점을 공격하라고 말한다. 유비무환(有備無患)이란 말이 있다. 우선 아군의 태세를 완전무결하게 갖추어 놓는다면 결코 싸움에 패할 염려는 없다.

　손자(孫子)는 "이길 수 없게 하는 것은 나에게 있고, 이길 수 있는 것은 적에게 있다."고 말하고 있다. 또 손자(孫子)는 "수비를 잘하는 사람은 깊은 땅 속에 숨은 것 같고, 공격을 잘하는 사람은 높은 하늘 위에서 움직이는 것 같다. 그러므로 능히 아군을 보전하여 완전한 승리를 거두는 것이다."라고 말하고 있다.

1. 적의 허점을 기다리라

孫子曰 昔之善戰者 先爲不可勝 以待敵之可勝.
손 자 왈 석 지 선 전 자 선 위 불 가 승 이 대 적 지 가 승

손자(孫子)가 이렇게 말했다.

"옛날에 전쟁을 잘하는 사람은 우선 적이 이길 수 없도록 만들고서 적을 이길 수 있기를 기다렸다."

【글자 뜻】 昔:옛 석. 待:기다릴 대.

【말의 뜻】 善戰者:전쟁을 잘하는 사람. 先爲不可勝:우선 적이 이길 수 없도록 형태를 갖춤. 待敵之可勝:적군의 형태에서 이길 수 있는 허점을 기다림.

【뜻 풀이】 옛날에 전쟁을 잘한 사람의 전법을 보면 우선 적이 이길 수 없도록 아군의 형태를 완벽하게 갖추어 놓은 후 적군의 형태에서 이길 수 있는 허점이 일어나기를 기다리는 방법을 사용했다. 옛날의 전쟁은 칼과 창이나 활과 수레 등을 사용하는 공방전이었으므로 가장 중요한 것은 우선 아군의 형태를 완전무결하게 갖추어야 한다는 말이다.

물론 여기에는 병사의 배치와 무기와 방위 수단, 식량이나 무기의 보급로, 기구의 정비와 의사전달의 수단 등 여러 가지 조건에 맞추어 물샐 틈 없는 형태를 갖추어야 한다. 우선 이와 같은 태세를 완전하게 갖춘 후 적군의 태세를 면밀히 조사하여 허점이 생기기를 기다려야 한다.

不可勝在己 可勝在敵. 故善戰者 能爲不可勝 不能使
불 가 승 재 기   가 승 재 적   고 선 전 자 능 위 불 가 승   불 능 사

敵必可勝. 故曰 勝可知 而不可爲.
적 필 가 승   고 왈   승 가 지   이 불 가 위

"적이 이길 수 없게 하는 것은 나에게 있고, 아군이 이길 수 있는 것은
적에게 있으니, 그러므로 전쟁을 잘하는 사람은 능히 적이 이길 수 없게
할 수는 있어도 능히 적으로 하여금 아군이 반드시 이기게 할 수는 없다.
그래서 '승리를 알 수는 있으나 승리할 수는 없다.'고 말하는 것이다."

【글자 뜻】 己:몸 기. 能:능할 능. 使:하여금 사. 知:알 지.

【말의 뜻】 不可勝在己:적이 이길 수 없게 하는 것은 나에게 달려 있음.
可勝在敵:아군이 이길 수 있는 것은 적에게 달려 있음. 能爲不可勝:
능히 적이 이길 수 없게는 할 수 있음. 不能使敵必可勝:능히 적으로
하여금 아군이 반드시 이기게 할 수는 없음. 勝可知:이길 것은 알 수
있음. 不可爲:승리하게 할 수는 없음.

【뜻 풀이】 적군이 아군을 이길 수 없게 만드는 것은 아군의 태세를 얼마
나 완전하게 갖추느냐에 좌우되므로 내가 하기에 달려 있고, 적군을
이길 수 있느냐 하는 것은 적장이 어느 정도로 태세를 갖추느냐에 달
려 있다.
그러므로 전쟁을 잘하는 장수도 적군이 이길 수 없게는 할 수 있지
만 적장이 태세를 갖추기에 달려 있으므로 반드시 아군이 승리하게
할 수는 없는 것이다. 그래서 '승리를 알 수는 있지만 반드시 승리하
게 할 수는 없다.'고 말하는 것이다.

2. 공격과 수비

不可勝者守也 可勝者攻也. 守則不足 攻則有餘.
불 가 승 자 수 야 가 승 자 공 야 수 즉 부 족 공 즉 유 여

"이길 수 없는 사람은 수비하고 이길 수 있는 사람은 공격하거니와, 수
비하는 것은 힘이 부족하기 때문이고 공격하는 것은 힘이 남기 때문이
다."

【글자 뜻】守:지킬 수. 攻:칠 공. 足:족할 족, 발 족. 餘:남을 여.
【말의 뜻】不可勝者守也:이길 수 없는 사람은 수비함. 可勝者攻也:이길
수 있는 사람은 공격함. 守則不足:수비하는 것은 병력이 부족하기 때
문임. 攻則有餘:공격하는 것은 병력이 우세하기 때문임.

【뜻 풀이】아군과 적군의 전력과 태세를 검토해 보고 승산이 없을 때는
굳게 수비하는 것이 상책이다. 그리고 아군에게 승산이 있을 대는 적
을 공격해야 한다. 수비를 튼튼히 하는 것은 아군의 전력이 적군에 비
해 열세이기 때문이고, 아군이 공세를 취하는 것은 적군에 비해 전력
이 우세하기 때문이다.
　　수비 태세를 취하느냐 공격 태세를 취하느냐 하는 것은 매우 중요
한 문제이다. 수비를 취할 때는 적은 병력을 가지고도 되지만 공격을
취할 때는 전력이 적군보다 월등하게 우세해야 하기 때문이다.

善守者 藏於九地之下. 善攻者 動於九天之上. 故能自
선 수 자 장 어 구 지 지 하   선 공 자 동 어 구 천 지 상   고 능 자
保而全勝也.
보 이 전 승 야

"수비를 잘하는 사람은 깊은 땅속에 숨은 것 같고, 공격을 잘하는 사람은 높은 하늘 위에서 움직이는 것 같다. 그러므로 능히 아군을 보전하여 완전한 승리를 거두는 것이다."

【글자 뜻】 藏:숨을 장, 감출 장. 動:움직일 동. 保:보전할 보.
【말의 뜻】 藏於九地之下:깊은 땅속에 숨음. 動於九天之上:높은 하늘 위에서 움직임. 自保:아군을 보전함. 全勝:완전한 승리.

【뜻 풀이】 태세를 완전히 갖춘 군대가 수비할 때는 땅속 깊이 숨은 것처럼 그림자조차 찾을 길이 없고, 또 일단 공격 태세를 취하면 마치 높은 하늘 위에서 움직이는 것처럼 적군을 꼼짝 못하게 만든다. 그러므로 능히 아군을 온전하게 보호하고 완전한 승리를 거둘 수 있는 것이다.

중국 전국시대 말기에 조(趙)나라에 이목(李牧)이라는 명장이 있었다. 당시 중국 북쪽에는 흉노족(匈奴族)의 세력이 점점 커져 조나라의 북방을 자주 침략했다. 이에 조나라의 임금은 이목을 흉노족 토벌군의 장수에 임명했다. 그런데 북방에 나아간 이목은 굳게 수비할 뿐 일체 흉노족을 토벌하지 않았다.

날마다 병사들에게 말 타기와 활쏘기의 훈련을 시키는 한편, 첩자

를 보내어 흉노족의 동태를 살피게 했다. 그리고 부하들에게는 "흉노족이 공격해 와도 싸워서는 안 된다. 곧 성안으로 도망해 오라."고 명령했다. 그래서 때때로 흉노족이 침공해 들어왔지만 이목의 군대에는 손해가 별로 없었다.

이렇게 몇 해가 지났다. 도망만 치는 조나라의 군대는 두려워할 것이 없다고 판단한 흉노족은 십만 여의 대군을 이끌고 공격해 들어왔다. 첩자들을 통하여 흉노족의 동태를 파악하고 있던 이목은 곧 기묘한 진을 치고 흉노족을 맞아 싸워 완전히 격파해버렸다. 이 이후로 이목이 살아 있는 동안은 흉노족도 감히 조나라의 변방을 침략하지 않았다고 한다.

3. 이기기 쉬운 것에 이기라

見勝不過衆人之所知 非善之善者也. 戰勝而天下曰善
견 승 불 과 중 인 지 소 지 비 선 지 선 자 야　　전 승 이 천 하 왈 선

非善之善者也. 故擧秋毫不爲多力 見日月不爲明目
비 선 지 선 자 야　　고 거 추 호 불 위 다 력　　견 일 월 불 위 명 목

聞雷霆不爲聰耳. 古之所謂善戰者 勝於易勝者也. 故
문 뢰 정 불 위 총 이　　고 지 소 위 선 전 자　　승 어 이 승 자 야　　고

善戰者之勝也 無智名 無勇功.
선 전 자 지 승 야 무 지 명 무 용 공

"승리한 것 보기를 여러 사람들이 아는 바에 불과한 것은 최선의 승리가 아니며, 전쟁에 승리하여 천하 사람들이 잘했다고 말하는 승리도 최선의 승리가 아니다.

가을 터럭을 든다고 하여 힘 많은 것이 되지 못하고, 해와 달을 본다고 하여 눈이 밝은 것이 되지 못하고, 우레 소리를 듣는다고 하여 귀가 밝은 것이 되지 못한다.

옛날 소위 전쟁을 잘한 사람은 이기기 쉬운 데서 이긴 사람이다. 그러므로 전쟁을 잘하는 사람은 이기는 것에 지혜와 이름이 없고 용맹과 공적도 없다."

【글자 뜻】過:지날 과. 衆:무리 중. 擧:들 거. 毫:터럭 호. 雷:우레 뢰.
霆:벼락 정. 聰:귀밝을 총. 耳:귀 이. 易:쉬울 이. 智:지혜 지. 勇:
날랠 용. 功:공 공.

【말의 뜻】見勝:승리한 것을 봄. 衆人之所知:여러 사람들이 아는 바임.
天下曰善:세상 사람들이 잘했다고 말함. 擧秋毫:가을의 가벼운 새털

을 듦. 不爲多力:힘 많은 것이 되지 못함. 明目:눈이 밝음. 聞雷霆:
우레 소리를 들음. 聰耳:귀가 밝음. 勝於易勝:이기기 쉬운 것을 이
김. 智名:지혜와 이름. 勇功:용기와 공적.

【뜻 풀이】 전쟁에서의 승리란 원래 태세를 완전히 갖춘 후 피차간의 전력
을 평가하여 전력이 열세인 경우에는 수비 태세를 취하고 전력이 우
세하면 공격을 취하는 작전이 있은 다음에 얻을 수 있는 것이다.

누가 보든지 승리를 미리 알 수 있는 승리는 최선의 승리가 아니고
세상 사람들이 잘했다고 칭찬하는 승리도 진정한 최선의 승리가 아니
다.

그것은 마치 가벼운 가을 새의 깃털을 들어올렸다고 힘이 센 것이
아니고, 해와 달을 보았다고 눈이 밝은 것이 아니고, 우레 소리를 들
었다고 귀가 밝은 것이 아닌 것과 마찬가지이다.

옛날에 전쟁을 잘하는 장수는 승리하기 쉬운 곳을 찾아 승리한 것
이다. 진리는 평범한 사실 속에 있는 것과 마찬가지로 병법의 진리도
평범한 사실에 입각하여 이루어지는 법이다.

그러므로 전쟁을 잘하는 장수가 승리를 거두면 지혜 있는 장수나
명장이란 말도 듣지 않고 그 용감성과 공적도 드러나지 않게 마련인
것이다. 그것은 너무나 당연하고 자연스러운 승리이기 때문이다.

이것은 중국 전국시대의 이야기이다. 공수반(公輸盤)이라는 사람이
초(楚)나라를 위하여 운제(雲梯)라는 성을 공격하는 병기를 만들어 그
것으로 송(宋)나라를 공격하려 했다. 이 소문을 들은 묵자(墨子)가 밤
낮으로 길을 걸어 초나라의 도읍인 영(郢)에 이르러 공수반을 만났다.
"당신은 운제라는 새로운 병기를 만들어 송나라를 공격하려 한다는

데 송나라에 무슨 죄가 있어서 그러는가? 초나라의 국토는 넓고 인구는 적지 않은가? 작은 송나라를 뺏으려 하는 것은 지혜가 있다고 말할 수 있는가? 송나라는 초나라에 대하여 아무 죄도 없는데 이를 공격하는 것을 인(仁)이라고 말할 수 있는가?"

하고 말했다. 그러자 공수반은,

"그것은 사실이지만 이 계획은 이미 초나라 임금의 허락을 얻은 것이다. 여기에서 중단할 수는 없는 일입니다."

라고 말했다. 이에 묵자는 말했다.

"그렇다면 초나라 임금을 뵙게 해 주오."

묵자는 초왕(楚王)을 뵙자 이렇게 말했다.

"훌륭한 수레를 가지고 있으면서 이웃집의 수레를 훔치려는 사나이가 있습니다. 이 사나이를 어떻게 생각하십니까?"

"틀림없이 도둑질을 하는 버릇이 있는 모양이로군."

"그러면 제가 말씀드리겠습니다. 초나라의 영토는 사방 오천 리나 되지만 송나라의 영토는 불과 사방 오백 리밖에 안됩니다. 초나라에는 물자도 풍부합니다. 왕께서 송나라를 공격하시는 것은 옳지 않습니다."

"그대의 말이 옳지만 애써 운제를 만든 공수반의 체면도 있으므로 그만둘 수는 없다."

이리하여 묵자는 책상 위에 있는 공수반의 작전을 바라보고, 혁대를 풀어 성벽에 걸고 공수반으로 하여금 공격하게 했다. 공수반은 계속 공격에 나섰지만 묵자는 그때마다 이를 방어했다. 그러자 공수반은 이렇게 말했다.

"내가 졌습니다. 그러나 나에게는 한 가지 비결이 있습니다."

그러자 묵자가 말했다.

"나는 벌써부터 그것을 알고 있습니다."

그러자 초왕(楚王)이 그게 무슨 뜻이냐고 묻자 묵자가 이렇게 대답했다.

"공수반은 저를 죽이려는 것입니다. 저만 죽이면 송나라에는 수비할 사람이 없으므로 공격할 수 있다고 생각하는 것입니다. 그러나 그렇게는 되지 않을 것입니다. 저의 제자들 삼백 명이 이미 제가 고안한 방어용 무기를 가지고 송나라의 성에서 초나라 군대가 공격해 오기를 기다리고 있습니다. 저를 죽일지라도 송나라는 결코 멸망하지 않을 것입니다."

이리하여 초왕(楚王)은 결국 송나라 공격을 중지시켰다.

한편 송나라의 위기를 구출한 묵자는 돌아오는 길에 송나라를 지나게 되었다. 마침 큰비가 내려 묵자는 마을 문의 추녀 밑에서 자려고 했는데 문지기가 와서 그를 쫓아냈다고 한다. 송나라 사람들은 자기들을 전쟁으로부터 구해 준 은인의 공적을 전혀 모르고 있었던 것이다. 묵자의 제자는 이 이야기를 소개한 후 다음과 같이 덧붙여 말하고 있다.

"사람들이 모르게 위험으로부터 구해 주었을 때 사람들은 그의 공적을 깨닫지 못한다. 이것 보라는 듯이 떠들어대면 그의 공적이 알려질 텐데……."

4. 먼저 승리하고 뒤에 싸우라

故其戰勝不忒 不忒者 其所措必勝 勝已敗者也.
고 기 전 승 불 특 불 특 자 기 소 조 필 승 승 이 패 자 야

"그의 전쟁에서 승리함이 어긋나지 않거니와, 어긋나지 않는 것은 그의 조치하는 바가 반드시 승리하게 되어 있는 것이니, 이미 패한 자에게 승리하는 것이기 때문이다.

【글자 뜻】 忒:어긋날 특. 措:베풀 조. 已:이미 이. 敗:패할 패.
【말의 뜻】 戰勝不忒:싸워서 이김이 어긋나지 않음. 所措必勝:조치하는 바가 반드시 이김. 勝已敗者:이미 패한 자를 이김.

【뜻 풀이】 전쟁을 잘하는 사람은 싸우면 틀림없이 승리를 거둔다. 그것은 싸우기 전에 아군의 태세를 완전하게 갖추어 적군이 승리할 여지를 전혀 주지 않기 때문이다. 그래서 싸우기 전부터 이미 패배하고 있는 적군과 전투하기 때문에 틀림없이 승리를 거둘 수 있는 것이다. 이와 같이 미리 승리할 수 있는 태세를 완전히 갖추어 놓고 싸우는 사람이 승리를 거두고, 전투가 시작된 다음에 승리할 기회를 붙잡으려 하는 사람은 패전하게 된다.

故善戰者 立於不敗之地 而不失敵之敗也. 是故勝兵
고 선 전 자 입 어 불 패 지 지 이 불 실 적 지 패 야   시 고 승 병
先勝而後求戰 敗兵先戰而後求勝.
선 승 이 후 구 전 패 병 선 전 이 후 구 승

"전쟁을 잘하는 사람은 패배하지 않는 처지에 서서 적군의 패배를 놓치지 않는다. 이런 까닭으로 승리하는 군대는 먼저 이기고서 뒤에 전투를 구하고, 패배하는 군대는 먼저 싸우고서 뒤에 승리를 구하는 것이다."

【말의 뜻】 不敗之地:패하지 않는 처지. 不失敵之敗:적군의 실패를 놓치지 않음. 勝兵:승리하는 군대. 先勝而後求戰:먼저 승리할 태세를 갖추어 놓고 뒤에 싸움을 걺. 敗兵:패전하는 군대. 先戰而後求勝:먼저 전투를 시작해 놓고 뒤에 승리를 구함.

【뜻 풀이】 이상적인 전쟁을 완수하는 장수는 우선 아군의 준비 태세를 완전무결하게 갖추어 놓고, 적군의 약점이 생기기를 기다렸다가 허점이 생기면 이를 공격하기 때문에 결코 승리할 수 있는 기회를 놓치는 일이 없다.

　이런 까닭으로 승리하는 군대는 우선 준비 태세를 완전하게 갖춤으로써 적군보다 먼저 승리할 기회를 만들어 놓고 그 다음에 전투를 개시한다. 그러나 패배하는 군대는 먼저 전투를 시작해 놓고 뒤늦게 승리할 기회를 찾으려 하기 때문에 전투에서 패배하는 것이다.

善用兵者 修道而保法 故能爲勝敗之政.
선 용 병 자 수 도 이 보 법 고 능 위 승 패 지 정

"작전을 잘 세우는 사람은 도(道)를 닦고 법(法)을 보전하거니와, 그러므로 능히 아군이 승리하고 적군이 패배하는 정사를 할 수 있는 것이다."

【글자 뜻】 修:닦을 수. 保:보전할 보. 政:정사 정.

【말의 뜻】修道而保法:道를 닦고 法을 보전함. 여기에서 말하는 道와 法
   은 第一 始計篇에서 말한 道·天·地·將·法의 五事 중의 道와 法이
   다.   勝敗之政:아군이 이기고 적군이 패하는 정사.

【뜻 풀이】 전쟁을 잘하는 군주는 우선 도의적인 정치를 베풀어 백성들로
   하여금 군주와 국가를 위해 목숨 버리는 것을 두려워하지 않게 만들
   고, 또 군대의 편성과 명령 계통의 질서를 잘 지킨다. 그러므로 능히
   적군을 격파하여 승리를 거둘 수 있는 것이다.
      군대의 태세를 완전무결하게 갖추려면 우선 제1 시계편(始計篇)에
   서 말한 오사(五事)와 칠계(七計)를 기본이념으로 삼아야 함을 다시
   한 번 강조한 것이라 하겠다.

兵法一曰度 二曰量 三曰數 四曰稱 五曰勝.
병 법 일 왈 도 이 왈 량 삼 왈 수 사 왈 칭 오 왈 승

地生度 度生量 量生數 數生稱 稱生勝.
지 생 도 도 생 량 양 생 수 수 생 칭 칭 생 승

   "병법의 첫째는 도(度:지형의 길이를 재는 것)요, 둘째는 양(量:자원의
많고 적음)이요, 셋째는 수(數:인구의 많고 적음)요, 넷째는 칭(稱:전력의
강하고 약함)이요, 다섯째는 승리라고 하였다.
   땅에 따라 度가 생기고, 度에 따라 量이 생기고, 量에 따라 數가 생기
고, 數에 따라 稱이 생기고, 稱에 따라 승리가 생긴다."

【글자 뜻】度:자로 잴 도, 법도 도. 量:용량 량, 헤아릴 량. 稱:저울질할
   칭, 일컬을 칭.
【말의 뜻】度:길이를 잼. 量:자원의 많고 적음. 數:인구의 많고 적음.

稱:전력의 우세와 열세. 地生度:지형에 따라 국토의 넓이가 결정됨.
度生量:국토의 넓이에 따라 자원의 많고 적음이 결정됨. 量生數:자
원의 많고 적음에 따라 인구의 다소가 결정됨. 數生稱:인구의 다소
에 따라 전력의 강약이 결정됨. 稱生勝:전력의 강약에 따라 승리가
결정됨.

【뜻 풀이】병법에 이런 말이 있다. 전쟁에서 승리하고 패배함은 다음의
다섯 가지 요소에 의하여 결정된다.

첫째, 국토가 넓으냐 좁으냐?

둘째, 생산되는 물자가 많으냐 적으냐?

셋째, 인구가 많으냐 적으냐?

넷째, 군대의 전력이 강하냐 약하냐?

다섯째, 승리와 패배의 예측은?

즉 지형에 따라 국토의 넓고 좁음이 결정되고, 국토의 넓이에 따
라 생산되는 물자의 많고 적음이 결정되고, 물자가 많고 적음에 따
라 인구의 많고 적음이 결정되고, 인구의 많고 적음에 따라 전력의
강하고 약함이 결정되고, 전력의 강하고 약함에 따라 전쟁의 승패가
결정된다.

삼국시대에 위(魏)나라 왕조를 세운 조조(曹操)는 '간사한 영웅'이
라 불리고 있지만 전략가로서나 정치가로서나 뛰어난 지혜를 가지고
있었다.

삼국지에 의하면 '그의 작전은 대체로 손자(孫子)와 오자(吳子)의
병법에 의한 것이었다. 그러므로 싸울 때마다 반드시 이겼으며 전쟁
에 행운의 승리는 없다.'고 한다.

조조의 승리는 물론 그의 뛰어난 군사적 재능에 의한 것이지만 그 뿐만이 아니다. 그는 전쟁을 하는 한편, 군사들로 하여금 둔전(屯田)을 일으켜 식량의 증산을 도모하여, 삼국지에 의하면 '이르는 곳마다 곡식이 쌓여 창고에 가득했다.' 는 성과를 거두었던 것이다.

전쟁 당시에는 어느 곳이나 모두 식량 부족으로 심한 고초를 당했지만 조조의 군사들만은 충분한 군량을 확보하고 있었던 것이다. 이것이 조조가 세력을 확대하는 데 크게 공헌한 한 가지 원인이었다. 군량의 확보는 손자(孫子)가 말하는 태세를 갖추는 일이었던 것이다.

故勝兵若以鎰稱銖 敗兵若以銖稱鎰. 勝者之戰 若決
고 승 병 약 이 일 칭 수   패 병 약 이 수 칭 일   승 자 지 전   약 결
積水於千仞之谿者形也.
적 수 어 천 인 지 계 자 형 야

"승리하는 군대는 일(鎰:무게의 단위)로써 수(銖:鎰의 약 오백 분의 1의 무게)를 다는 것과 같고, 패배하는 군대는 수(銖)로써 일(鎰)을 다는 것과 같다. 승리하는 사람의 전투는 마치 쌓인 물을 천 길 골짜기로 터놓는 것 같은 형세이다."

【글자 뜻】 若:같을 약. 鎰:무게 일. 銖:무게 수. 決:물 터놓을 결. 결단할 결. 積:쌓을 적. 仞:길 인. 谿:골짜기 계.

【말의 뜻】 以鎰稱銖:鎰로써 銖를 달음. 鎰은 이십 량, 이십사 銖가 1량. 決積水:많이 고여 있는 물을 터놓음. 千仞之谿:천 길이나 되는 골짜기.

【뜻 풀이】 수(銖)는 일(鎰)의 약 오백 분의 1 가량 되는 무게이다. 승리하

는 군대는 큰 문제를 사소한 일처럼 세밀하게 대비하기 때문에 승리하고, 패배하는 군대는 이와 반대로 작은 문제를 큰일처럼 허술하게 대비하기 때문에 패배하는 것이다. 이리하여 승리하는 사람의 전투는 마치 가득 고여 있는 물을 천 길 골짜기 아래로 터놓은 것처럼 적을 압도한다.

제5장
병세편
(兵勢篇)

　이 병세편(兵勢篇)에서는 군대의 편성ㆍ지휘 계통ㆍ기정(奇正)ㆍ허실(虛實)에 대하여 말하고 있다.

　많은 병사들을 적은 수처럼 다스리는 것이 편성이고, 많은 병사들을 적은 수처럼 적군과 싸우게 하는 것이 지휘 계통이고, 적군이 아군을 패하지 않게 하는 것이 기정(奇正)이고, 적군을 돌로 달걀을 부수듯이 하는 것이 허실(虛實)이다.

　그런데 손자(孫子)는 형세를 매우 중요시하고 있다. 손자(孫子)는 "혼란은 다스림에서 생기고, 겁은 용기에서 생기고, 약함은 강함에서 생기거니와, 다스림과 혼란은 수에서 오고, 용기와 겁은 기세에서 오고, 강함과 약함은 태세에서 온다."고 말하고 있다.

1. 군의 편성 · 지휘 · 기정(奇正) · 허실(虛實)

> 孫子曰 凡治衆如治寡 分數是也. 鬪衆如鬪寡 形名
> 손 자 왈　범 치 중 여 치 과　분 수 시 야　　투 중 여 투 과　형 명
> 是也.
> 시 야

손자(孫子)가 이렇게 말했다.

"대저 많은 군사 다스리기를 적은 군사 다스림과 같이 함은 '분수(分數: 편성)'가 바로 이것이고, 많은 군사를 전투하게 하는 것을 적은 군사가 전투하게 하는 것같이 함은 '형명(形名:지휘)'이 곧 이것이다."

【글자 뜻】治:다스릴 치. 是:이 시. 鬪:싸울 투. 形:형상 형.

【말의 뜻】治衆:많은 군사들을 다스림. 分數:적은 수로 나눔. 군대의 편성. 鬪衆:많은 군사들을 싸우게 함. 形名:기나 북 등으로 하는 신호. 지휘. 形은 부대를 표시하는 기이고, 名은 북 등으로 명령함.

【뜻 풀이】아무리 인원수가 많은 큰 병단이라도 마치 적은 수의 분대를 움직이듯이 지휘할 수 있는 것은 부대의 편성이 잘 되어 있을 경우이다. 또 대부대를 소부대처럼 전투시킬 수 있는 것은 기나 북등으로 지휘와 명령이 완전하기 때문이다.

> 三軍之衆 可使必受敵而無敗者 奇正是也.
> 삼 군 지 중　가 사 필 수 적 이 무 패 자　기 정 시 야

"삼군(三軍)의 많은 군사가 적군을 만나 패하는 일이 없게 할 수 있는 것은 '기법(奇法)'과 '정법(正法)'이 바로 이것이다."

【글자 뜻】受:받을 수. 奇:기이할 기.

【말의 뜻】受敵:적군을 만남. 無敗:패하는 일이 없음. 奇正:기습작전과 正攻法.

【뜻 풀이】삼군(三軍)이란 삼만 칠천오백 명에 달하는 많은 군사이다. 이 많은 군사들이 적군과 마주쳤을 때 절대로 패하지 않는 전술로는 기 습작전과 정공법(正攻法)을 써야 한다.

전쟁에서는 정정당당하게 정공법으로 싸우는 것이 원칙이지만 이 전술만 가지고는 무조건 승리하기를 기대하기는 어렵다. '전쟁은 속 임수'라고 말했듯이 처지에 짜라 임기응변의 작전이 필요하게 마련이 다. 이 두 가지 방법을 아울러 쓰지 않으면 전쟁에서 절대적인 승리는 기대할 수 없는 것이다.

兵之所加 如以碬 投卵者 虛實是也.
병 지 소 가   여 이 하   투 란 자   허 실 시 야

"병력을 적군에게 가할 때 마치 숫돌로써 새알에 던지는 것과 같은 것 은 '실(實)로써 허(虛)를 치는 것' 바로 이것이다."

【글자 뜻】碬:숫돌 하. 投:던질 투. 卵:알 란. 虛:빌 허. 實:찰 실, 열 매 실.

【말의 뜻】兵之所加:아군의 병력으로 적에게 공격을 가함. 以碬投卵:숫

돌을 알에 던져 깸.   虛實:충실함으로 허점이 많은 것을 침.

【뜻 풀이】 아군의 병력으로 적군에게 공격을 가할 때 마치 돌로 알을 깨
뜨리는 것처럼 격파하는 것을 아군의 충실한 병력으로써 허점투성이
인 적군을 쳐부순다고 말하는 것이다.

　이상으로 다음의 네 가지 일을 설명하고 있다.

　① 분수(分數) : 군대의 조직과 편성

　② 형명(形名) : 군대의 지휘와 명령 계통

　③ 기정(奇正) : 전략에서는 정공법(正攻法)과 기공법(奇攻法)을 아
울러 써야 한다.

　④ 허실(虛實) : 전략에서는 허점이 있으면 안 되며 태세가 충실해
야 한다.

　이상에서 분수(分數)와 형명(形名)은 군대 조직의 원칙에 관한 문제
이며 기정(奇正)과 허실(虛實)은 전략과 전술에 관한 문제이다. 기정
에 대해서는 계속하여 설명하고 있으며 허실에 대하여는 제6장 허실
편(虛實篇)에서 자세히 설명하고 있다.

　그리고 군대 조직의 원칙에 대하여는 오자병법(吳子兵法)과 울료자
(尉繚子)에서 군대의 기율과 명령 계통의 확립을 중요시하고 있다.

　'군령이 명확하지 않고 상벌이 공정하지 않아 정지의 명령을 내려도
정지하지 않고 진격의 명령을 내려도 진격하지 않는다면 비록 백만의
대군이라도 아무 도움이 되지 못한다.—오자(吳子) 치병편(治兵篇)'

　'군율이 확립되면 군대의 기강은 엄정하게 유지되며, 기강이 엄정하
면 위반자에 대한 처벌도 철저해진다. 명령을 한 번 내림에 백 명의
병졸이 한 몸처럼 싸워 적군의 대열을 혼란시키고 천 명의 병졸이 한
몸처럼 싸워 적군의 진지를 함락시키며, 만 명의 병사가 한 몸처럼 싸

워 적군을 전복시키고 적장을 죽인다. 이와 같은 천하무적의 군대는 기율이 확립된 뒤에라야 비로소 생겨나게 되는 것이다.—울료자(尉繚子) 제담편(制談篇)'

손자(孫子)가 군대의 기율과 기강에 대하여 설명하고 있는 것은 제1장 시계편(始計篇)과 제9장 행군편(行軍篇)이다.

2. 전쟁은 기정법(奇正法)으로 승리한다

凡戰者 以正合 以奇勝. 故善出奇者 無窮如天地 不竭
범전자 이정합 이기승 고선출기자무궁여천지불갈
如江河.
여강하

"대저 전쟁에 있어서는 정공법(正攻法)으로써 마주하고 기공법(奇攻法)으로써 승리해야 한다. 그러므로 기공법을 잘 내는 장수는 천지(天地)와 같이 무궁무진하고 강하(江河)와 같이 다함이 없다."

【글자 뜻】 窮:다할 궁. 竭:다할 갈.

【말의 뜻】 以正合:正攻法으로써 적군과 마주 대함. 以奇勝:奇攻法을 사용하여 적군을 이김. 善出奇者:奇攻法의 전략을 잘 세우는 장수. 無窮:무궁무진함. 天地:하늘과 땅의 조화는 무궁무진함. 不竭:다함이 없음. 江河:楊子江과 黃河. 중국에서 제일 큰 강들임.

【뜻 풀이】 모든 전쟁에 있어서 우선 적군과 대치할 때는 정공법(正攻法), 즉 정도의 작전을 취하고, 교전하는 동안에 적군의 약점이나 허점을 발견하면 기공법(奇攻法), 즉 기습작전을 써서 적군의 허점을 찌름으로써 적군이 혼란에 빠지는 틈을 타 승리를 거두는 것이 일반적인 전술이다.

그러므로 기공법(奇攻法)를 잘 쓰는 장수는 하늘과 땅처럼 그 조화가 무궁무진하고 큰 강물처럼 다함이 없어 그때 그 경우의 정세에 따라 거기에 적합한 작전이 무궁무진하게 쏟아져 나오는 법이다.

따라서 전투의 기본이 되는 것은 어디까지나 정도(正道)에 의한 정공법(正攻法)이라야 한다. 正道를 무시한 奇道는 있을 수 없다. 기공법(奇攻法)은 기묘한 전략이다. 그때그때의 정세에 따라 임기응변으로 채택하는 전술이기 때문에 언제나 일정한 방법일 수는 없는 것이다.

정규군(正規軍)을 이용한 전투나 적군에게 정면 공격을 가하는 것이 정공법(正攻法)이라면, 기습 작전이나 측면 공격, 유격부대를 이용한 전투 등이 기공법(奇攻法)이라 하겠다.

그러므로 처음부터 기공법(奇攻法)를 쓰려고 해서는 안 된다. 우선 정공법(正攻法)으로 적과 대치한 후 적의 약점이나 허점이 드러날 때 비로소 기공법(奇攻法)를 감행하여 승리를 거두어야 하는 것이다.

終而復始 日月是也. 死而復生 四時是也.
종 이 부 시 일 월 시 야   사 이 부 생 사 시 시 야

"끝나고서 다시 시작되는 것은 해와 달이 바로 이것이요, 죽고서 다시 살아나는 것은 네 계절이 바로 이것이다."

【글자 뜻】 終:마칠 종. 復:다시 부. 始:처음 시, 비로소 시.

【말의 뜻】 終而復始:끝나고서 다시 시작됨. 日月:해와 달은 졌다가 다시 돋음. 死而復生:죽었다가 다시 살아남. 四時:네 계절은 죽었다가 다시 돌아옴.

【뜻 풀이】 해와 달은 넘어갔다가는 다시 솟아오른다. 그러므로 끝남과 시

작이 없는 것이다. 또 네 계절은 해마다 제철이 되면 찾아온다. 그러므로 죽고 삶이 없는 것이다.

　이와 마찬가지로 전략이나 작전계획도 무궁무진한 것이다. 간단히 나누면 정공법(正攻法)과 기공법(奇攻法)의 둘로 분류되지만 이 두 가지 전략을 섞어 사용하면 무수한 작전이 이루어질 수 있는 것이다. 특히 임기응변으로 상황에 맞추어 감행하는 기공법(奇攻法)에는 헤아릴 수 없을 만큼 무궁무진한 전략이 있게 마련이다.

3. 기정(奇正)의 변화는 무궁무진하다

聲不過五 五聲之變 不可勝聽也. 色不過五 五色之變
성 불 과 오 　 오 성 지 변 　 불 가 승 청 야 　 색 불 과 오 　 오 색 지 변
不可勝觀也. 味不過五 五味之變 不可勝嘗也.
불 가 승 관 야 　 미 불 과 오 　 오 미 지 변 　 불 가 승 상 야

"소리는 다섯 가지에 불과하지만 다섯 가지 소리의 변화는 이루 다 들을 수 없고, 빛깔은 다섯 가지에 불과하지만 다섯 가지 빛깔의 변화는 이루 다 볼 수 없고, 맛은 다섯 가지에 불과하지만 다섯 가지 맛의 변화는 이루 다 맛볼 수 없다."

【글자 뜻】 聲:소리 성. 變:변할 변. 勝:견딜 승, 이길 승. 聽:들을 청. 色:빛 색. 觀:볼 관. 味:맛 미. 嘗:맛볼 상.

【말의 뜻】 五聲:궁(宮)·상(商)·각(角)·치(徵)·우(羽)의 5음계. 不可勝聽:이루 다 듣지 못함. 五色:청(靑)·황(黃)·적(赤)·백(白)·흑(黑)의 다섯 가지 빛깔. 五味:신맛·매운맛·짠맛·단맛·쓴맛의 다섯 가지 맛.

【뜻 풀이】 원래 음계는 궁·상·각·치·우의 5음계에 불과하지만 그 소리들이 어울려 이루어내는 소리는 무궁무진하여 이루 다 듣지 못할 정도이고, 빛깔 또한 원래는 파랑·노랑·빨강·하양·검정의 다섯 가지 색에 불과하지만 그 색들이 한데 어울려 이루어내는 빛깔은 무궁무진하여 이루 다 볼 수가 없을 정도이며, 맛도 원래는 신맛·매운맛·짠맛·단맛·쓴맛의 다섯 가지 맛에 불과하지만 그 맛들이 한데 어울

려 이루어내는 맛은 무궁무진하여 이루 다 맛볼 수 없을 정도이다.

　손자(孫子)는 '전쟁은 속임수'라고 말했다. 전쟁이 속임수라면 이에 따르는 전략이나 작전도 무궁무진함을 뜻하고 있다.

戰勢不過奇正 奇正之變 不可勝窮也. 奇正相生 如循
전 세 불 과 기 정　기 정 지 변　불 가 승 궁 야　　기 정 상 생　여 순

環之無端 孰能窮之哉.
환 지 무 단　숙 능 궁 지 재

　"전쟁의 형세에 있어서도 기공법(奇攻法)와 정공법(正攻法)에 불과하지만 이 기공법과 정공법의 변화는 이루 다 헤아릴 수 없을 만큼 무궁무진하다. 기공법과 정공법이 서로 낳음은 마치 순환의 끝이 없는 것과 같으니, 누가 능히 다 알 수 있으랴!"

【글자 뜻】 勢:형세 세.　循:돌 순.　環:고리 환.　端:끝 단.　孰:누구 숙.
　　哉:어조사 재.

【말의 뜻】 戰勢:전투의 형세.　不可勝窮:다 헤아릴 수 없을 만큼 많음.　奇
　　正相生:奇攻法과 正攻法이 서로 기회를 만들어 줌.　循環之無端:고리
　　를 도는 것같이 끝이 없음.　孰能窮之哉:누가 능히 다 알 수 있겠는가!

【뜻 풀이】 전세를 결정하는 것은 기공법(奇攻法)와 정공법(正攻法) 두 가
　　지에 불과하지만 이 두 가지의 변화는 실로 무궁무진하여 이루 다 헤
　　아릴 수 없을 정도이다. 기공법과 정공법이 서로 기회를 만들어 주는
　　것은 마치 고리를 도는 것처럼 끝이 없다. 그러니 누가 능히 그 전략
　　의 무궁무진함을 다 알 수 있겠는가!

4. 거센 물이 돌을 뜨게 하는 기세

激水之疾 至於漂石者 勢也. 鷙鳥之疾 至於毀折者
격 수 지 질　지 어 표 석 자　세 야　　지 조 지 질　지 어 훼 절 자
節也. 是故善戰者 其勢險 其節短 勢如彍弩 節如發
절 야　시 고 선 전 자　기 세 험　기 절 단　세 여 확 노　절 여 발
機.
기

"거세게 흐르는 물이 빨라 돌을 뜨게 함에 이르는 것은 기세요, 새매가
빨리 날아 새의 목을 부수고 날개를 꺾는 것은 절도이다. 그러므로 전쟁
을 잘하는 장수는 그 기세가 험하고 그 절도가 짧다. 기세는 쇠뇌(돌활)
를 당긴 것 같고 절도는 발사기를 쏘는 것과 같다."

【글자 뜻】激:급할 격. 疾:빠를 질, 병 질. 漂:뜰 표. 鷙:새매 지. 毀:헐
훼. 折:꺾을 절. 險:험할 험. 短:짧을 단. 彍:당길 확. 弩:쇠뇌 노.
發:쏠 발, 필 발. 機:고동 기, 틀 기.

【말의 뜻】激水之疾:거센 물이 빨리 흐름. 漂石:돌이 뜸. 鷙鳥之疾:새매
가 빨리 낢. 毀折:새의 목을 부수고 날개를 꺾음. 其勢險:그 기세가
험하고 거셈. 其節短:그 절도가 짧고 민첩함. 勢如彍弩:기세는 쇠뇌
(돌을 날려 보내는 활)를 당긴 것 같음. 節如發機:절도는 쇠뇌의 발사
기를 쏘는 것 같음.

【뜻 풀이】세차게 흐르는 격류는 큰 바위도 뜨게 하여 굴러 떨어지는데
이것은 끊임없이 지속하는 물의 기세 때문이다. 또 새매가 빨리 날아
먹이가 될 새의 목뼈를 부수고 날개를 꺾어놓는 것은 그 타격하는 시

기가 적절하기 때문이다.

그러므로 전쟁을 잘하는 지혜로운 장수의 기세는 거세고 그 절도는 순간적인 위력을 발휘한다. 비유하면 마치 쇠뇌로 돌을 날려 보내는 것과 같다. 기세란 쇠뇌의 줄을 당겨 힘을 비축해 두는 것과 같고, 절도란 좋은 기회가 오면 순간적으로 돌을 쏘아 승리를 거두는 것과 같다.

5. 이(利)로써 움직이고 졸(卒)로써 대기하라

紛紛紜紜 鬪亂而不可亂也. 渾渾沌沌 形圓而不可敗
분 분 운 운　투 란 이 불 가 란 야　혼 혼 돈 돈　형 원 이 불 가 패
也.
야

"어지러이 엉클어져 싸움이 혼란해지더라도 대오를 혼란시키지 못하
게 하고, 뒤섞여 싸워 모양이 둥글게 되더라도 싸움에 패하지 못하게 해
야 한다."

【글자 뜻】紛:어지러울 분.　紜:어지러울 운.　鬪:싸울 투.　亂:어지러울
란.　渾:흐릴 혼.　沌:어지러울 돈.　形:형상 형.　圓:둥글 원.

【말의 뜻】紛紛紜紜:어지럽게 엉클어진 모양. 지는 꽃이 어지럽게 날리
는 모양.　鬪亂:싸움이 혼란됨.　不可亂:적군이 혼란시키지 못함.　渾
渾沌沌:뒤섞여 혼란한 모양. 흐르는 물이 흩어져 흐르는 모양.　形圓:
진을 친 모양이 네모에서 둥글게 됨.　不可敗:패하게 하지 못함.

【뜻 풀이】양군이 뒤섞여 전투가 혼란해지더라도 아군이 질서를 지켜 대
오에서 벗어나지 않는다면 적이 아군의 대열을 혼란시키지 못한다.
　　또 양군이 뒤섞여 혼전을 이루어 본래의 네모난 진의 모양이 난전
으로 인하여 둥글게 되더라도 질서를 지켜 대오에서 벗어나지 않는다
면 적군이 아군을 패배시키지 못한다.

亂生於治 怯生於勇 弱生於强. 治亂數也 勇怯勢也 强
난 생 어 치 겁 생 어 용 약 생 어 강 치 난 수 야 용 겁 세 야 강
弱形也.
약 형 야

"혼란은 다스림에서 생기고, 겁은 용기에서 생기고, 약함은 강함에서
생기거니와, 다스림과 혼란은 수에서 오고, 용기와 겁은 기세에서 오고,
강함과 약함은 태세에서 온다."

【글자 뜻】 治:다스릴 치. 怯:겁낼 겁. 勇:날랠 용. 弱:약할 약. 强:강할
강.

【말의 뜻】 亂生於治:혼란은 다스림에서 생김. 怯生於勇:겁먹는 것은 용
기에서 생김. 弱生於强:약함은 강함에서 생김. 治亂數也:다스림과
혼란은 군대의 편성에 달려 있음. 勇怯勢也:용기와 겁먹음은 기세에
달려 있음. 强弱形也:강하고 약함은 태세에 달려 있음.

【뜻 풀이】 혼란된 상태에서의 다스림은 전투를 쉽게 혼란 상태에 빠지게
하고, 용기는 쉽게 겁보로 바뀌게 되고, 강한 군대는 쉽게 약한 군대
가 되기 쉽다.
　　그러므로 태세를 완전무결하게 갖추는 것이 무엇보다도 중요한 일
이다. 다스림과 혼란은 군대의 편성 여하에 달려 있고, 용기와 비겁은
군대의 전체적인 기세에 달려 있고, 군대의 강하고 약함은 태세를 갖
춤에 달려 있는 것이다.

故善動敵者 形之 敵必從之 予之 敵必取之 以利動之
고 선 동 적 자 형 지 적 필 종 지 여 지 적 필 취 지 이 리 동 지
以卒待之.
이 졸 대 지

"적군을 잘 움직이는 장수는 태세를 나타내면 적군이 반드시 이에 따르고, 작은 이익을 주면 적군이 반드시 이를 취하여 이익으로써 적을 움직이고, 병사로써 대기하게 한다."

【글자 뜻】動:움직일 동. 從:쫓을 종. 予:줄 여, 나 여. 取:취할 취. 卒: 군사 졸. 待:기다릴 대.

【말의 뜻】善動敵者:적을 잘 움직이는 장수. 形之:태세를 나타냄. 敵必 從之:적이 반드시 따라옴. 予之:줌. 작은 이익을 줌. 以利動之:작은 이익으로써 적을 움직임. 以卒待之:군사를 대기시켰다가 격파함.

【뜻 풀이】그렇기 때문에 적군을 마음대로 잘 움직이는 장수는 어떤 태세를 만들어 보이면 반드시 이 작전에 적군이 말려들어 따라오고, 작은 이익을 주면 반드시 이것을 적군이 뺏으려 한다. 이리하여 작은 이익을 보여 줌으로써 적군을 유인해 내고 병사들로 하여금 숨어 기다리게 하였다가 이를 격멸시키는 것이다.

적군이 움직이지 않을 수 없는 태세를 취함으로써 승리를 거둔 좋은 예가 있다. '계릉(桂陵)의 전투'가 바로 그것이다. 기원전 353년에 위(魏)나라의 대군이 조(趙)나라의 도읍인 한단(邯鄲)을 포위했다. 조나라에서는 하는 수 없이 제나라에 구원병을 요청했다.

이때 제나라 군대의 장수로 임명된 사람이 바로 유명한 손빈(孫臏)이었다. 그러면 손빈은 과연 어떤 전략을 썼을까? 그는 군대를 이끌고 조나라 도읍인 한단으로 가지 않았던 것이다. 이와는 반대로 위나라 도읍인 대량(大梁)으로 진격할 태세를 갖추었다.

　손빈은 '위나라 군대의 주력부대는 조나라 도읍인 한단을 포위하고 있기 때문에 위나라 본국에는 병력이 대단할 것이 못된다. 위나라 도읍인 대량을 공격하면 조나라 도읍인 한단을 포위하고 있는 군대는 자연히 포위를 풀지 않을 수 없을 것이다.' 라고 판단했던 것이다.

　과연 위나라 군대는 한단의 포위망을 풀고 급히 본국으로 돌아오지 않을 수 없었다. 손빈은 돌아오는 위나라의 군대를 계릉에서 맞아 공격하여 큰 승리를 거두었다고 한다. 이것이 바로 '위나라를 공격하여 조나라를 구원했다.' 고 하는 유명한 전략이다.

6. 기세에서 구하고 개인에게서 구하지 말라

故善戰者 求之於勢 不責之於人. 故能擇人而任勢.
고 선 전 자 구 지 어 세 불 책 지 어 인 고 능 택 인 이 임 세

"전쟁을 잘하는 장수는 태세에서 구하고 사람에게서 구하지 않는다.
그러므로 능히 사람을 가려서 태세를 맡기는 것이다."

【글자 뜻】 責:구할 책, 꾸짖을 책. 擇:가릴 택. 任:맡길 임.

【말의 뜻】 求之於勢:힘을 태세에서 구함. 不責之於人:사람에게서 구하지
않음. 擇人:사람을 잘 고름. 任勢:태세를 맡김.

【뜻 풀이】 전쟁을 잘하는 사람은 태세를 중하게 생각하여 힘을 태세에서
구하고, 한 사람 한 사람의 하는 일에서 힘을 구하지 않는다. 그러므
로 능히 사람을 잘 선택하여 태세를 맡김으로써 큰 힘을 이루어낼 수
있는 것이다.

任勢者 其戰人也 如轉木石. 木石之性 安則靜 危則動
임 세 자 기 전 인 야 여 전 목 석 목 석 지 성 안 즉 정 위 즉 동
方則止 圓則行. 故善戰人之勢 如轉圓石於千仞之山
방 즉 지 원 즉 행 고 선 전 인 지 세 여 전 원 석 어 천 인 지 산
者 勢也.
자 세 야

"태세를 맡은 사람은 그 사람을 싸우게 함에, 마치 나무와 돌이 구르는

것과 같다. 나무와 돌의 성질은 안정하면 정지하고, 위태하면 움직이며,
모나면 정지하고, 둥글면 굴러간다. 그러므로 사람을 잘 싸우게 하는 기
세는 둥근 돌을 천 길이나 되는 산 위에서 굴리는 것 같은 것이니, 이것
이 싸우는 기세이다."

【글자 뜻】轉:구를 전. 靜:고요 정. 危:위태할 위. 方:모 방. 止:그칠
　　지. 行:갈 행, 다닐 행. 仞:길 인.
【말의 뜻】任勢者:태세를 맡은 사람. 其戰人:그 사람을 싸우게 함. 如轉
　　木石:나무나 돌을 굴리는 것 같음. 安則靜:안정한 곳에 두면 정지함.
　　危則動:위태로운 비탈에 놓으면 움직임. 方則止:모나면 정지함. 圓
　　則行:둥글면 굴러감.

【뜻 풀이】세력을 잘 활용할 줄 아는 장수가 부하들을 움직여 싸우게 하
면 마치 나무토막이나 돌을 굴리는 것과 같다. 자기의 의지를 갖지 않
은 물체처럼 자연스럽게 움직인다.
　　나무토막이나 돌이란 원래 안정된 곳에 놓으면 구르지 않고 정지
해버린다. 개인도 혼자 놓아두면 결코 움직이려 하지 않는다. 나무토
막이나 돌은 비탈진 곳에 놓으면 저절로 굴러가게 마련이다. 사람도
전체 속에서 함께 움직이면 저절로 움직이게 되는 것이다. 나무토막
이나 돌은 모가 나 있으면 정지해버리고 둥글어야 구른다.
　　개인도 각자 개성이 있기 때문에 혼자서는 구르지 않는다. 열 사람,
백 사람, 천 사람이 되면 비로소 전체 힘으로써 자신도 모르는 사이에
일정한 방향으로 움직이기 시작하는 것이다. 마치 둥근 돌을 높은 산
에서 굴리는 것처럼 명장이 군대라는 집단을 마음대로 움직일 수 있
는 것은 세력의 활용을 터득하고 있기 때문이다.

제6장
허실편
(虛實篇)

이 허실편(虛實篇)에서는 아군의 충실함으로써 적군의 허점을 찌르라고 말하고 있다.

손자(孫子)는 "진격하되 방어할 수 없는 것은 그 허를 찌르기 때문이고, 후퇴하되 추격할 수 없는 것은 신속하여 따를 수 없기 때문이다."라고 한다.

또 "적을 드러나게 하고 아군이 드러나지 않으면 아군은 집중하고 적은 분산된다. 아군은 집중하여 하나가 되고 적군은 분산하여 열이 되면, 이는 열로써 적의 하나를 공격하는 것이다."라고 말한다.

1. 주도권(主導權)을 잡으라

孫子曰 凡先處戰地而待敵者佚 後處戰地而趨戰者勞.
손 자 왈 범 선 처 전 지 이 대 적 자 일 후 처 전 지 이 추 전 자 로

故善戰者 致人而不致於人.
고 선 전 자 치 인 이 불 치 어 인

손자(孫子)가 이렇게 말했다.

"무릇 먼저 싸움터에 나아가 적군을 기다리는 사람은 편하고, 뒤늦게 싸움터에 나아가 싸움에 달려가는 사람은 고달프다. 그러므로 전쟁을 잘하는 장수는 적을 나오게 하되 적에게 나아가지 않는다."

【글자 뜻】 佚:편안할 일. 趨:달릴 추. 勞:수고로울 로. 致:나아갈 치, 이를 치.

【말의 뜻】 先處戰地:먼저 싸움터에 나가 있음. 待敵者佚:적을 기다리는 사람은 편안함. 趨戰者勞:전투에 달려가는 사람은 고달픔. 致人:적을 나오게 함. 선제권을 잡음. 不致於人:적에게로 나아가지 않음.

【뜻 풀이】 적군보다 먼저 싸움터에 나가서 적군이 오기를 기다리게 되면 모든 태세를 완전히 갖추어 놓을 수 있기 때문에 여유를 가지고 싸울 수 있다. 그러나 적군보다 뒤늦게 싸움터로 달려온 군대는 이미 소모된 전력에다 태세를 갖추지 못하고 싸워야 하기 때문에 고달픈 싸움이 되게 마련이다.

그러므로 전쟁을 잘하는 유능한 장수는 선제권을 잡고 이쪽의 작전대로 적군을 끌어들여 요격 전법을 사용한다. 결코 적군의 작전에 말

려 요격당하는 일이 없다.

能使敵人自至者 利之也. 能使敵人不得至者 害之也.
능 사 적 인 자 지 자 이 지 야　능 사 적 인 부 득 지 자 해 지 야

"능히 적으로 하여금 스스로 이르게 하는 것은 이롭기 때문이고, 능히 적으로 하여금 이르지 못하게 하는 것은 해롭기 때문이다."

【글자 뜻】 至:이를 지. 害:해로울 해.

【말의 뜻】 自至者:스스로 이르게 하는 것. 利之也:이득이 있기 때문임. 不得至者:이르지 못하게 하는 것. 害之也:해가 있기 때문임.

【뜻 풀이】 적군이 자발적으로 이쪽으로 가까이 다가오는 것은 이쪽에서 이익을 보여 유인하기 때문이고, 아군이 불리할 때 적군이 이쪽으로 다가오지 않으려 하는 것은 손해를 받을 것이 두렵기 때문이다.

故敵佚能勞之 飽能飢之 安能動之.
고 적 일 능 로 지 포 능 기 지 안 능 동 지

"적군이 편안하면 능히 이를 수고롭게 해야 하고, 배부르면 능히 이를 굶주리게 해야 하고, 안정되어 있으면 능히 이를 동요하게 만들어야 한다."

【글자 뜻】 勞:수고로울 로. 飽:배부를 포. 飢:주릴 기.

【말의 뜻】 敵佚能勞之:적이 편안하면 능히 이를 수고롭게 해야 함. 飽能

飢之:배불리 먹고 있으면 능히 이를 굶주리게 만들어야 함. 安能動
之:안정되어 있으면 능히 이를 동요시켜 혼란하게 만들어야 함.

【뜻 풀이】만일 적군이 안락한 상태에 놓여 있다면 방법을 강구하여 노고
하게 함으로써 적을 피로하게 만들어야 하고, 만일 적군이 식량이 넉
넉하여 배불리 먹고 있다면 그 보급로를 끊어 굶주리게 만들어야 하
고, 만일 적군이 안정된 태세를 취하고 있다면 계략을 써서 혼란 상태
에 빠지게 만들어야 한다.

2. 지키지 않는 곳을 공격하라

出其所不趨 趨其所不意. 行千里而不勞者 行於無人
출 기 소 불 추   추 기 소 불 의   행 천 리 이 불 로 자   행 어 무 인
之地也. 攻而必取者 攻其所不守也. 守而必固者 守其
지 지 야   공 이 필 취 자   공 기 소 불 수 야   수 이 필 고 자   수 기
所不攻也.
소 불 공 야

"적이 달려가지 않는 곳에 나아가고, 적이 뜻하지 않은 곳에 달려가야 한다. 천 리를 가도 피로하지 않은 것은 적이 없는 땅을 가기 때문이고, 공격하여 반드시 뺏는 것은 지키지 못한 곳을 공격하기 때문이며, 수비함이 반드시 견고한 것은 그 공격하지 못하는 곳을 지키기 때문이다."

【글자 뜻】趨:달릴 추. 意:뜻 의. 固:굳을 고.

【말의 뜻】出其所不趨:적이 달려가지 않는 곳에 나아감. 趨其所不意:적이 생각지 않는 곳에 달려감. 不勞:피로하지 않음. 無人之地:적이 없는 땅. 攻而必取:공격하면 반드시 함락시킴. 攻其所不守:적이 지키지 못하는 곳을 공격함. 守而必固:수비하면 반드시 견고함. 守其所不攻:적이 공격하지 못하는 곳을 지킴.

【뜻 풀이】진군할 때는 적군이 나타나지 않는 곳을 골라 전진해야 하고, 공격할 때는 적군의 생각이 미치지 못하는 곳을 골라 허점을 찔러야 한다. 천 리나 되는 머나먼 길을 행군해도 피로하지 않는 것은 적군의 저항이 없는 곳을 골라 전진하기 때문이다. 공격하면 반드시 적군의 진지를 뺏을 수 있는 것은 적군이 방어하지 않는 곳을 공격하기 때문

이다. 그리고 방어하면 반드시 견고하게 지킬 수 있는 것은 적군이 공격할 수 없는 곳을 지키기 때문이다.

한(漢)나라의 유방(劉邦)과 초(楚)나라의 항우(項羽)는 기원전 205년부터 4년간 광대한 북부 중국을 무대로 패권을 다투는 혈전을 벌였다. 우리 나라 장기에서도 초(楚)와 한(漢)의 싸움이 벌어지는데 이것이 유명한 초한(楚漢)의 싸움이다.

결국은 유방이 최후의 승리를 거두어 한나라 왕조를 세우게 되었지만 처음 얼마 동안은 유방에게 불러한 싸움이었다. 싸우면 패하고 싸우면 또 패하여, 유방은 초나라의 군대를 피하게 되었다. 유방은 부득이 전선을 후퇴시켜 최후의 방위선을 펴고 항우 군대의 진격을 방어하려 했다. 계속 패전하는 바람에 유방의 사기가 그만큼 저하되었던 것이다.

그런데 이때 역생(酈生)이라는 참모가 이렇게 말했다.

"아군에게 무엇보다도 필요한 것은 군량입니다. 그런데 오창(敖倉)은 예로부터 천하의 식량이 다 모여드는 곳으로, 지금도 그곳에는 식량이 산처럼 쌓여 있습니다. 그런데 항우는 오창의 방위를 소홀히 하여 수비대도 별로 없는 형편입니다. 지금이야말로 좋은 기회입니다. 민첩하게 오창을 탈취하여 식량을 확보해야 합니다."

오창이란 이미 이십여 년 전에 진시황(秦始皇)이 만들어 놓은 식량의 저장지이다. 유방은 곧 군대를 이끌고 수비 태세가 별로 없던 오창으로 가서 큰 어려움 없이 탈취했다. 이로써 유방의 군대는 배불리 먹고 충분한 휴식을 취할 수가 있었다.

유방이 역전의 승리를 거두기 시작한 것은 이 오창 탈취 작전 때부터이다. 이야말로 '적이 지키지 않는 곳을 공격하여' 승리를 거둔 좋은 예라 하겠다.

故善攻者 敵不知其所守. 善守者 敵不知其所攻. 微乎
고 선 공 자 적 부 지 기 소 수   선 수 자 적 부 지 기 소 공   미 호

微乎 至於無形. 神乎神乎 至於無聲. 故能爲敵之司
미 호   지 어 무 형   신 호 신 호   지 어 무 성   고 능 위 적 지 사

命.
명

"공격을 잘하는 사람은 적이 그 수비할 곳을 알지 못하게 되고, 수비를
잘하는 사람은 적이 그 공격할 곳을 알지 못하게 된다. 미묘하고도 미묘
함이여! 형태가 없음에 이르도다! 신비하고도 신비함이여! 소리가 없음에
이르도다! 그러므로 능히 적의 생사를 맡아 다스리게 되는 것이다."

【글자 뜻】微:정묘할 미, 작을 미.   神:신비할 신, 귀신 신.   司:맡을 사.
　　命:목숨 명.

【말의 뜻】不知其所守:그 지킬 곳을 알지 못함.   微乎:미묘하다. 정묘하
　　여 알 수 없다.   至於無形:형태가 없음에 이름.   神乎:신비하여 알 수
　　없다.   至於無聲:소리가 없음에 이름.   司命:사람의 목숨을 맡아 다스
　　린다는 별의 이름.

【뜻 풀이】이야말로 신출귀몰(神出鬼沒)한 작전이라 하겠다. 전략을 잘
　　쓰는 장수가 공격하면 적군이 어디를 어떻게 지켜야 할지를 모르게
　　되고, 또 전략을 잘 쓰는 장수가 수비하면 적군이 어디를 어떻게 공격
　　해야 할지를 모르게 된다. 즉 적군은 아군의 상태와 전략을 전혀 판단
　　할 수 없어 꼼짝할 수 없게 되는 것이다.

아, 미묘하고도 미묘하도다! 적이 아군의 형태조차 볼 수 없게 되도다!

아, 신비스럽고도 신비스럽도다! 적이 아군의 소리조차 들을 수 없게 되도다!

그러므로 이런 장수는 능히 적군의 생명을 맡아 다스리게 되는 것이다.

3. 허(虛)를 찌르라

進而不可禦者 衝其虛也. 退而不可追者 速而不可及
진 이 불 가 어 자   충 기 허 야   퇴 이 불 가 추 자   속 이 불 가 급
也.
야

"진격하되 방어할 수 없는 것은 그 허를 찌르기 때문이고, 후퇴하되 추
격할 수 없는 것은 신속하여 따를 수 없기 때문이다."

【글자 뜻】 禦:막을 어.　衝:찌를 충.　虛:빌 허.　退:물러갈 퇴.　追:쫓을
　　추.　速:빠를 속.　及:미칠 급.
【말의 뜻】 進而不可禦:진격하되 방어할 수 없음.　衝其虛:적의 허를 찌
　　름.　退而不可追:후퇴하되 추격하지 못함.　速而不可及:빨라서 따라
　　갈 수 없음.

【뜻 풀이】 전략이 뛰어난 장수가 공격해 들어가면 적군은 어디를 어떻게
　　방어해야 할지를 몰라 혼란에 빠진다. 그것은 바로 적군의 허를 찔렀
　　기 때문이다. 또 전략에 뛰어난 장수가 후퇴를 하면 적군은 이를 추격
　　하지 못한다. 그것은 행동이 신속하고 민첩하여 감히 따라갈 수 없기
　　때문이다. 만일 적군에게 충분한 시간을 준다면 그때는 이미 적군의
　　허가 없어지고 만다. 그동안에 충분히 태세를 바로잡아 갖출 수 있기
　　때문이다.

故我欲戰 敵雖高壘深溝 不得不與我戰者 攻其所必救
고 아 욕 전 적 수 고 루 심 구 부 득 불 여 아 전 자 공 기 소 필 구

也. 我不欲戰 雖畫地而守之 敵不得與我戰者 乖其所
야   아 불 욕 전 수 획 지 이 수 지 적 부 득 여 아 전 자 괴 기 소

之也.
지 야

  "내가 싸우고자 하면 적이 비록 성루를 높이 쌓고 도랑을 깊이 팔지라
도 나와 더불어 싸우지 않을 수 없는 것은 적이 반드시 구원해야 할 곳을
공격하기 때문이요, 내가 싸우고자 하지 않으면 비록 땅에 금을 긋고서
지킬지라도 적이 나와 더불어 싸울 수 없는 것은 적이 가려는 곳이 어긋
나기 때문이다."

【글자 뜻】 欲:하고자 할 욕. 雖:비록 수. 壘:진 루. 深:깊을 심. 溝:도랑
   구. 救:구원할 구. 畫:그을 획, 그림 화. 乖:어그러질 괴. 之:갈 지,
   어조사 지.

【말의 뜻】 我欲戰:내가 싸우고자 함. 내가 싸우기를 바람. 高壘深溝:성
   벽을 높이 쌓고 도랑(참호)을 깊이 팜. 不得不:아니할 수 없음. 與我
   戰:나와 더불어 싸움. 攻其所必救:적이 반드시 구원해야 할 곳을 공
   격함. 畫地而守之:땅에 금을 긋고서 지킴. 乖其所之:적이 가려고(하
   려고) 하는 것에 어긋남.

【뜻 풀이】 적군이 아무리 성벽을 높이 쌓고 참호를 깊이 파서 방위를 견
   고하게 하고 있을지라도 아군이 싸우려고 마음만 먹으면 적군이 따라
   오지 않을 수 없는 방법이 있다. 그것은 적군에게 가장 중요한 곳, 예
   를 들면 무기 창고나 곡식 창고나 보급로 같은 곳을 공격하면 된다.

그러면 적군은 응전해 오지 않을 수 없는 것이다. 이것도 적의 허를 찌르는 전략의 하나다.

또 이와 반대로 적군과 싸우는 것이 불리하다고 생각될 때는 단지 땅위에 금을 그어 놓고 지킬지라도 적군이 공격해 들어오지 못하게 하는 방법이 있다. 그것은 적군이 목적하는 바와 크게 어긋나게 하면 된다. 즉 엉뚱한 곳에 방어선을 쳐 놓거나 함부로 공격할 수 없는 방위 태세를 취하면 되는 것이다. 그러면 적군은 함정에 빠질까 두려워 감히 공격해 오지 못한다.

이쪽이 전투를 원하지 않을 때 적군의 공격을 잘 피한 예로서 삼국지에 '빈 성의 계교'라는 것이 있다.

제갈량(諸葛亮)이 불과 이천오백 명의 군사를 이끌고 서성(西城)에 머물러 있을 때, 위(魏)나라 장군 사마의(司馬懿)가 십오만 대군을 이끌고 공격해 들어왔다. 제갈량이 아무리 지략에 뛰어나더라도 이천오백 명의 군사와 십오만의 대군과는 승부를 겨룰 수 없는 처지였다. 성안에 있던 병사들은 모두 얼굴빛이 새파랗게 질렸다.

그러나 제갈량은 조금도 당황하지 않고,

"잠깐 기다리라. 나에게 좋은 생각이 있다."

하고 말한 다음, 사방의 성문을 활짝 열어 놓고 이십여 명가량의 병사들로 하여금 백성의 옷차림으로 길을 쓸게 했다. 그리고 제갈량 자신은 도사의 옷차림으로 성루(城樓)에 올라가 그곳에서 태연자약하게 향불을 피워 놓고 거문고를 타기 시작했다.

한편 성 밑에까지 공격해 온 사마의가 바라보니 성안은 이상하게 고요하고 성루 위에서는 제갈량이 거문고를 타고 있는 것이다.

이것을 본 사마의는,

"이것은 이상한 일이다. 제갈량은 원래 신중한 사람으로 한 번도 위험을 저지른 일이 없다. 지금 저와 같이 성문을 활짝 열어 놓고 있다는 것은 틀림없이 복병이 있다는 증거다. 공격해 들어가면 제갈량의 전술에 말려들게 될 것이다."

라고 말하고 군대에게 후퇴할 것을 명령하여 사마의의 십오만 대군은 조수처럼 밀려가기 시작했다. 이 광경을 본 성안에 있던 병사들은 새삼 제갈량의 지모에 감탄했다.

4. 열을 가지고 하나를 공격하라

故形人而我無形　則我專而敵分.　我專爲一　敵分爲十
고 형 인 이 아 무 형　즉 아 전 이 적 분　　아 전 위 일　적 분 위 십
是以十攻其一也.　則我衆而敵寡　能以衆擊寡者　則吾
시 이 십 공 기 일 야　즉 아 중 이 적 과　능 이 중 격 과 자　즉 오
之所與戰者約矣.
지 소 여 전 자 약 의

　"그러므로 적을 드러나게 하고 아군이 드러나지 않으면 아군은 집중하
고 적은 분산된다. 아군은 집중하여 하나가 되고 적군은 분산하여 열이
되면 이는 열로써 적의 하나를 공격하는 것이니, 즉 아군은 많고 적군은
적어서 능히 많음으로써 적은 것을 치면 아군이 더불어 싸우는 것은 간략
해진다."

【글자 뜻】 專:오로지 전.　寡:적을 과.　擊:칠 격.　約:간략할 약, 약속할
　　약.
【말의 뜻】 形人:적은 나타남.　我無形:아군은 나타나지 않음.　我專而敵
　　分:아군은 집결되고 적군은 분산됨.　以十攻其:아군의 열로써 적의 하
　　나를 공격함.　我衆而敵寡:아군은 많고 적군은 적음.　以衆擊寡:많음
　　으로써 적음을 공격함.　約矣:간략함, 수월함.

【뜻 풀이】 적군의 진지는 되도록 뚜렷이 나타나게 만들고 아군의 포진은
　　되도록 나타나지 않게 만들면 아군의 전투력은 집결되고 적군의 전력
　　은 분산된다. 아군의 전력이 집결되어 하나가 되고 적군의 전력은 분
　　산되어 열로 갈라지면 이것은 곧 아군의 열의 전력으로 적군의 하나

의 전력을 공격하는 셈이 된다. 그러므로 크고 강한 힘으로 작고 약한 것을 공격하기 때문에 쉽게 적군을 격파할 수 있는 것이다.

전쟁에 있어서 적을 분산시켜 정복하는 방법은 그 효과가 몹시 크다. 미국의 남북전쟁 당시 북군이 남군을 패배시키는 큰 요인은 우선 남부를 둘로 분리시키는 일로부터 시작되었다. 북군은 처음에 미시시피 강을 수중에 넣자 다음에는 셔먼 장군이 이끄는 군대가 조지아를 통과하여 동부 해안에 이르렀다. 이렇게 하여 남부는 둘로 분리되었던 것이다. 분리되면 그만큼 전력이 약화되게 마련이다.

吾所與戰之地 不可知. 不可知 則敵所備者多. 敵所備
오 소 여 전 지 지 불 가 지　불 가 지 즉 적 소 비 자 다　적 소 비
者多 則吾所與戰者寡矣.
자 다　즉 오 소 여 전 자 과 의

"아군과 더불어 싸워야 할 곳을 적이 알지 못하니, 이를 알지 못하면 적은 수비할 곳이 많아진다. 적이 수비할 곳이 많아지면 아군이 더불어 싸워야 할 사람이 적어진다."

【말의 뜻】吾所與戰之地:아군과 함께 싸울 곳. 不可知:알지 못함. 所備者多:수비해야 할 곳이 많아짐. 所與戰者寡:함께 싸울 사람이 적어짐.

【뜻 풀이】적이 아군의 정체와 전략을 확실히 파악하고 있지 못하기 때문에 아군이 어디를 공격할지를 모른다. 또 어디를 공격할지를 모르기 때문에 적은 병력을 분산시켜 모든 곳을 지켜야만 한다. 그리고 적이 병력을 분산시켜 방위하면 아군으로서는 그만큼 상대해서 싸울 병력이 적어지게 되는 것이다.

故備前則後寡　備後則前寡　備左則右寡　備右則左寡
고 비 전 즉 후 과　비 후 즉 전 과　비 좌 즉 우 과　비 우 즉 좌 과
無所不備　則無所不寡.　寡者備人者也　衆者使人備己
무 소 불 비　즉 무 소 불 과　과 자 비 인 자 야　중 자 사 인 비 기
者也.
자 야

"앞을 수비하면 뒤가 적어지고, 뒤를 수비하면 앞이 적어지며, 왼쪽을
수비하면 오른쪽이 적어지고, 오른쪽을 수비하면 왼쪽이 적어져서, 수비
하지 않을 곳이 없으면 적어지지 않는 곳이 없게 된다. 적은 것은 사람을
수비하는 자이고, 많은 것은 적으로 하여금 아군을 수비하게 하는 것이
다."

【글자 뜻】 使:하여금 사.　己:몸 기.
【말의 뜻】 備前則後寡:앞을 수비하면 뒤가 적어짐.　無所不備:수비하지
　않을 곳이 없음. 다 수비해야 함.　無所不寡:적어지지 않는 곳이 없음.
　다 적어짐.　備人者:적을 수비하는 사람.　使人備己者:적으로 하여금
　아군을 수비하게 하는 것.

【뜻 풀이】 적은 아군이 언제 어떤 방향으로 공격해 들어올지 모르기 때문
　에 전면을 방위하면 후면의 전력이 약해지고, 후면을 방위하면 전면
　의 전력이 약해지며, 좌측을 방위하면 우측의 전력이 약해지고, 우측
　을 방위하면 좌측의 전력이 약해진다.
　　이와 같이 전후좌우 사면팔방을 모두 방위하노라면 자연히 전체적
　인 방위력이 약화되지 않을 수 없는 것이다. 방위할 곳이 많을수록 적
　군의 전력은 약화되고 반대로 아군의 전력은 강대해지게 된다.

그러므로 전력이 약한 쪽은 적을 방위하게 되고 전력이 강한 쪽은 적의 전력이 자연히 약화되므로 적군을 시켜 아군을 방위시키는 것과 같게 되는 것이다. 요컨대 적의 방위력을 분산시키는 것이 적의 전력을 약화시키는 길이다.

병력의 많고 적음은 어디까지나 절대적인 것이 아니라 상대적인 것이다. 많은 병력도 분산시키면 전력이 약화되기 때문이다. 중요한 점은 병력을 집결시키느냐 분산시키느냐에 달려 있다. 아군이 집결하고 적군을 분산시킨다면 열세를 우세로 전환시킬 수 있는 것이다.

5. 싸워야 할 곳을 알라

故知戰之地 知戰之日 則可千里而會戰. 不知戰地 不
고 지 전 지 지 지 전 지 일 즉 가 천 리 이 회 전 부 지 전 지 부

知戰日 則左不能救右 右不能救左 前不能救後 後不
지 전 일 즉 좌 불 능 구 우 우 불 능 구 좌 전 불 능 구 후 후 불

能救前 而況遠者數十里 近者數里乎.
능 구 전 이 황 원 자 수 십 리 근 자 수 리 호

"싸울 곳을 알고 싸울 날짜를 안다면 천 리 밖에 나아가 적을 만나 싸워도 되지만, 싸울 곳을 알지 못하고 싸울 날짜를 알지 못한다면 좌측의 군대가 우측의 군대를 구원하지 못하고, 우측의 군대가 좌측의 군대를 구원하지 못하며, 전방의 군대가 후방의 군대를 구원하지 못하고, 후방의 군대가 전방의 군대를 구원하지 못할 것이니, 하물며 멀면 수십 리, 가까우면 수 리에 있어서랴!"

【글자 뜻】 會:만날 회. 救:구원할 구. 況:하물며 황.

【말의 뜻】 知戰之地:싸울 장소를 앎. 戰之日:싸울 날짜. 千里而會戰:천리 밖에서 적을 만나 싸움. 不知戰地:싸울 장소를 알지 못함. 左不能救右:좌측의 군대가 우측의 군대를 구원하지 못함. 而況:하물며 ~함에 있어서랴! 遠者數十里:멀면 수십 리.

【뜻 풀이】 싸울 장소를 예측하고 싸울 날짜를 예측할 수 있는 뛰어난 장수라면 설사 천 리 밖에 나아가 적과 싸울지라도 능히 주도권을 잡을수가 있다.

그러나 싸울 장소와 날짜를 예측하지 못하는 어리석은 장수라면 적에게 불리한 전투를 강요당하여 혼란에 빠져 싸움터에 함께 집결되어 있는 군대라도 전후좌우의 부대가 서로 구원하고 협력하지 못한다. 더구나 수십 리나 수 리 밖에 분산되어 있는 부대는 전력을 상실하고 고립되어 적에게 격멸되고 말 것이다.

전투할 장소와 날짜를 예측하여 적군을 격멸시킨 좋은 예로 '마릉(馬陵)의 싸움' 을 들 수 있다.

때는 기원전 341년, 제(齊)나라의 장수인 손빈(孫臏)은 일부러 군대를 후퇴시켜 위(魏)나라의 군대를 유인했다. 손빈은 이때 적군을 안심시키기 위하여 일부러 가마솥의 수를 오늘은 십만 개, 내일은 오만 개, 모레는 삼만 개로 줄여 갔다.

이것을 멀리서 본 위나라의 장수 방연(龐涓)은 제나라 군대에 도망병들이 있다고 판단하여 기병대를 이끌고 추격에 나섰다.

손빈은 위나라 군대가 어두울 무렵에 마릉(馬陸)에 도착할 것으로 예측했다. 그래서 그는 병사들을 시켜 길가에 서 있는 큰 나무의 줄기를 깎아내 '방연이 이 나무 아래에서 죽는다.' 고 큰 글씨를 써놓고 많은 병사들을 매복시키고 이렇게 명령했다.

"날이 저물면 이 나무 밑에 불이 켜질 것이다. 그 불을 목표로 일제히 공격하라."

과연 그날 밤 위나라의 기병대가 이 나무 밑에 다다랐다. 방연은 불을 켜 들고 그 나무 줄기에 씌어 있는 글자를 읽으려 했다. 순간 제나라의 매복한 군사들이 일제히 함성을 지르며 화살을 당겼다. 위나라의 군대는 혼란에 빠져 격멸당하고, 방연은 혼전 속에서 스스로 목숨을 끊어 죽었다고 한다.

以吾度之 越人之兵雖多 亦奚益於勝敗哉. 故曰勝可
이 오 탁 지 월 인 지 병 수 다 역 해 익 어 승 패 재   고 왈 승 가

爲也 敵雖衆 可使無鬪.
위 야 적 수 중 가 사 무 투

"나로써 헤아려 보면 월(越)나라의 병사들이 비록 많을지라도 또한 어
찌 승패에 유익하랴! 그러므로 '승리는 만들 수 있으니, 적이 비록 많을
지라도 가히 싸우지 못하게 할 수 있다.'고 말할 수 있다."

【글자 뜻】度:헤아릴 탁, 법도 도. 越:나라 월, 넘을 월. 亦:또 역. 奚:어
    찌 해. 益:유익할 익, 더할 익. 敗:패할 패.

【말의 뜻】以吾度之:내가 생각해 봄. 越人之兵:越나라 사람의 병사들.
    奚益於~:어찌 ~에 유익하랴! 勝可爲:승리는 만들 수 있음. 使無鬪:
    싸우지 못하게 함.

【뜻 풀이】오(吳)나라와 월(越)나라는 오랜 동안 원수의 나라였다. '원수
    끼리 같은 배에 탔다.'는 뜻으로 '오월동주(吳越同舟)'라는 말이 사
    용되고 있을 정도이다. 손자(孫子)는 오나라 사람이었으며 오나라 남
    쪽에 접경하여 월나라가 있었다. 손자(孫子)가 월나라를 미워한 것은
    당연하다 하겠다.
    적국인 월나라의 군대가 아무리 많을지라도 그것만으로는 결코 승
    패를 결정하는 요인이 되지 못한다. 왜냐하면 승리의 조건은 사람이
    만들어내는 것이므로 비록 적군이 아무리 많아도 싸울 수 없게 만들
    면 되기 때문이다.

6. 전략은 드러나지 않게 하라

故策之而知得失之計 作之而知動靜之理 形之而知死
고 책 지 이 지 득 실 지 계　작 지 이 지 동 정 지 리　형 지 이 지 사
生之地 角之而知有餘不足處.
생 지 지 각 지 이 지 유 여 부 족 처

"적의 정세를 검토하여 득실의 계산을 알아야 하고, 자극을 일으켜 적
군의 동정의 이치를 알아야 하고, 작전을 나타내어 생사의 지리를 알아야
하고, 작은 충돌을 일으켜 적국의 여유 있는 곳과 부족한 곳을 알아야 한
다."

【글자 뜻】 策:점대 책, 꾀 책. 失:잃을 실. 作:일으킬 작, 지을 작. 靜:고
요할 정. 角:다툴 각, 뿔 각. 餘:남을 여. 足:족할 족, 발 족. 處:곳
처.

【말의 뜻】 策之:점침. 검토함. 得失之計:이득과 손실의 계산. 作之:작전
을 일으킴. 動靜之地:적군이 움직이고 멈추고 하는 이치. 形之:전략
을 나타냄. 死生之地:죽고 사는 지형. 전투에 유리하고 불리한 지리
적 조건. 角之:다툼. 작은 충돌을 시킴. 有餘不足處:적군의 전력이
넉넉한 곳과 부족한 곳.

【뜻 풀이】 적은 병력을 활용하여 승리를 거두는 조건에는 다음과 같은 네
가지 방법이 있다.
　　첫째, 전세를 검토하여 피차간의 이해와 득실을 파악해야 한다.
　　둘째, 유인작전을 일으켜 적군의 동태를 잘 관찰해야 한다.

셋째, 작전의 일부를 나타내어 지형상의 급소를 찾아내야 한다.

넷째, 작은 충돌을 일으켜 적군 진영의 강한 곳과 약한 곳을 판단해야 한다.

이상의 네 가지 방법을 종합하여 충분한 태세를 정비하는 한편, 이에 알맞은 작전계획을 세우면 되는 것이다.

故形兵之極 至於無形 無形則深間不能窺 智者不能
고 형 병 지 극　지 어 무 형　무 형 즉 심 간 불 능 규　지 자 불 능
謀. 因形而措勝於衆 衆不能知.
모　인 형 이 조 승 어 중　중 불 능 지

"군대 형태의 극치는 형체가 없음에 이르게 하는 것이나 형체가 없으면 깊이 들어온 간첩도 능히 엿볼 수 없고, 지혜 있는 적의 장수도 능히 전략을 세우지 못한다. 형태로 인하여 많은 적군에게 승리를 거두지만 적군은 능히 이를 알지 못한다."

【글자 뜻】極:지극할 극.　深:깊을 심.　間:첩자 간, 사이 간.　窺:엿볼 규.
　　謀:꾀할 모.　措:둘 조.

【말의 뜻】形兵之極:군대 형태의 극치.　深間:깊이 침입해 들어온 적의
　　간첩.　不能窺:능히 엿보지 못함.　智者:지혜 있는 적의 장수.　不能
　　謀:작전을 능히 세우지 못함.　因形:아군의 형체가 드러나지 않는 것
　　으로 인함.　措勝於衆:많은 적군에게 승리를 거둠.　衆不能知:적군들
　　은 이것을 알지 못함.

【뜻 풀이】군대에 있어서 최선의 태세는 결국 적이 아군의 태세를 알 수
　　없게 만드는 일이다. 작전을 자유자재로 변화시키면서도 조직의 본질

을 잃지 말아야 한다. 이와 같이 하면 깊이 잠입해 들어온 적의 간첩도 아군의 실정을 엿볼 수 없게 되고 또 지혜 있는 적의 장수도 치밀한 전략을 세우지 못하게 된다.

　이와 같이 아군의 형태는 변화무쌍하여 드러나지 않고 반대로 적군의 형태는 드러나게 된다. 그렇게 되면 비록 아군의 수는 적어도 수가 많은 적군에게 승리를 거두게 되지만 적군들은 이 원리를 깨닫지 못하는 것이다.

人皆知我所以勝之形 而莫知吾所以制勝之形. 故其戰
인 개 지 아 소 이 승 지 형　이 막 지 오 소 이 제 승 지 형　　고 기 전

勝不復 而應形於無窮.
승 불 부　이 응 형 어 무 궁

　"사람들은 모두 아군이 승리를 거둔 형세는 알고 있지만 아군이 승리를 거두도록 만든 형세에 대해서는 알지 못한다. 그러므로 그 전투에 이긴 방법은 다시 사용하지 말고, 적군의 형세에 따라 무궁무진한 작전을 펴 나가야 한다."

【글자 뜻】 皆:다 개. 莫:말 막. 制:지을 제. 復:다시 부. 應:응할 응.

【말의 뜻】 我所以勝之形:아군이 승리하게 된 형세. 莫知:알지 못함. 所
　以制勝之形:승리를 거두도록 만든 형세. 戰勝不復:전쟁에 승리한 작
　전은 다시 사용하지 않음. 應形於無窮:적군의 형세에 따라 무궁무진
　한 작전을 세움.

【뜻 풀이】 아군이 승리를 기둔 다음에야 사람들은 아군이 어떤 테세를 취
　하여 승리했는지를 안다. 그러나 그들은 승리를 거둘 수 있도록 만든

전략에 대해서는 알지 못한다. 한 번 승리를 거둔 작전을 다시 되풀이하여 사용하지 않는다. 적군이 취하는 형세에 따라 그 형세에 알맞은 새로운 작전을 얼마든지 세울 수 있어야 하는 것이다.

7. 실을 피하고 허를 찌르라

夫兵形象水. 水之形 避高而趨下. 兵之形 避實而擊
부 병 형 상 수　　수 지 형　 피 고 이 추 하　　병 지 형　 피 실 이 격
虛. 水因地而制流 兵因敵而制勝.
허　 수 인 지 이 제 류　 병 인 적 이 제 승

"대저 전쟁의 형세는 물을 본받아야 한다. 물의 형세란 높은 곳을 피하
고 낮은 곳으로 달려가듯이 전쟁의 형세도 충실한 곳을 피하고 허한 곳을
공격해야 한다.

물이 땅의 형세에 따라 흐름이 이루어지듯이 전쟁도 적의 형세에 따라
승리가 이루어지는 것이다."

【글자 뜻】象:본받을 상, 코끼리 상.　避:피할 피.　趨:달릴 추.　擊:칠 격.
　　虛:빌 허.　因:인할 인.

【말의 뜻】兵形:전쟁의 형세.　象水:물을 본받음.　避高而趨下:높은 곳을
　　피하고 낮은 곳으로 달려감.　避實而擊虛:충실한 곳을 피하고 헛점이
　　있는 곳을 공격함.　水因地而制流:물은 땅의 형세에 따라 흐름이 만들
　　어짐.　兵因敵而制勝:전쟁은 적의 형세에 따라 승리가 만들어짐.

【뜻 풀이】전쟁할 때의 태세는 물의 흐름과 같아야 한다. 물은 결코 높은
　　곳으로 흐르지 않고 낮은 곳으로만 흘러간다. 전쟁할 때의 태세에 있
　　어서도 적군의 수비가 충실한 곳은 피하고 허점이 있는 곳을 공격해
　　야 하는 것이다. 물이 지형에 따라 흐름이 결정되듯이 전쟁도 적의 형
　　세에 따라 알맞은 작전을 세움으로써 승리가 결정된다.

그런데 무엇보다도 중요한 것은 적의 허점을 찾아 그곳을 공격하는 것이 승리를 거둘 수 있는 가장 좋은 작전이다. 적군이 아무리 강대할지라도 허점은 반드시 있게 마련이다. 이 허점을 찔러 승리를 거둔 예는 수없이 많지만 중국 춘추시대에서 그 예 하나를 들어 보겠다.

때는 기원전 632년의 일이다. 진(晋)나라의 군대와 초(楚)·진(陳)·채(蔡)의 연합군이 성복(城濮)이라는 곳에서 마주쳤다. 진나라의 군대를 직접 이끌고 온 문공(文公)은 우선 연합군의 오른쪽을 맡고 있는 진(陳)나라와 채(蔡)나라의 군대를 공격 목표로 삼았다.

그 이유는 진(陳)나라와 채(蔡)나라 군대는 동맹국인 초나라와의 우호관계 때문에 마지못해 참전했을 뿐으로, 싸울 의사가 별로 없었던 것이다. 따라서 동맹군으로서 큰 허점이 있었던 것이다.

진문공(晋文公)은 이 허점을 알고 우선 이곳을 공격했다. 예상했던 대로 진(陳)나라와 채(蔡)나라의 군대는 순식간에 무너져 연합군의 오른쪽 날개가 완전히 파멸했다. 이 전투에서 주도권을 잡은 진나라 군대는 그 여세를 타고 초나라 군대까지 격파하여 큰 승리를 거두었던 것이다.

故兵無常勢 水無常形. 能因敵變化而取勝者 謂之神.
고 병 무 상 세　수 무 상 형　능 인 적 변 화 이 취 승 자　위 지 신
故五行無常勝 四時無常位 日有短長 月有死生.
고 오 행 무 상 승　사 시 무 상 위　일 유 단 장　월 유 사 생

"전쟁에는 일정한 태세가 없고, 물에는 일정한 형태가 없다. 능히 적군의 형세에 따라 작전을 변화시켜 승리를 취하는 사람을 신묘하다고 말한다. 그러므로 오행(五行)에 항상 이기는 것이 없고, 네 계절에 항상 제자

리에 있는 것이 없으며, 해에도 짧고 길음이 있고, 달도 없어지고 생겨남
이 있는 것이다."

【글자 뜻】 常:항상 상. 變:변할 변. 化:변할 화, 될 화. 取:취할 취. 謂:
이를 위. 神:신묘할 신, 귀신 신. 位:자리 위, 벼슬 위.

【말의 뜻】 兵無常勢:전쟁에는 일정불변한 태세가 없음. 水無常形:물에는
일정한 형태가 없음. 變化而取勝:작전을 변화시켜 승리를 거둠. 謂
之神:신묘하여 알 수 없다고 말함. 五行:金木水火土. 無常勝:물은 불
을 이기고, 불은 쇠(金)를 이기고, 쇠는 나무를 이기고, 나무는 흙을
이기고, 흙은 물을 이기므로 모두 이기는 것이 없으며 항상 변화함.
四時常無位:봄·여름·가을·겨울은 제자리에 있는 것이 없고 항상
변화함. 日有短長:여름에는 해가 길어지고 겨울에는 해가 짧아짐.
月有死生:달은 그믐께가 되면 없어졌다가 초승이 되면 다시 생겨남.

【뜻 풀이】 물은 일정한 형태가 없다. 둥근 그릇에 넣으면 둥글어지고 네
모진 그릇에 넣으면 네모가 된다. 이와 마찬가지로 전쟁에 있어서도
일정불변한 태세란 있을 수 없다. 그러므로 능히 적군의 태세에 따라
거기에 알맞은 작전을 세워 적의 허를 찌름으로써 승리를 거두는 장
수를 전략이 신묘하다고 말하는 것이다.

　　그것은 마치 오행(五行)이 서로 이기면서 순환하고 네 계절이 제자
리에 있지 않고 변화하며, 해가 길어졌다가는 짧아지고 짧아졌다가는
길어지고 달이 사라졌다가는 살아나고 살아났다가는 다시 사라지는
것과 같이 전쟁에 있어서의 태세도 항상 적군의 태세에 따라 변화하
게 마련인 것이다.

　　노자(老子)도 "지극한 선은 물과 같다."고 말했고 울료자(尉繚子)

무의편(武議篇)에도 다음과 같은 말이 있다. '용맹한 군대는 물에 비유할 수 있다. 물은 몹시 부드럽고 약하지만 흘러가는 쪽의 언덕도 무너뜨릴 힘을 가지고 있다. 그것은 물의 성질이 한결 같아 변함이 없고, 그 움직이는 법칙이 변함없는 이치를 지니고 있기 때문이다.'

제7장
군쟁편
(軍爭篇)

　　이 군쟁편(軍爭篇)에서는 전술을 설명한 것으로, 관계를 잘 검토하여 이점은 잘 살리고 불리한 점은 이점으로 전환하도록 노력하라고 말하고 있다.

　　손자(孫子)는 "그 빠르기가 바람과 같고, 그 고요함이 숲과 같고, 침략하는 것이 불과 같고, 움직이는 것이 우레나 벼락과 같다."고 말하고 있다.

　　그는 또 "아침의 기운은 날카롭고, 낮의 기운은 게으르고, 저녁의 기운은 돌아간다."고 인간의 심리를 말하고 있다.

　　또 군정(軍政)의 말을 인용하여, "말해도 들리지 않기 때문에 징과 북을 만들었고, 보아도 보이지 않기 때문에 깃발을 만들었다."고 말하고 있다.

1. 돌아가는 것을 직행으로 삼으라

孫子曰 凡用兵之法 將受命於君 合軍聚衆 交和而舍
손 자 왈 범 용 병 지 법 장 군 명 어 군 합 군 취 중 교 화 이 사
莫難於軍爭.
막 난 어 군 쟁

손자(孫子)가 이렇게 말했다.

"무릇 전쟁을 수행하는 방법은 장수가 왕에게서 명령을 받아 병사를
모으고 백성을 징집하여 진영을 마주하고 주둔하거니와, 싸워서 승리를
다투는 것보다 더 어려운 일은 없다."

【글자 뜻】受:받을 수. 聚:모을 취. 交:서로 교, 사귈 교. 和:진문 화, 화
할 화. 舍:베풀 사, 집 사. 莫:말 막. 爭:다툴 쟁.

【말의 뜻】受命於君:임금에게서 명령을 받음. 合軍:군인을 모음. 聚衆:
백성들을 징집함. 交和而舍:진을 마주하고 주둔함. 和는 和門이니 군
대 진의 문이라는 뜻. 莫難於軍爭:싸워서 승리를 다투는 것보다 더
어려운 것은 없음. 군쟁(軍爭)은 싸워서 승리를 다툰다는 뜻.

【뜻 풀이】전쟁을 하는 방법은 우선 장수가 임금에게서 명령을 받은 다
음, 군인을 모아들이고 백성들을 징집하여 부대를 편성하고 이어서
적군과 진영을 마주하고 주둔하지만, 무엇보다도 어려운 것은 적군과
싸워 승리를 거두는 일이다.

　　제1장부터 제6장까지는 주로 이론적인 전략에 관한 설명이었지만
제7장에서 비로소 적군과 직접 싸우는 전투 상황에 대한 전략이 전개

된다. 손자(孫子)가 말한 바와 같이 전쟁에서 가장 어려운 것은 전투행위이다.

軍爭之難者 以迂爲直 以患爲利. 故迂其塗 而誘之以
군 쟁 지 난 자 이 우 위 직 이 환 위 리 고 우 기 도 이 유 지 이

利 後人發 先人至 此知迂直之計者也.
리 후 인 발 선 인 지 차 지 우 직 지 계 자 야

"싸워 이기기가 어려운 것은 돌아감으로써 직행으로 만들고, 불리함으로써 유리하게 만드는 데 있다. 그러므로 그 길을 돌아서 이익으로써 적을 유인하고, 적보다 뒤에 출발하여 적보다 먼저 이르는 것, 이는 '돌아가면서 직행하는 계략'을 아는 사람이다."

【글자 뜻】 迂:돌아갈 우. 直:곧을 직. 患:근심 환. 塗:길 도, 바를 도.
誘:꾈 유. 計:계교 계.

【말의 뜻】 以迂爲直:돌아가는 것을 직행하는 것으로 만듦. 以患爲利:불리한 것을 유리한 것으로 만듦. 誘之以利:작은 이익으로써 적을 유인함. 後人發:적보다 뒤에 출발함. 先人至:적보다 먼저 도착함. 迂直之計:돌아가되 직행하는 계략.

【뜻 풀이】 적군과 싸워 승리를 거두기가 어려운 것은 돌아가는 길을 가까운 길로 만들고 불리한 조건을 유리하게 만드는 것에 있다. 즉 적군보다 길을 돌아가되 적에게 작은 이익을 주어 유인하여 전격적으로 공격하거나, 적군보다 늦게 떠나서 적군보다 먼저 도착하여 기다렸다가 뒤늦게 오는 적군을 공격하는 방법이 있다. 이와 같은 전략을 쓸 줄 아는 장수를 '돌아가되 곧게 가는 계략'을 아는 사람이라고 말한다.

우(迂)는 돌아가는 곡선이고 직(直)은 직선이다. 직선거리를 가는 것이 곡선거리로 가는 것보다 시간이 덜 걸린다. 이것은 상식이다. 그런데 일부러 멀리 돌아가서 적을 안심시킨다. 그러고서 전격적으로 적을 공격하는 것이 '우직(迂直)의 계략'이다. 적을 안심시켜 놓고 공격하는 것이므로 적이 받는 타격은 더욱 크게 마련이다.

이 '우직(迂直)의 계략'을 사용하여 승리를 거둔 예로서 '알여(閼與)의 전투'를 들 수 있다.

중국 전국시대에 진(秦)나라의 대군이 조(趙)나라의 영토인 알여를 침공해 들어왔다. 조나라에서는 조사(趙奢)를 최고사령관으로 임명하여 이를 방위하게 했다.

그런데 조사는 알여에서 멀리 떨어진, 도읍에서 불과 삼백 리 떨어진 지점에 방위선을 치고 알여를 구원할 기색조차 보이지 않았다. 그러는 동안에도 진(秦)나라 군대는 알여를 향하여 진격을 계속했다.

그때 진(秦)나라의 간첩이 조나라의 군대로 들어왔다. 조사는 그를 후대한 다음 돌려보냈다. 진나라의 장군은 간첩의 보고를 듣고,

"적은 도읍에서 삼백 리 떨어진 곳에 머물고 있다. 그렇다면 알여는 이미 점령한 것과 마찬가지다."

라고 좋아했다. 그러나 조사는 진나라의 간첩을 돌려보내고 곧 전군에 출동 명령을 내려 밤낮으로 행군하여 진나라 군대보다 알여에 먼저 도착해 진형을 갖춘 다음, 군대의 일부를 보내어 알여 방위의 요충지인 북산(北山)을 점거하게 했다.

뒤늦게 도착한 진나라의 군대가 서둘러 북산을 공격했지만 조사는 주력부대를 일시에 투입시켜 진나라의 군대를 산산이 쳐부수고 승리를 거두었던 것이다.

2. 급한 행군은 삼가라

故軍爭爲利 軍爭爲危. 故擧軍而爭利則不及 委軍而
고 군 쟁 위 리 군 쟁 위 위 고 거 군 이 쟁 리 즉 불 급 위 군 이
爭利則輜重捐.
쟁 리 즉 치 중 연

"군쟁(軍爭)은 이익이 되기도 하고 또한 군쟁(軍爭)은 위험이 되기도
한다. 전군이 이익을 다투려면 승리에 미치지 못하고, 군대를 버리고 이
익을 다투려면 치중(輜重, 수송)을 버리게 된다."

【글자 뜻】 危:위태할 위. 擧:들 거. 及:미칠 급. 委:버릴 위, 맡길 위.
輜:짐수레 치. 捐:버릴 연.

【말의 뜻】 擧軍:온 군대. 不及:승리에 미치지 못함. 委軍:일부의 군대
를 버림. 경장비 부대만 먼저 감. 輜重捐:치중(수송) 부대가 뒤에
처지게 됨.

【뜻 풀이】 적군과 싸워 승리를 거두면 이익이 되지만 여기에는 위험이
뒤따르게 된다. 즉 중장비 부대까지 합쳐서 적군을 싸움터에 투입하
려 하면 적군보다 뒤떨어져 승리를 거둘 수 없게 되고, 그렇다고 경
장비 부대만을 싸움터에 투입하면 수송부대가 뒤에 처져 물자의 공급
이 곤란하게 된다.

是故卷甲而趨 日夜不處 倍道兼行 百里而爭利 則擒
시고권갑이추 일야불처 배도겸행 백리이쟁리 즉금

三將軍. 勁者先 罷者後 其法十一而至. 五十里而爭利
삼장군 경자선 피자후 기법십일이지 오십리이쟁리

則蹶上將軍 其法半至. 三十里而爭利 則三分之二至.
즉궐상장군 기법반지 삼십리이쟁리 즉삼분지이지

是故軍無輜重則亡 無糧食則亡 無委積則亡.
시고군무치중즉망 무양식즉망 무위적즉망

"이런 까닭으로 갑옷을 벗어 등에 지고 달리고 밤낮으로 쉬지 않고 길을 배로 늘려 행군하여, 백 리를 가서 승리를 다투려 하면 세 장군이 적에게 사로잡히게 되고, 강한 자는 먼저 가고 피로한 자는 뒤떨어져서 그 비율은 십 분의 1이 이르게 된다. 오십 리를 가서 승리를 다투면 상장군이 쓰러지게 되고 그 비율은 반이 이르게 된다. 삼십 리를 가서 승리를 다투면 3분의 2가 이르게 된다.

이런 까닭으로 군대에 치중(수송부대)이 없으면 패망하고 양식이 없으면 패망하고 쌓아 놓은 물자가 없으면 패망한다."

【글자 뜻】 卷:접을 권, 책권 권. 甲:갑옷 갑. 處:쉴 처, 곳 처. 倍:갑절 배. 兼:배할 겸, 겸할 겸. 擒:사로잡을 금. 勁:굳셀 경. 罷:고달플 피, 파할 파. 法:비례 법, 법 법. 蹶:거꾸러질 궐. 委:쌓을 위, 맡길 위. 積:쌓을 적.

【말의 뜻】 卷甲:갑옷을 접어 짐. 不處:쉬지 않음. 倍道:길을 배로 늘림. 兼行:배로 행군함. 擒三將軍:세 장군이 포로가 됨. 三將軍은 上將軍·中將軍·下將軍. 勁者先:강한 사람은 먼저 감. 罷者後:피로한 사람은 뒤떨어짐. 其法:비율, 비례. 十一而至:십 분의 1이 도착함. 蹶上將軍:상장군이 쓰러짐. 委積:쌓아 놓은 물자.

【뜻 풀이】병사들이 갑옷을 벗어 등에 지고 달려가 밤낮으로 쉬지도 않고서 길을 배로 늘려 행군하여, 백 리쯤 가서 승리를 다투려면 세 장군은 적의 포로가 되고 체력이 약한 병사는 낙오병이 되고 겨우 1할 정도의 체력이 강한 사람만이 전투에 참가하게 된다.

또 오십 리쯤 가서 승리를 다툴지라도 이미 상장군은 전사하고 반쯤 되는 병사들만이 전투에 참가하게 되고, 삼십 리쯤 가서 승리를 다툴지라도 겨우 3분의 2쯤 되는 병사들만이 전투에 참가할 수 있게 된다.

그러니 군대라는 것은 수송부대가 없어도 패망하고 식량이 없어도 패망하고 쌓아 놓은 물자가 없어도 패망하게 마련이다.

손무(孫武)는 오(吳)나라 임금 합려(闔廬) 밑에서 장수로서 눈부신 활약을 했다고 하지만 자세한 기록이 전하지 않고, 사기(史記)에 다음과 같은 이야기 하나가 전해지고 있을 뿐이다.

오왕(吳王) 합려가 왕위에 오른 지 3년째 되던 해에 직접 군대를 이끌고 초(楚)나라에 공격해 들어가 요충지인 서(舒)를 함락시켰다. 합려는 그 여세를 몰아 초나라의 도읍인 영(郢)으로 진격해 들어가려 했다. 이때 장수인 손무가 합려에게 말했다.

"백성들의 피해가 막심할 뿐 아니라 아직은 그렇게 할 시기가 아닙니다. 제발 이 이상의 진격은 그만두시기 바랍니다."

합려는 손무의 말에 따라 군대를 이끌고 본국으로 돌아왔다. 갑자기 진격하려면 거기에 따르는 준비가 필요하다. 어차피 준비가 부족하다면 일단 후퇴한 다음 때를 기다리는 것도 좋은 '우직(迂直)의 계략'이라고 말할 수 있다.

오왕(吳王) 합려가 손무의 진언에 따라 다시 초나라를 침공하여 그 도읍인 영(郢)을 함락시킨 것은 그로부터 6년 뒤의 일이었다.

촉한(蜀漢)의 승상인 제갈량(諸葛亮)은 서기 228년에 출사표(出師表)를 쓴 후 북벌군을 일으켜 7년간 다섯 번이나 위(魏)나라에 진격했지만 한 번도 성공하지 못했다.

삼국지의 저자인 진수(陳壽)는 제갈량의 전략에 대하여, '다섯 번이나 원정을 꾀하고서도 한 번도 목적을 달성하지 못했다는 것은 그에게 임기응변의 지략이 부족했던 것이 아닐까?' 하는 의문을 던지고 있다.

그러나 제갈량의 실패는 전략이 부족한 데 있다기보다는 제갈량 정도의 지략을 가지고도 극복할 수 없었던 원정군의 약점에 있었다. 촉한에서 위나라를 공격해 들어가려면 촉도난(蜀道難)이라고 일컬어지는 절벽을 타야 하는 험한 길을 통과해야만 했던 것이다. 이 길은 사람조차 통과하기 어려웠으므로 군량이나 무기의 보급은 생각조차 할 수 없었다.

그래서 제갈량은 원정을 할 때마다 물자수송 때문에 고민을 하여 목우(木牛)나 유마(流馬)와 같은 수송 수단을 고안해 내기도 하고, 드디어는 원정을 간 곳에서 둔전(屯田)을 하는 등 식량 확보에 만전을 기해 보았지만 그것으로도 실효를 거두지 못했다.

원래 위나라 원정이란 제갈량의 지략으로도 극복할 수 없는 큰 약점이었던 것이다.

3. 전쟁은 속임수로 성립된다

故不知諸侯之謀者 不能豫交 不知山林險阻沮澤之形
고 부 지 제 후 지 모 자 불 능 예 교 부 지 산 림 험 조 저 택 지 형
者 不能行軍. 不用鄕道者 不能得地利. 故兵以詐立
자 불 능 행 군 불 용 향 도 자 불 능 득 지 리 고 병 이 사 립
以利動 以分合爲變者也.
이 리 동 이 분 합 위 변 자 야

"다른 나라 제후와의 도모함을 알지 못하는 사람은 미리 국교를 맺지 못하고, 산림의 험난한 곳과 질퍽질퍽한 습지대의 지형을 알지 못하는 사람은 군대를 행군시키지 못하고, 길 안내인을 쓰지 않는 사람은 지형의 이로움을 얻지 못한다. 그러므로 전쟁은 속임으로써 성립되고, 유리함으로써 움직이고, 분산과 집합으로써 변화를 일으키는 것이다."

【글자 뜻】侯:제후 후. 謀:도모할 모. 豫:미리 예. 交:사귈 교. 險:험할 험. 阻:험할 조. 沮:물젖을 저. 澤:진펄 택, 못 택. 鄕:시골 향. 詐:속일 사.

【말의 뜻】諸侯之謀:다른 나라 제후와의 도모함. 豫交:미리 국교를 맺음. 山林險阻:산림의 험난한 곳. 沮澤:질퍽질퍽한 습지대. 鄕道:그 지방의 길을 안내하는 사람. 地利:지형의 이로움. 兵以詐立:전쟁은 속임으로써 성립됨. 以利動:이익으로써 움직임. 分合:분산과 집합. 爲變:변화를 일으킴.

【뜻 풀이】다른 나라 제후가 무엇을 생각하고 있는지를 모른다면 사전에 외교를 성공시키지 못한다. 적국의 산림지대에 어디가 험하고 어디에

습지대가 있는지 그 지형을 모른다면 군대를 행군시키지 못한다. 이런 때 그 지역의 길 안내인을 쓰지 않는다면 지형의 이점을 살리지 못하게 된다.

작전의 근본은 적을 속이는 일이다. 그리고 유리한 조건을 향하여 움직이고 적군의 동태에 따라 분산시키거나 집합시킴으로써 자유자재로 변화를 일으켜야 하는 것이다.

손자(孫子)는 제1장 시계편(始計篇)에서도 "전쟁은 속임수이다.(兵者詭道也)"라고 말한 바 있지만 여기에서 다시 "전쟁은 속임으로써 성립된다.(兵以詐立)"라고 강조했다.

4. 전투는 빠르기가 바람과 같다

故其疾如風 其徐如林 侵掠如火 不動如山 難知如陰
고 기 질 여 풍　기 서 여 림　침 략 여 화　부 동 여 산　난 지 여 음

動如雷震.
동 여 뇌 진

"그 빠르기가 바람과 같고, 그 고요함이 숲과 같고, 침략하는 것이 불과 같고, 움직이지 않음이 산과 같고, 알기 어려움이 어둠과 같고, 움직이는 것이 우레나 벼락 같다."

【글자 뜻】 疾:빠를 질, 병 질.　徐:고요할 서, 천천할 서.　侵:침노할 침.
掠:노략질할 략.　難:어려울 난.　陰:어두울 음, 그늘 음.　雷:우레 뢰.
震:벼락 진.

【말의 뜻】 其疾如風:그 움직임의 빠르기가 바람과 같음.　其徐如林:그 고요함이 숲속과 같음.　侵掠如火:적지에 침략할 때는 불길과 같이 맹렬함.　不動如山:움직이지 않을 때는 큰 산과 같이 태연함.　難知如陰:그속을 알 수 없는 것은 어둠 속과 같음.　動如雷震:일단 움직이면 우레나 벼락과 같이 격렬함.

【뜻 풀이】 군대가 움직이는 방법을 구체적으로 말하면, 기회가 오면 들판을 빠져나가는 바람처럼 신속하게 행동해야 하고, 고요함이 필요할 때는 숲속과 같이 적막해야 하고, 적군을 공격할 때는 성난 불길처럼 맹렬해야 하고, 자중이 필요할 해는 큰 산처럼 태연자약해야 하고, 아군의 모습과 작전은 어둠속과 같이 적군이 알지 못하게 해야 하고, 일

단 적군을 공격할 때는 우레와 벼락이 치듯이 격렬해야 한다.

여기에서 '풍림화산(風林火山)'이란 말이 생겨나 마치 병법의 대명사처럼 사용되고 있다. 즉 때로는 바람과 같이 빠르게, 때로는 숲과 같이 고요하게, 또 때로는 불길과 같이 맹렬하게, 때로는 태산과 같이 태연하게 군대를 움직여야 한다는 말이다.

掠鄕分衆　廓地分利　懸權而動　先知迂直之計者勝　此
약 향 분 중　확 지 분 리　현 권 이 동　선 지 우 직 지 계 자 승　차
軍爭之法也.
군 쟁 지 법 야

"적국의 고을을 침략하여 얻은 것은 그곳 백성들에게 나누어 주고, 땅을 넓혀 이익을 나누어 주고, 그곳의 정보에 따라 움직여야 하거니와, 먼저 '우직지계(迂直之計)'를 아는 사람이 승리하는 법이니, 이것이 '군쟁(軍爭)의 법'이다.

【글자 뜻】 鄕:고을 향.　廓:넓힐 확, 성 곽.　懸:달 현.　權:저울 권, 권세 권.

【말의 뜻】 掠鄕:적의 고을을 침략함.　分衆:그곳 백성들에게 나누어 줌. 廓地:땅을 넓힘.　懸權而動:저울에 달아 행동함. 그곳에서 얻은 정보를 검토하고서 행동으로 옮김.

【뜻 풀이】 '약향분중(掠鄕分衆)'의 해석은 흔히 '적의 고을을 침략하여 얻은 전리품을 병사들에게 나누어 준다.'는 뜻으로 해석하기도 하나 그렇게 하면 그곳 백성들의 협력을 얻기가 곤란하다. 그래서 여기에서는 '식량이나 기타 얻은 물건들을 그곳 백성들에게 나누어 준다.'

는 뜻으로 해석했다.

　적의 고을을 침략하여 얻은 물건들을 그곳 주민들에게 나누어 주고, 또 되도록 그곳의 땅을 널리 점령하여 그 토지를 편의에 따라 구분하여 각 부대가 관리하게 하면 자연히 그곳 주민들에게서 정보가 모여들게 될 것이니, 그것을 검토한 다음 행동으로 옮길 수 있다.

　이와 같이 하여 '급할 때는 돌아서 가는 계략'을 먼저 아는 장수가 승리를 거두게 마련이다. 이것이 바로 적과 싸워 승리를 거두는 길인 것이다.

5. 많은 사람을 움직이는 법

軍政曰 言不相聞 故爲金鼓. 視不相見 故爲旌旗. 夫
군 정 왈 언 불 상 문 고 위 금 고 시 불 상 견 고 위 정 기 부

金鼓旌旗者 所以一人之耳目也. 人旣專一 則勇者不
금 고 정 기 자 소 이 일 인 지 이 목 야 인 기 전 일 즉 용 자 부

得獨進 怯者不得獨退 此用衆之法也. 故夜戰多火鼓
득 독 진 겁 자 부 득 독 퇴 차 용 중 지 법 야 고 야 전 다 화 고

晝戰多旌旗 所以變人之耳目也.
주 전 다 정 기 소 이 변 인 지 이 목 야

"군정(軍政)에 이르기를 '말해도 서로 들리지 않기 때문에 징과 북을 만들었고, 보아도 서로 보이지 않기 때문에 깃발을 만들었다.'고 했다. 대저 징과 북과 기들은 사람들의 귀와 눈을 하나로 하기 위한 것이다.

사람들이 오로지 하나가 되면 용감한 병사도 홀로 나아가지 못하고, 겁 많은 병사도 홀로 후퇴하지 못하게 되거니와, 이것이 많은 병사들을 움직이는 방법이다.

그러므로 밤의 전투에는 횃불과 북을 많이 쓰고 낮의 전투에는 깃발을 많이 쓰는데 이것은 적군의 귀와 눈을 현혹시키기 위한 것이다."

【글자 뜻】 鼓:북 고. 視:볼 시. 旌:기 정. 旗:기 기. 旣:이미 기. 專:오로지 전. 獨:홀로 독. 怯:겁낼 겁. 退:물러갈 퇴. 晝:낮 주.

【말의 뜻】 軍政:옛날의 兵書. 言不相聞:구령을 해도 병사들이 다 듣지 못함. 爲金鼓:징과 북을 만듦. 視不相見:보아도 병사들이 다 보지 못함.

爲旌旗:깃발을 만듦. 一人之耳目:병사들의 귀와 눈을 하나로 함. 人
旣專一:병사들이 이미 오로지 하나가 됨. 병사들이 이미 하나로 통일
됨. 勇者不得獨進:용감한 병사도 홀로 진격하지 못함. 怯者不得獨退:
겁 많은 병사도 홀로 후퇴하지 못함. 用衆之法:많은 병사들을 움직이
게 하는 법. 夜戰多火鼓:밤의 전투에서는 횃불과 북을 많이 씀. 晝戰
多旌旗:낮의 전투에서는 깃발을 많이 씀. 變人之耳目:적군의 귀와 눈
을 현혹시킴.

【뜻 풀이】 옛날의 병서(兵書)인 군정(軍政)에서 말하기를, '구령으로 외
치더라도 모든 병사들이 다 듣지 못하기 때문에 징과 북을 만들어 사
용하고, 손으로 지시해도 모든 병사들이 다 보지 못하기 때문에 깃발
을 만들어 사용했다.' 고 했다.

  대저 징과 북과 깃발이란 병사들의 귀와 눈을 하나로 통일하기 위
한 것이다. 그렇게 되면 용감한 병사도 단독으로 진격해 나가지 못하
고 겁이 많은 병사도 단독으로 후퇴하여 도망치지 못한다. 이것이 대
군을 일사불란하게 움직이는 방법인 것이다. 그러므로 야간 전투에서
는 횃불과 북을 많이 사용하고 주간 전투에서는 깃발을 많이 사용하
는데, 이것은 적군의 귀와 눈을 현혹시키고 아군의 위세를 과시하기
위한 것이다.

6. 사기 · 의지 · 용기 · 변화

故三軍可奪氣 將軍可奪心. 是故朝氣銳 晝氣惰 暮氣
고 삼 군 가 탈 기 장 군 가 탈 심 시 고 조 기 예 주 기 타 모 기
歸. 故善用兵者 避其銳氣 擊其惰歸 此治氣者也.
귀 고 선 용 병 자 피 기 예 기 격 기 타 귀 차 치 기 자 야

"적의 삼군(三軍)의 사기를 뺏을 수 있고 적의 장수의 마음을 뺏을 수
있다.

이런 까닭으로 아침에는 기세가 예리하고, 낮에는 기세가 나태해지고,
저녁에는 기세가 돌아간다. 그러므로 용병을 잘하는 장수는 그 예리한 기
세를 피하고 그 나태한 기세와 돌아간 기세를 공격하는데 이것은 기세를
다스리는 것이다."

【글자 뜻】奪:뺏을 탈.   銳:날카로울 예.   惰:게으를 타.   暮:저물 모.   歸:
　돌아갈 귀.   避:피할 피.   擊:칠 격.   治:다스릴 치.

【말의 뜻】三軍可奪氣:적의 三軍의 사기를 뺏을 수 있음.   將軍可奪心:적
　의 장수의 마음을 뺏을 수 있음.   朝氣銳:아침에는 기세가 날카로움.
　晝氣惰:낮에는 기세가 게을러짐.   暮氣歸:저녁에는 기세가 돌아감.
　避其銳氣:적군의 날카로운 기세를 피함.   擊其惰歸:적의 게으른 기세
　와 돌아간 기세를 공격함.

【뜻 풀이】적군 전체의 사기를 뺏고 적군의 장수의 마음을 뺏어 승리를
　거둘 수 있는 길이 여기에 있다. 대체로 사람의 기세는 아침에는 날카
　롭고 왕성하지만 낮이 되면 게을러지고 밤이 되면 휴식을 취하려 하

기 마련이다. 이와 같은 손자(孫子)의 관찰은 실로 놀라운 바가 있다.

그러므로 전쟁을 잘하는 장수는 적군의 아침의 날카롭고 왕성한 기세를 피하고, 낮에 기세가 나른해졌을 때나 저녁에 휴식을 취하고 싶어할 때를 택하여 적군을 공격한다. 이것이 바로 적군의 기세를 다스리는 방법인 것이다.

적군의 사기를 꺾어 승리를 거둔 예로서 중국 춘추시대 제(齊)나라와 노(魯)나라 사이에 벌어진 '장작(長勺)의 싸움'을 들 수 있다.

기원전 684년에 제(齊)나라 대군이 노(魯)나라 영토를 침략해 들어왔다. 이때 노나라 군주 장공(莊公)은 친히 군사를 이끌고 장작이라는 곳에 나아가 싸웠다.

노장공은 진을 친 후 곧 북을 울리고 공격하려 했다. 그러자 장수인 조귀(曹劌)가,

"아직은 싸울 때가 아닙니다."

하고 만류했다. 이리하여 노나라의 군대가 잠잠히 있자 적군인 제나라의 군대가 세 번 북을 울리고 바야흐로 공격의 태세를 취하기 시작했다.

"자, 이제 출격하십시오."

하는 조귀의 말을 듣고 노장공은 비로소 북을 울린 다음, 전군에 출격명령을 내렸다. 그 결과 노나라 군대가 대승을 거두었다. 노장공은 자기 군대의 승리가 의심스럽다는 듯이 조귀에게 그 이유를 물었다. 그러자 조귀는 이렇게 대답했다.

"전투는 사기가 중요합니다. 북을 한 번 울려 군대의 사기를 불러일으키고, 두 번 울리면 사기가 떨어지고, 세 번 울리면 사기는 말라버립니다. 적군의 사기는 말라버리고 아군의 사기는 충천하므로 그래서

승리한 것입니다."

즉 적군의 사기가 다하기를 기다렸다가 출격했기 때문에 승리했다고 말한 것이다.

以治待亂 以靜待譁 此治心者也. 以近待遠 以佚待勞
이치대란 이정대화 차치심자야 이근대원 이일대로

以飽待飢 此治力者也. 無邀正正之旗 勿擊堂堂之陣
이포대기 차치력자야 무요정정지기 물격당당지진

此治變者也.
차치변자야

"정돈된 것으로써 혼란한 것을 기다리고, 고요한 것으로써 소란한 것을 기다리는 것, 이것을 마음을 다스리는 것이라고 한다.

가까운 것으로써 먼 것을 기다리고, 편안한 것으로써 피로한 것을 기다리고, 배부름으로써 굶주림을 기다리는 것, 이것을 힘을 다스리는 것이라고 한다.

정연한 대형으로 기를 들고 오는 적군을 요격하지 말아야 하고, 당당하게 진영을 갖춘 적군을 공격하지 말아야 하거니와, 이것을 변화를 다스리는 것이라고 한다."

【글자 뜻】待:기다릴 대.　靜:고요 정.　譁:떠들썩할 화.　佚:편안할 일.
　　勞:수고로울 로.　飽:배부를 포.　飢:주릴 기.　邀:맞을 요.　堂:번듯할
　　당, 집 당.　陣:진칠 진.

【말의 뜻】以治待亂:정돈된 태세로써 혼란한 적을 기다림.　以靜待譁:고
　　요함으로써 소란한 적을 기다림.　治心者:마음을 다스리는 것.　以近
　　待遠:가까운 곳에서 멀리서 오는 적을 기다림.　以佚待勞:편안함으로

써 피로한 적을 기다림. 以飽待飢:배부름으로써 굶주린 적을 기다림.
治力者:힘을 다스리는 것. 無邀正正之旗:정연한 대형으로 기를 앞세
우고 오는 적을 요격하지 말아야 함. 勿擊堂堂之陣:당당한 적진은 공
격하지 말아야 함. 治變者:변화를 다스리는 것.

【뜻 풀이】 아군의 태세가 정돈된 상태로 혼란이 일어난 적을 기다리고,
아군의 태세가 안정된 상태로 소란한 적군을 기다려야 한다. 이것을
적의 마음을 뺏는 것이라고 한다.

   아군은 가까운 거리를 와서 멀리에서 오는 적군을 기다리고, 아군
은 안정되어 있으면서 피로한 적군을 기다리고, 아군은 배불리 먹고
있으면서 굶주린 적군을 기다려야 한다. 이것을 적군의 전력을 뺏는
것이라고 말한다.

   태세를 정연하게 갖추고서 기를 앞세우고 오는 적군은 맞이하여 공
격하지 말아야 하고, 진영을 당당하게 갖춘 적군은 공격하지 말아야
한다. 이와 같은 적군을 공격하면 아군이 큰 피해를 입기 때문이다.
이것을 적의 변화를 파악한 것이라고 말한다.

   이상으로 적군의 사기와 마음과 전력을 뺏는 방법과 적군의 변화에
대처하는 방법을 설명하였다.

   적군이 우세하고 아군이 열세인 경우, 수비를 굳게 하고 적군이 피
로하기를 기다렸다가 공격을 가하는 것이 '편안함으로써 적이 피로하
기를 기다리는' 전략이다.

   이와 같은 전략으로 대승을 거둔 것이 '이릉(夷陵)의 싸움'에서 육
손(陸遜)이 사용한 작전이었다.

   서기 222년에 촉한(蜀漢)의 유비(劉備)는 결의형제한 관우(關羽)가

오(吳)나라 손권(孫權)의 모략에 빠져서 죽은 원수를 갚기 위하여 그 해에 대군을 이끌고 오나라 땅을 공격해 들어갔다. 장강의 흐름을 타고 공격해 내려오는 것이므로 진격이 빨랐고 순식간에 요충지인 이릉을 함락시켜 유비의 군대의 기세는 하늘을 찌를 것 같았다.

한편 오나라의 손권은 육손을 총사령관으로 임명하여 전군의 지휘를 맡겼다. 유비가 진격해 들어온다는 소식을 듣고 오나라의 장수들은 일제히 얼굴빛이 변했다. 그러나 육손은 다음과 같이 말하여 여러 장수들을 위로했다.

"유비는 전군을 동원하여 총공격을 해 들어왔다. 그 기세는 꺾을 길이 없다. 더구나 지리적인 이점을 이용하여 진을 치고 있기 때문에 공격해도 승리하기 어렵다. 설사 공격이 성공할지라도 전군을 파멸시키지는 못한다. 만일 실패한다면 돌이킬 수 없는 사태가 벌어질 것이다.

그러므로 당분간 아군의 사기를 늦추지 말고 태세를 갖추고서 정세의 변화를 기다리기로 하자. 이 일대가 평야라면 군대를 전개시켜 수습할 길 없는 혼전으로 몰아넣을 수도 있겠지만 적군은 산을 따라 진격하고 있기 때문에 마음대로 할 수가 없다. 더구나 적군은 산길의 행군에 피로가 쌓여갈 것이다. 그러므로 아군은 동요하지 말고 적군이 피로하기를 기다려야 한다."

이와 같이 말하고 육손은 수비만 굳게 할 뿐 일체 움직이려 하지 않았다. 시일을 오래 끌수록 원정군에게는 불리하다. 유비는 때때로 싸움을 강요했지만 육손은 꼼짝도 하지 않았다.

이렇게 끌기를 반년이 지나자 유비의 군대는 차츰 피로한 기색이 나타났다. 이제 반격을 가할 때가 된 것이다. 육손은 여러 장수들에게 공격 준비를 명령했다. 그러자 여러 장수들이 일제히 반대했다.

"지금 공격을 가한다면 실패할 것입니다. 적군이 공격해 들어온 지 이미 반년이나 지났습니다. 그동안 적군은 수많은 요충지를 함락시켜 굳게 지키고 있습니다. 지금 공격을 가한대야 승산이 없습니다."

그러나 육손은 이렇게 말했다.

"아니, 그렇지 않다. 유비는 천군만마(千軍萬馬)의 오래된 강자이다. 그러니 당초에는 치밀한 작전을 세워 왔기 때문에 아군이 공격해도 승산은 없었다. 그러나 지금은 전투가 교착 상태에 빠져 적군의 피로는 극도에 달해 있고 사기도 떨어졌다. 더구나 이렇다 할 타개책도 가지고 있지 못하다. 이제야말로 적군을 공격할 가장 좋은 기회이다."

이렇게 육손은 전군에 총공격을 명령하여 단숨에 유비의 군대를 격파하여 큰 승리를 거두었던 것이다.

다음에는 '배부름으로써 적군의 굶주림을 기다리는' 전략을 소개하겠다.

진시황(秦始皇)의 군대를 이끄는 지혜 있는 장수로 왕전(王翦)이라는 사람이 있었다. 왕전이 군대를 이끌고 초(楚)나라 영토에 침공하여 초(楚)나라 군대와 대진하고 있던 때의 일이다.

초나라의 군대는 더 이상 진격할 수 없도록 하기 위하여 필사의 각오로 공격을 가했다. 그러나 왕전은 견고한 보루를 쌓고서 좀처럼 싸우려 하지 않았다. 초나라 군대가 유인작전을 펴도 전혀 반응이 없었다. 뿐만 아니라 왕전은 전군에게 휴식을 취하게 하고 식량을 충분히 공급하여 사병들과 식사를 함께 하면서 그들의 노고를 위로했다. 이런 상태가 얼마 동안 계속된 다음에 왕전이,

"병사들은 진중에서 무엇을 하고 있는가?"

하고 전군의 상태를 묻자,

"모두 경기에 열중하고 있습니다."

하는 보고가 들어왔다. 이 말은 듣고 왕전은,

"그렇다면 태세는 완전하군."

하고 회심의 미소를 지었다고 한다.

한편 초나라 군대는 적군이 무슨 짓을 해도 전혀 움직이려 하지 않기 때문에 동쪽으로 철수하기 시작했다. 왕전은 이때를 놓치지 않고 전군에 추격 명령을 내려 초나라 군대를 격파하고 큰 승리를 거두었다.

7. 궁한 적을 쫓지 말라

故用兵之法 高陵勿向 脊丘勿逆 佯北勿從 銳卒勿攻
고 용 병 지 법 고 릉 물 향 척 구 물 역 양 배 물 종 예 졸 물 공
餌兵勿食 歸師勿遏 圍師必闕 窮寇勿迫 此用兵之法
이 병 물 식 귀 사 물 알 위 사 필 궐 궁 구 물 박 차 용 병 지 법
也.
야

"전투하는 방법으로는 높은 언덕에 있는 적을 향하여 가지 말고, 언덕을 등지고 있는 적에게 덤벼들지 말고, 거짓 도망하는 적을 쫓아가지 말고, 날카로운 군대를 공격하지 말고, 미끼를 던지는 적군을 먹으려 덤비지 말고, 돌아가려는 군대를 막지 말고, 적군을 포위하면 반드시 한쪽을 비워 두고, 궁지에 빠진 적군에게 대들지 말아야 하거니와, 이것이 전투하는 방법이다."

【글자 뜻】陵:언덕 릉. 脊:등성마루 척. 丘:언덕 구. 逆:맞이할 역, 거스를 역. 佯:거짓 양. 北:도망할 배, 북녘 북. 從:쫓을 종. 餌:미끼 이. 師:군대 사. 遏:막을 알. 圍:에워쌀 위. 闕:빌 궐, 대궐 궐. 窮:궁할 궁. 寇:도둑 구. 迫:핍박할 박.

【말의 뜻】高陵勿向:높은 언덕 위에 있는 적에게는 진격하지 말라. 脊丘勿逆:언덕을 등지고 있는 적에게는 진격하지 말라. 佯北勿從:거짓 패하여 도망가는 적은 쫓아가지 말라. 銳卒勿攻:사기가 날카로운 적은 공격하지 말라. 餌兵勿食:미끼를 던져 주는 적은 먹으려고 쫓아가지 말라. 歸師勿遏:돌아가려는 적을 막아 공격하지 말라. 圍師必闕:적을 포위할 때는 반드시 한쪽을 틔어 놓으라. 窮寇勿迫:궁지에 몰린

적을 끝까지 공격하지 말라.

【뜻 풀이】 전투를 할 때는 다음의 여덟 가지 원칙을 지켜야 한다.

① 산 위에 진을 치고 있는 적을 공격하지 말라.―적은 높은 곳에 있고 아군은 낮은 곳에서 위를 향하여 공격해야 하므로 적은 안정되어 있고 아군은 불안하다. 또 적은 높은 곳에서 내려다보기 때문에 아군의 작전을 환하게 알 수 있다. 그러므로 이와 같은 경우에 공격을 감행한다면 아군은 희생자를 많이 낼 뿐 승리를 거두기는 어렵다.

② 높은 언덕을 등지고 있는 적을 공격하지 말라.―적은 지리적으로 유리한 점을 이용하고 있는 것이다. 뒤쪽은 언덕이 방위해 주고 있으므로 적은 방위하기가 훨씬 편하다. 이런 적을 공격한다는 것은 위험하기 짝이 없는 일이다.

③ 거짓 도망가는 적을 추격하지 말라.―이것은 일종의 위장 전술이다. 적은 약한 병사를 앞세워 싸우는 체하다가 도망가는 것이다. 이런 적을 추격한다면 필시 적군에게 포위당하거나 깊은 함정에 빠질 것이다.

④ 사기가 왕성한 적을 공격하지 말라.―적군의 사기가 왕성할 때는 이를 피해야 한다. 그리고 그 사기가 줄어들기를 기다려야 한다. 만일 그대로 공격한다면 아군은 많은 희생자를 내고 큰 타격을 받게 될 것이다.

⑤ 미끼를 던져 주는 적을 먹으려고 쫓아가지 말라.―이것도 일종의 위장전술이다. 약한 병사를 내세워 아군을 유인하려는 작전인 것이다. 이를 쫓아간다면 그 뒤에는 반드시 강한 적군들이 기다리고 있을 것이다.

⑥ 돌아가려는 적을 못 가게 막아 공격하지 말라.―귀국 명령이 내

려 본국으로 돌아가려는 적은 의외로 기세가 높게 마련이다. 만일 이것을 방해한다면 적군은 목숨을 걸고 반격을 가해 올 것이다.

⑦ **적을 포위할 때는 반드시 한쪽을 틔어 놓으라.**―완전히 독안에 든 쥐처럼 포위하지 말고, 세 방위는 포위하되 한쪽은 틔어 놓아 적군이 도망갈 길을 만들어 놓아야 한다는 말이다. 만일 완전히 포위한다면 어차피 죽는 목숨이므로 사력을 다해 싸울 것이다. 그렇게 되면 자연히 아군의 피해도 커지게 마련이다.

⑧ **궁지에 몰린 적군을 끝까지 쫓지 말라.**―궁지에 몰리면 쥐가 고양이를 물려고 덤빈다는 말이 있다. 궁지에 몰리게 되면 의외의 초능력적인 힘이 솟아나 반격을 가함으로써 아군이 큰 손실을 보게 된다.

이상에서 말한 것이 심리와 전력과 전략을 잘 쓰는 방법인 것이다.

제8장
구변편
(九變篇)

이 구변편(九變篇)에서는 주로 지형에 관한 전략을 말하고 있다.

① 비지(圮地) — 군대를 주둔시키지 말라.

② 구지(衢地) — 외교로 잘 맞추어야 한다.

③ 절지(絕地) — 오래 머물지 말아야 한다.

④ 위지(圍地) — 계략으로 벗어나야 한다.

⑤ 사지(死地) — 오로지 싸움만이 있을 뿐이다.

⑥ 길에도 따르지 말아야 할 것이 있다.

⑦ 싸움에도 공격하지 말아야 할 것이 있다.

⑧ 성에도 공격하지 말아야 할 것이 있다.

⑨ 땅에도 다투지 말아야 할 것이 있다.

⑩ 임금의 명령에도 따르지 말아야 할 것이 있다.

　　손자(孫子)는 또 "지혜 있는 장수의 생각은 반드시 이익과 손해가 있다. 이익에도 손해가 섞여 있기 때문에 힘쓰는 일이 발전할 수 있고, 손해에도 이익이 섞여 있기 때문에 환난을 해결할 수 있다."고 말하고 있다.

1. 정세의 변화에 따르라

孫子曰 凡用兵之法 將受命於君 合軍聚衆.
손 자 왈 범 용 병 지 법 장 수 명 어 군 합 군 취 중

圮地無舍 衢地合交 絕地無留 圍地則謀 死地則戰.
비 지 무 사 구 지 합 교 절 지 무 류 위 지 즉 모 사 지 즉 전

손자(孫子)가 이렇게 말했다.

"무릇 전쟁하는 방법은 장수가 임금에게서 명령을 받고 군인을 모으고 백성을 징집하거니와, 행군이 자유롭지 못한 비지(圮地)에 주둔시켜서는 안 되고, 교통이 편리한 구지(衢地)는 외교로 맞추어야 하고, 교통이 불편하고 외진 절지(絕地)에서는 오래 머물지 말아야 하고, 사방이 산이나 내로 둘러싸인 위지(圍地)에서는 계략으로 벗어나야 하고, 진퇴할 수 없는 위험한 곳인 사지(死地)에 들어가면 싸워야 한다."

【글자 뜻】 圮:무너질 비. 舍:쉴 사, 집 사. 衢:네거리 구. 絕:끊어질 절. 留:머무를 류. 謀:꾀 모.

【말의 뜻】 圮地無舍:행군이 불편한 곳에서 군대를 쉬게 해서는 안 됨. 衢地合交:교통이 편리한 요지가 다른 나라 영토일 때에는 외교로 해결해야 함. 絕地無留:교통이 불편하고 외따로 떨어진 곳에는 군대를 오래 주둔시키지 말아야 함. 圍地則謀:사방이 산이나 내로 둘러싸여 전력을 발휘하기 어려운 곳은 빨리 벗어나도록 도모하여야 함. 死地則戰:진퇴할 수 없는 위험한 곳에서는 오직 용감히 싸우는 수밖에 없음.

【뜻 풀이】 장수가 임금에게서 명령을 받고 군인들을 모아 부대 편성을 하여 싸움터로 나갈 때는 다음과 같은 점을 주의해야 한다.

첫째, 교통이 불편하고 행군도 마음대로 할 수 없는 곳에서는 군대를 쉬게 해서는 안 된다.

둘째, 이와 반대로 교통이 몹시 편리하고 작전을 마음대로 펼 수 있는 요지인데, 그곳이 다른 나라의 영토인 때에는 그 나라와의 외교 교섭을 통하여 잘 해결하도록 해야 한다.

셋째, 마을에서 멀리 떨어져 있고 본국과의 교통이 불편한 외떨어진 곳에 군대를 오래 머물게 해서는 안 된다.

넷째, 사방이 산이나 내로 둘러싸여 있고 전투가 벌어졌을 때 빠져나갈 곳이 마땅치 않은 곳에 들어가면 조심하여 그곳을 벗어나도록 도모해야 한다.

다섯째, 전진할 수도 후퇴할 수도 없는 위험한 곳에 들어가면 다른 생각을 할 것도 없이 적군과 용감히 싸워야 한다.

이상의 다섯 가지 원칙은 행군함에 있어서 꼭 지켜야 할 사항들이다. 즉 입지적인 조건을 중요시하여 거기에 적합한 조치를 취하는 것이 중요하다고 말하는 것이다.

> 塗有所不由 軍有所不擊 城有所不攻 地有所不爭 君
> 도 유 소 불 유   군 유 소 불 격   성 유 소 불 공   지 유 소 부 쟁   군
> 命有所不受.
> 명 유 소 불 수

"길에도 따르지 말아야 할 것이 있고, 싸움에도 공격하지 말아야 할 것이 있고, 성에도 공격하지 말아야 할 것이 있고, 땅에도 다투지 말아야 할 것이 있고, 왕의 명령도 듣지 말아야 할 것이 있다."

【글자 뜻】 塗:길 도, 바를 도.   由:말미암을 유.   擊:칠 격.   攻:칠 공.   爭: 다툴 쟁.   受:받을 수.

【말의 뜻】 塗有所不由:길에도 따라가지 말아야 할 것이 있음.   軍有所不 擊:싸움에도 적을 공격하지 말아야 할 것이 있음.   城有所不攻:성에도 공략하지 말아야 할 것이 있음.   地有所不爭:땅에도 다투어 점령하지 말아야 할 것이 있음.   君命有所不受:임금의 명령에도 경우에 따라서 는 받아들이지 말아야 할 것이 있음.

【뜻 풀이】 길은 원래 사람들이 통행하는 곳이다. 그런데 전쟁에 있어서는 그 길을 버리고 다른 곳으로 돌아가야 할 필요가 생기기도 한다.

적군을 만나면 싸우는 것이 원칙이지만 경우에 따라 공격해서는 안 될 때도 있다. 적군의 성이라고 하여 반드시 공략할 필요는 없다. 전 략상 요지가 아닐 때에는 그대로 지나가는 것이 도리어 좋은 경우도 있는 것이다. 능히 공격하면 점령할 수 있는 지역이라도 꼭 필요한 곳 이 아니라면 싸워서 점령할 필요가 없다.

또 절대 복종해야 할 임금의 명령도 싸움의 상황에 따라서는 이를 받아들이지 않고 오히려 반대의 행동을 취해야 할 경우도 있다.

전쟁은 속임수다. 이럴 때는 반드시 이렇게 행동해야 한다는 기본 원칙을 세워 놓고 항상 그 원칙에 따라 행동할 수는 없는 노릇이다. 그때그때의 정세와 사정에 따라 융통성이 있는 변화와 대응책을 강구 하여야만 하는 것이다.

2. 임기응변의 전략

故將通於九變之利者 知用兵矣. 將不通於九變之利者
고 장 통 어 구 변 지 리 자 지 용 병 의   장 부 통 어 구 변 지 리 자

雖知地形 不能得地之利矣. 治兵不知九變之術 雖知
수 지 지 형   부 능 득 지 지 리 의   치 병 부 지 구 변 지 술   수 지

五利 不能得人之用矣.
오 리 부 능 득 인 지 용 의

"아홉 가지 변화의 이익에 능통한 장수는 용병을 알고 있는 것이다. 아홉 가지 변화의 이익에 능통하지 못한 장수는 비록 땅의 형세를 알고 있을지라도 능히 지형의 이익을 얻지 못한다. 군대를 다스림에 있어 아홉 가지 변화의 전술을 알지 못하면 비록 다섯 가지 이익을 알고 있을지라도 능히 병사들의 활용을 얻지 못한다."

【글자 뜻】通:통할 통. 變:변할 변. 雖:비록 수. 形:형상 형. 術:재주 술.

【말의 뜻】通於九變之利:아홉 가지 변화의 이익에 능통함. 九變은 圮地·衢地·絕地·圍地·死地와 塗·軍·城·地의 아홉 가지. 知地形:땅의 형세를 앎. 不能得~:~을 얻지 못함. 地之利:지세의 이익. 治兵:군대를 다스림. 術:전술. 五利:圮地·衢地·絕地·圍地·死地의 다섯 가지. 人之用:군대의 총력을 활용함.

【뜻 풀이】정세의 변화에 따라 아홉 가지 변화의 이익을 자유자재로 활용할 수 있는 장수는 전략을 잘 세워 언제나 승리를 거둘 수 있는 사람이다. 그런데 이와 같은 이론과 방법에 정통해 있지 못한 장수는 아무

리 지형에 대한 지식이 있을지라도 그것을 활용하지 못한다. 군대를 운용함에 있어서도 이 아홉 가지 임기응변의 전술을 모르는 장수라면 아무리 다섯 가지 유리함을 알고 있을지라도 군대의 운용을 잘하지 못한다.

3. 지혜 있는 사람은 이해를 함께 생각한다

是故智者之慮 必雜於利害. 雜於利 而務可信也 雜於
시 고 지 자 지 려 필 잡 어 리 해   잡 어 리 이 무 가 신 야   잡 어
害 而患可解也.
해 이 환 가 해 야

"이런 까닭으로 지혜 있는 장수의 생각은 반드시 이익과 손해가 섞여
있다. 이익에도 손해가 섞여 있기 때문에 힘쓰는 일이 발전할 수 있고,
손해에도 이익이 섞여 있기 때문에 환난을 해결할 수 있는 것이다."

【글자 뜻】 慮:생각 려. 雜:섞일 잡. 害:해될 해. 務:힘쓸 무. 信:펼 신,
   믿을 신. 患:근심 환. 解:풀 해.

【말의 뜻】 智者之慮:지혜 있는 사람의 생각. 雜於利害:이익과 손해가 섞
   여 있음. 雜於利:이익에도 손해가 섞여 있음. 務可信:힘쓰는 일이 발
   전할 수 있음. 雜於害:손해에도 이익이 섞여 있음. 患可解:환난을 해
   결할 수 있음.

【뜻 풀이】 사람은 대개 일방적으로 생각하기 쉽다. 이로운 쪽으로만 생각
   하거나 해로운 쪽으로만 생각하는 것이다. 그러나 지략이 있는 사람
   은 사물을 생각할 때 반드시 유리한 조건과 불리한 조건의 두 가지 면
   에서 검토한다. 유리한 조건이 있을 때에도 불리한 조건을 생각하기
   때문에 하는 일이 능히 발전할 수 있고, 또 불리한 조건을 아울러 검
   토하기 때문에 능히 환난을 제거할 수 있는 것이다.

"이런 까닭으로 제후를 굴복시킴에는 해로써 하고, 제후를 부림에는 일로써 하고, 제후를 달려 나오게 함에는 이(利)로써 해야 한다."

【글자 뜻】 屈:굽힐 굴. 役:부릴 역. 業:일 업. 趨:달릴 추.

【말의 뜻】 屈諸侯:다른 나라 제후를 굴복시킴. 役諸侯:다른 나라 제후를 부림. 趨諸侯:다른 나라 제후를 달려 나오게 함.

【뜻 풀이】 전쟁에서 승리하려면 다른 나라들과의 우호관계도 중요하다. 여기에는 세 가지 방법이 있다. 첫째는 상대방의 약점이나 불리한 점을 내세워 위협하는 방법이고, 둘째는 일을 맡겨 시키는 방법이고, 셋째는 이익을 내세워 상대방의 제후를 유인하는 방법이다.

4. 완전한 태세만을 믿어라

故用兵之法 無恃其不來 恃吾有以待也 無恃其不攻
고 용 병 지 법 무 시 기 불 래 시 오 유 이 대 야 무 시 기 부 공

恃吾有所不可攻也.
시 오 유 소 부 가 공 야

"전쟁을 하는 방법은 적군이 오지 않을 것을 믿지 말고, 아군이 태세를
갖추고 기다리고 있음을 믿어야 하며, 적군이 공격하지 않을 것을 믿지
말고, 아군을 공격할 수 없는 바가 있음을 믿어야 한다."

【글자 뜻】恃:믿을 시. 待:기다릴 대.

【말의 뜻】無恃其不來:적군이 오지 않을 것을 믿지 말라. 恃吾有以待也:
내가 태세를 갖추고 기다리고 있음을 믿으라. 無恃其不攻:적군이 공
격하지 않을 것을 믿지 말라. 恃吾有所不可攻也:내게 적군이 공격할
수 없는 바가 있음을 믿으라.

【뜻 풀이】전쟁에 있어서 적군이 침입해 들어오지 않을 것이라는 희망적
인 관측에 기대를 걸어서는 안 된다. 그보다는 아군의 방위태세를 철
저하게 갖춤으로써 감히 적군이 침입해 들어오지 못하도록 해야 한
다.
　또 적군이 공격해 오지는 않을 것이라는 희망적인 관측에 기대를
걸어서는 안 된다. 비록 적군이 공격해 올지라도 아군의 방위태세가
완전하고 견고하여 감히 적군이 공격해 들어올 엄두를 못 내도록 해
야 한다.

객관적인 상황을 무시하고 희망적인 관측에 기대를 거는 사람을 돈키호테형이라고 말하고 만반의 태세를 갖추는 사람을 햄릿형이라고 말한다. 손자(孫子)는 돈키호테형 희망적 관측을 거부한다. 태세를 갖추지 않는다면 가혹한 현실로부터 심한 보복을 당할 것이다.

5. 다섯 가지 위험한 상태

故將有五危. 必死可殺也 必生可虜也 忿速可侮也 廉
고 장 유 오 위　필 사 가 살 야　필 생 가 로 야　분 속 가 모 야　염

潔可辱也 愛民可煩也.
결 가 욕 야　애 민 가 번 야

"장수에게는 다섯 가지 위험이 있다. 죽음을 각오하고 싸우면 죽임을
당하게 되고, 살기를 각오하고 싸우면 포로가 되고, 성을 빨리 내면 모욕
을 당하게 되고, 청렴결백하면 욕을 당하게 되고, 병사들을 사랑하면 마
음이 번거로워진다."

【글자 뜻】危:위태할 위. 虜:사로잡을 로. 忿:성낼 분. 速:빠를 속. 侮:
업신여길 모. 廉:청렴할 렴. 潔:깨끗할 결. 辱:욕될 욕. 煩:번거로
울 번.

【말의 뜻】五危:다섯 가지 위험. 必死可殺:죽음을 각오하고 싸우면 죽게
됨. 必生可虜:살기를 각오하면 적의 포로가 됨. 忿速可侮:성냄이 빠
르면 적의 전략에 말려들어 모욕을 당함. 廉潔可辱:지나치게 청렴결
백하면 적의 도전에 쉽게 응하여 욕을 당함. 愛民可煩:자기 병사들을
너무 사랑하면 마음이 번거로워짐.

【뜻 풀이】장수에게는 경계해야 할 다섯 가지 위험이 있다.

첫째, 장수가 죽음을 각오하고 필사적으로 싸운다면 적군에게 죽임
을 당할 가능성이 많다.

둘째, 이와는 반대로 꼭 살아서 돌아가려고 생각한다면 적군에게

포로가 될 가능성이 많다.

셋째, 성을 빨리 내는 장수는 곧 적군의 전술에 말려들어 전투에 패하는 모욕을 당하게 된다.

넷째, 지나치게 청렴결백하여 도량이 좁은 성격을 지닌 장수는 적군의 도전에 말려들어 전투에 패하는 욕을 당하게 된다.

다섯째, 지나치게 인정이 많아 자기 병사들을 너무 사랑하는 장수는 마음이 번거롭게 되어 전의를 잃기 쉽다.

오자(吳子)는 그의 병서(兵書)의 치병편(治兵篇)에서 "필사적으로 싸우면 살고 요행히 살기를 바라면 죽는다.(必死則生 幸生則死)"라고 말했다. 손자(孫子)와 오자(吳子)의 견해는 근본적으로 다른 면이 많다. 오자(吳子)의 병법(兵法)은 유교에 바탕을 두고 있음에 반해 손자(孫子)의 병법(兵法)은 노장사상(老莊思想)인 도교에 바탕을 두기 때문이다.

凡此五者 將之過也 用兵之災也. 覆軍殺將 必以五危
범 차 오 자 장 지 과 야 용 병 지 재 야   복 군 살 장 필 이 오 위
不可不察也.
부 가 부 찰 야

"무릇 이 다섯 가지는 장수의 잘못이고, 전투에 있어서 재난이다.

군대가 전복되고 장수가 죽게 되는 것은 반드시 이 다섯 가지 위험 때문이니, 가히 잘 살피지 않을 수 없는 것이다."

【글자 뜻】過:허물 과, 지날 과. 災:재앙 재. 覆:엎을 복. 察:살필 찰.

【말의 뜻】將之過:장수가 저지르는 잘못. 用兵之災:전투에 있어서 큰 재난이 됨. 覆軍殺將:군대가 송두리째 무너지고 장수가 죽임을 당

함. 以五危:이 다섯 가지 위험 때문임. 不可不察:잘 살피지 않을 수
없음. 살펴야 함.

【뜻 풀이】 이상에서 든 다섯 가지 항목은 장수가 빠지기 쉬운 위험이고
전쟁 수행에 있어 크게 방해가 되는 것이다. 군대가 전멸하고 장수가
죽임을 당하게 되는 것도 반드시 이 다섯 가지 위험에 빠지기 때문이
다. 그러니 어찌 자세히 살피지 않을 수 있겠는가!

제9장
행군편
(行軍篇)

이 행군편(行軍篇)에서는 적군을 향하여 전진할 때의 행군과 숙영(宿營)과 접근과 전투 개시를 위한 적군의 정세의 판단과 지형의 판단을 말하고 있다.

손자(孫子)는 "군대는 높은 곳을 좋아하고 낮은 곳을 싫어하며, 양지쪽을 귀하게 여기고 음지를 천하게 여기며, 위생을 길러 충실하게 처하면 군대의 백 가지 병이 없어지거니와, 이것을 필승의 태세라고 말한다."라고 하였다.

그는 또 "많은 나무들이 움직이는 것은 적군이 오는 것이고, 새들이 날아 오르는 것은 복병이 있기 때문이며, 짐승이 놀라 달아나는 것은 적군이 기습하려는 것이다."라고 말하고 있다. 이 밖에도 손자(孫子)는 여러 가지 적군의 정세를 살피는 것에 대하여 말하고 있다.

1. 지형에 따른 네 가지 전법

孫子曰 凡處軍相敵. 絶山依谷 視生處高 戰隆無登 此
<small>손 자 왈 범 처 군 상 적　절 산 의 곡　시 생 처 고　전 룡 무 등　차</small>
處山之軍也.
<small>처 산 지 군 야</small>

손자(孫子)가 이렇게 말했다.

"무릇 군대를 행군함에 있어서는 적군의 정세를 잘 판단해야 한다.
산을 행군할 때에는 골짜기를 의지해야 하고, 초목이 있으면 이를 보
고 높은 곳으로 행군해야 한다. 높은 곳에 적군이 있어 싸울 때에는
올라가며 싸워서는 안 된다. 이것이 산에서 행군하는 법이다."

【글자 뜻】處:처할 처, 곳 처. 相:볼 상, 서로 상. 絶:지날 절, 끊어질 절.
依:의지할 의. 谷:골 곡. 視:볼 시. 隆:높을 룡. 登:오를 등.

【말의 뜻】處軍相敵:행군함에 있어서는 적의 정세를 잘 살펴야 함. 絶山
依谷:산을 행군할 때는 골짜기를 따라 진군시킴. 視生處高:초목이 무
성하면 높은 곳으로 행군함. 戰隆無登:적이 높은 곳에 있어 싸울 때
는 올라가며 싸우지 말아야 함. 處山之軍:산에서 행군함.

【뜻 풀이】군대를 행군시킴에 있어서는 항상 적군의 실정을 잘 살펴보고
판단해야 한다.

우선 산에서 행군할 때에는 골짜기를 따라 진군시키되 산에 초목이
무성하면 높은 곳으로 행군시켜야 한다. 그러나 적이 높은 곳에 진치
고 있을 때는 올라가면서 싸우게 해서는 안 된다.

이번 편에서는 군대의 이동에 대하여 말하고 있는데, 항상 적군의 상태를 검토하면서 자연 환경에 순응하여 행군하는 것이 이상적이라 하겠다.

絶水必遠水. 敵絶水而來 勿迎之於水內 令半濟而擊
절 수 필 원 수　　적 절 수 이 래　 물 영 지 어 수 내　 령 반 제 이 격
之利. 欲戰者 無附於水而迎敵 視生處高 無迎水流 此
지 리　 욕 전 자　 무 부 어 수 이 영 적　 시 생 처 고　 무 영 수 류　 차
處水上之軍也.
처 수 상 지 군 야

"강물을 건너거든 반드시 물에서 멀리 떠나야 한다. 적군이 강물을 건너오거든 물 안에서 맞이하여 싸우지 말고 반쯤 건너오게 한 다음 공격하면 유리하다. 싸우고자 하는 사람은 물가에 붙어서 적을 맞아 싸우지 말고, 초목이 무성하거든 높은 곳에 진을 쳐야 한다. 강물의 상류에 있는 적을 맞이하여 싸워서는 안 된다. 이것이 물 위에서 군대가 행동하는 방법이다."

【글자 뜻】 迎:맞이할 영. 令:하여금 령. 濟:건널 제. 附:붙을 부.
【말의 뜻】 絶水必遠水:강물을 건너거든 반드시 물에서 멀리 떠나라. 迎之於水內:적을 물 안에서 맞아 싸움. 令半濟:적군이 반쯤 강물을 건너오게 함. 無附於水:강물에 바짝 붙지 말라. 無迎水流:강물의 상류에 있는 적을 맞이하여 싸우지 말라.

【뜻 풀이】 이번에는 강가에서 군대가 행동하는 방법이다. 아군이 강물을 건너거든 반드시 물가에서 멀리 떠나도록 해야 한다. 만일 강가에 있

을 때 적군의 공격을 받는다면 아군은 강물을 등지고 싸워야 하기 때문에 그만큼 조건이 불리해진다. 이것을 배수진(背水陣)이라고 한다.

또 적군이 강물을 건너올 때에는 이를 강물 속에서 맞아 싸운다는 것은 무모한 짓이다. 아군의 피해가 커지기 때문이다. 그러므로 이런 경우에는 적군이 강물을 반쯤 건너오게 내버려 두었다가 활로 공격을 가하면 적군은 혼란에 빠져 패배하게 될 것이다. 그렇게 되면 전투는 아군에게 유리해지는 것이다.

강가에서 싸우려 할 때에는 물가에 바짝 붙어 배수진을 치고 적과 싸워서는 안 된다. 또 강을 사이에 두고 싸울 때에도 강가에 바짝 붙여 진을 친다면 적군은 강을 건너려 하지 않을 것이다. 초목이 우거진 높은 곳에 진을 치고 싸우는 것이 유리하다. 그곳에 진을 치고 기다렸다가 적군이 강물을 반쯤 건넜을 때 공격을 가해야 한다.

또 적군이 상류에 진을 치고 있을 때에는 이를 맞이하여 싸워서는 안 된다. 적군은 높은 곳에 있고 아군은 낮은 곳에 있으면 아군에게 불리하기 때문이다.

손자(孫子)의 병법(兵法)은 지리적인 우세를 몹시 중요시하고 있다. 따라서 그만큼 현실적이라고 말할 수 있다. 다음에는 손자(孫子)의 병법을 무시하여 실패를 맛본 두 가지 예를 들어 두겠다.

기원전 638년 11월 1일에 송양공(宋襄公)은 홍수(泓水) 강가에서 초(楚)나라의 대군을 맞이하여 싸웠다.

이날 송(宋)나라 군대는 이미 진형을 정비해 놓고 초나라의 군대를 기다리고 있었다. 그런데 초나라의 군대는 진을 치는 것은 고사하고 아직 강물도 건너지 못한 형편이었다.

이것을 본 송나라의 장수 목이(目夷)가 송양공에게 말했다.

"적군의 병력은 많고 아군의 병력은 적습니다. 그러니 적군이 강물을 건너올 때 공격하는 것이 좋겠습니다."

그러자 송양공은,

"아니, 사람이 어찌 그처럼 비겁한 짓을 할 수 있는가?"

하고 이를 공격하지 않았다. 그러는 사이에 초나라의 군대가 강을 다 건너와 진형을 정비하려 했다. 이때 다시 목이가 공격을 가하자고 말했지만 이번에도 송양공은,

"아니, 적군이 진형을 다 갖춘 뒤에 싸워야지."

하며 공격 명령을 내리지 않았다. 송나라 군대는 이리하여 좋은 기회를 두 번이나 놓쳤다. 결과는 명약관화(明若觀火)한 일이었다. 송나라 군대는 압도적으로 우세한 초나라 군대에게 격파되어 패주하고 말았다.

손자(孫子)의 병법을 잘못 이용하였기 때문에 대패(大敗)를 맛본 예로 '비수(淝水)의 싸움'을 들 수 있다.

기원전 383년 11월에 사현(謝玄)이 이끄는 진(晉)나라의 군대가 비수 강가에서 진(秦)나라의 대군을 맞이하여 싸웠다. 장기전이 된다면 진(晉)나라 군대에는 승산이 없다. 그래서 사현은 적군의 장수인 부견(符堅)에게 사람을 보내어 이렇게 말했다.

"당신네 군대가 조금만 후퇴를 해 준다면 우리 군대가 강을 건너가 한 판의 승부를 겨루어 볼 생각은 없는가?"

부견이 이 말을 받아들이려 하자 진(秦)나라의 여러 장수들이,

"병력은 아군이 압도적으로 우세합니다. 적군을 건너편에서 이쪽으로 건너오지 못하게 하면 아군이 불리할 것은 하나도 없습니다."

하고 반대했지만 부견은,

"아군이 조금만 후퇴해 주면 되는 것을. 적군이 강물을 반쯤 건너왔을 때 기병대를 보내어 단숨에 쳐부순다면 아군의 승리는 의심할 여지가 없을 걸세."

하고 전군에게 후퇴 명령을 내렸다. 그런데 워낙 대군이었기 때문에 한번 후퇴하기 시작하자 멈추게 할 수가 없었다.

이 틈에 진(晋)나라의 군대는 강을 건너자마자 일제히 공격을 가해 왔으므로 진(秦)나라의 대군은 크게 격파되어 패주하고 말았다.

絕斥澤 唯亟去無留. 若交軍於斥澤之中 必依水草 而
절 척 택 유 극 거 무 류   약 교 군 어 척 택 지 중 필 의 수 초 이
背衆樹 此處斥澤之軍也.
배 중 수 차 처 척 택 지 군 야

"진펄과 습지대를 건널 때에는 오직 빨리 지나가 머물지 말아야 한다. 만일 진펄과 습지대 가운데에서 교전하게 된다면 반드시 수초를 의지하고 많은 나무들을 등지고 싸워야 한다. 이것이 진펄이나 저습지에서 군대를 움직이는 방법이다."

【글자 뜻】斥:염분 많은 땅 척, 내칠 척. 澤:진펄 택, 못 택. 唯:오직 유.
亟:빠를 극. 留:머무를 류. 依:의지할 의. 背:등 배. 樹:나무 수.

【말의 뜻】絕斥澤:진펄과 습지대를 건넘. 亟去無留:빨리 가고 머물지
말아야 함. 交軍:교전함. 依水草:수초에 의지함. 背衆樹:많은 나무
들을 등짐.

【뜻 풀이】만일 진펄이나 습지대를 건너가게 되거든 오직 빨리 지나가고
그런 곳에서 머뭇거리지 말아야 한다. 만일 이런 곳에서 적과 전투가

벌어지게 되거든 수초를 앞에 놓고 나무숲을 등지고 싸워야 한다. 이
것이 진펄이나 습지대에서 군대를 움직이는 방법이다.

平陸處易 而右背高 前死後生 此處平陸之軍也. 凡此
평 륙 처 이　이 우 배 고　전 사 후 생　차 처 평 륙 지 군 야　　범 차
四軍之利 黃帝之所以勝四帝也.
사 군 지 리　황 제 지 소 이 승 사 제 야

　"평평한 땅에서는 편리한 곳에 진을 치되 오른편으로 높은 언덕을 등
지며, 초목이 없는 곳을 앞으로 하고 초목이 무성한 곳을 뒤로 해야 한
다. 이것이 평평한 땅에서 군대가 행동하는 방법이다.
　무릇 이 네 가지 군사 행동의 이점은 황제(黃帝)가 네 임금을 이긴 방법
이다."

【글자 뜻】陸:땅 륙. 易:편할 이, 쉬울 이. 背:등 배.
【말의 뜻】平陸處易:평지에서는 편리한 곳에 진을 침. 右背高:오른쪽으
　로 높은 언덕을 등져야 함. 前死後生:앞에는 초목이 없고 뒤에는 초
　목이 무성해야 함. 黃帝:중국 고대 황제로서 한민족을 처음으로 통일
　했음. 四帝:태호(太昊)·염제(炎帝)·소호(少昊)·전욱(顓頊)의 네 임
　금.

【뜻 풀이】평지에서는 전략상 요지에 진을 치고 오른편으로 높은 언덕을
　등져야 하며 전면에는 초목이 없어야 하고 후면에는 초목이 무성해야
　한다. 높은 언덕을 등지고 있으면 배후에서 적군의 공격을 막을 수 있
　으니 아군은 삼면만 방위하면 된다.
　　또 전면에는 초목이 없고 후면에 초목이 무성하면 아군은 초목을

등지고 있기 때문에 잘 드러나지 않고 전면에 적군이 나타나는 것은 잘 보이기 때문에 아군에게 유리해진다. 이것이 평지에서 전투를 하는 방법이다.

이상에서 설명한 산·강·습지대·평지에서의 네 가지 군사 행동의 이점은 일찍이 황제(黃帝)가 네 임금과 싸워 승리를 거둔 방법이다.

2. 전투는 높은 곳이 유리하다

凡軍好高而惡下　貴陽而賤陰　養生而處實　軍無百疾
범 군 호 고 이 오 하　귀 양 이 천 음　양 생 이 처 실　군 무 백 질
是謂必勝.
시 위 필 승

"무릇 군대는 높은 곳을 좋아하고 낮은 곳을 싫어하며, 양지를 귀하게 여기고 음지를 천하게 여기며, 위생을 길러 충실하게 처하면 군대에 백 가지 병이 없어지거니와, 이것을 필승의 태세라고 말한다."

【글자 뜻】惡:싫어할 오, 악할 악.　貴:귀할 귀.　陽:볕 양.　賤:천할 천.
陰:그늘 음.　養:기를 양.　實:찰 실, 열매 실.　疾:병 질.

【말의 뜻】好高而惡下:높은 곳을 좋아하고 낮은 곳을 싫어함.　貴陽而賤陰:양지를 귀중히 여기고 음지를 천하게 여김.　養生而處實:위생을 기르고 충실하게 대처함.　軍無百疾:군대에 모든 병이 없어짐.

【뜻 풀이】군대는 높고 건조한 곳을 골라 진을 치고 낮은 습지에는 진을 치지 말도록 해야 한다. 또 동남쪽을 향한 양지에 진을 치고 서북쪽을 향한 음지에는 진을 치지 말아야 한다. 높은 곳에 진을 치면 낮은 곳에서 올라오는 적을 공격하기 쉽고, 양지쪽에 진을 치면 아군의 모습은 잘 드러나지 않으면서 적군이 오는 것은 잘 보이기 때문이다.
　또 병사들의 건강 관리에 유의하고 섭생을 충실히 하여 군대 안에 질병이 없도록 해야 한다. 군대가 이와 같으면 승리할 수 있는 태세를 갖추었다고 말할 수 있다.

丘陵隄防 必處其陽 而右背之 此兵之利 地之助也.
구 릉 제 방 필 처 기 양 이 우 배 지 차 병 지 리 지 지 조 야

上雨 水沫至 欲涉者 待其定也.
상 우 수 말 지 욕 섭 자 대 기 정 야

"언덕이나 제방에서는 반드시 그 양지쪽에 진을 치되 오른쪽으로 등지 도록 해야 한다. 이것이 전투에 유리하며 지형의 도움을 얻는 길이다.

상류에서 비가 오면 물거품이 이를 것이니 건너고자 하는 사람은 그것 이 안정되기를 기다려야 한다."

【글자 뜻】 丘:언덕 구. 陵:언덕 릉. 隄:둑 제. 防:방죽 방, 막을 방. 助: 도울 조. 沫:거품 말. 涉:건널 섭.

【말의 뜻】 丘陵隄防:언덕과 둑. 處其陽:언덕이나 둑의 양지쪽에 진을 침. 右背之:그 언덕이나 둑을 오른쪽에 등져야 함. 地之助:지형의 도 움을 얻음. 上雨:상류에서 비가 내림. 水沫至:물거품이 떠내려 옴. 欲涉者:건너려고 하는 사람. 待其定:그 물거품이 가라앉기를 기다림.

【뜻 풀이】 언덕이나 제방 근처에 진을 칠 때에는 동남쪽을 향한 양지쪽에 치고 그 언덕이나 제방을 오른쪽 배후로 삼는 것이 승리로 통하는 지 형의 활용 방법이다.

또 도하 작전을 하려 하는데 상류에 비가 많이 내려 물거품이 밀려 내려올 때는 많은 물이 갑자기 넘치는 경우가 있기 때문에 물이 안정 될 때까지 기다렸다가 건너야 할 것이다.

3. 접근해서는 안 되는 지형

凡地有絕澗 天井 天牢 天羅 天陷 天隙 必亟去之 勿
범지유절간 천정 천뢰 천라 천함 천극 필극거지 물
近也. 吾遠之 敵近之 吾迎之 敵背之.
근야 오원지 적근지 오영지 적배지

"무릇 지형에 절벽으로 둘러싸인 골짜기, 깊게 파인 분지, 험난한 산이
둘러싸여 빠져나가기 어려운 곳, 초목이 빽빽하여 행동이 자유롭지 못한
곳, 수렁으로 된 습지대라서 통행이 어려운 곳, 산과 산 사이의 좁은 골
짜기 등이 있으면 반드시 빨리 지나가서 가까이 있지 말아야 한다.

아군은 멀리 떠나고 적군이 가까이 오도록 해야 하며, 아군은 맞이하도
록 해야 하고 적군은 등지도록 해야 한다."

【글자 뜻】 絕:끊어질 절. 澗:산골 물 간. 井:우물 정. 牢:감옥 뢰. 羅:그
　　물 라. 陷:빠질 함. 隙:틈 극.
【말의 뜻】 絕澗:절벽으로 둘러싸인 좁은 골짜기. 天井:우물처럼 움푹 들
　　어간 분지. 天牢:험난한 산들이 둘러싸여 빠져나가기 어려운 곳. 天
　　羅:초목이 너무 빽빽하여 행동이 자유롭지 못한 곳. 天陷:함정처럼
　　깊은 수렁이어서 통행이 어려운 곳. 天隙:산과 산 사이의 좁고 험한
　　곳. 勿近:가까이 있지 말아야 함. 吾迎之:아군은 정면으로 맞을 수
　　있게 함. 敵背之:적군은 이를 등지게 함.

【뜻 풀이】 다음과 같은 지형에서는 빨리 지나가고 결코 가까이 있어서는
　　안 된다.

첫째, 절간(絕澗)―높은 절벽으로 둘러싸인 좁은 골짜기. 적군이 앞에서 기다렸다가 공격을 가해 오면 꼼짝없이 전멸을 당하게 되기 때문이다.

둘째, 천정(天井)―우물처럼 깊이 들어간 분지. 만일 적군이 좌우에서 공격을 가해 오면 꼼짝 못하고 당하게 되기 때문이다.

셋째, 천뢰(天牢)―감옥과 같이 높은 산으로 둘러싸여 있고 길이 좁아 빠져나가기 어려운 곳. 이런 곳에서 적군이 앞에서 기다렸다가 공격해 오면 곤란하다.

넷째, 천라(天羅)―초목이 너무 무성하여 그물에 걸린 것처럼 자유롭게 행동할 수 없는 곳. 이런 곳에서도 적군이 전후좌우에서 공격해 오면 곤란하기 때문이다.

다섯째, 천함(天陷)―함정과 같은 습지대라서 벗어나기 어려운 곳. 아군은 수렁에 빠져 행동이 자유롭지 못하기 때문에 적군의 공격을 받으면 꼼짝도 할 수 없게 되기 때문이다.

여섯째, 천극(天隙)―산과 산 사이에 난 좁고 험한 골짜기. 이런 곳에서도 적군이 앞에서 기다렸다가 공격해 오면 곤란하기 때문이다.

이상과 같은 지형을 여섯 가지 해로운 곳(六害)이라고 말하는데 이런 곳은 빨리 지나가야 한다.

아군은 빨리 지나가고 적군을 이런 곳으로 접근하도록 유인하는 것이 유리하다. 아군은 정면에서 이를 맞이하여 싸울 수 있는 반면 적군은 이런 곳을 등지고 싸워야 하기 때문이다.

軍旁 有險阻潢井蒹葭林木蘙薈者 必謹覆索之 此伏姦
군 방 유 험 조 황 정 겸 가 림 목 예 회 자 필 근 복 색 지 차 복 간
之所處也.
지 소 처 야

"군대가 주둔해 있는 근처에 험난한 산과 웅덩이, 우물과 갈대가 우거진 곳, 나무숲과 초목이 우거진 곳이 있으면 반드시 조심하여 거듭 수색해야 한다. 이런 곳은 적의 복병이 숨어 있기 쉬운 곳이다."

【글자 뜻】旁:곁 방. 阻:험할 조. 潢:웅덩이 황. 蒹:갈대 겸. 葭:갈대 가. 蘙:우거질 예. 薈:우거질 회. 謹:삼갈 근. 覆:뒤집을 복. 索:찾을 색. 伏:엎드릴 복. 姦:간사할 간.

【말의 뜻】軍旁:군대가 진치고 있는 근처. 潢井:웅덩이와 우물. 蒹葭: 갈대가 우거진 곳. 蘙薈:초목이 무성한 곳. 覆索:반복하여 수색함. 伏姦:복병과 정탐.

【뜻 풀이】군대가 주둔하고 있는 근처에 험준한 산이나 웅덩이가 있는 저습지대, 갈대밭이나 나무숲, 초목이 우거진 곳은 반드시 조심하여 거듭 수색해야 한다. 이런 곳에는 적군의 복병이나 정탐꾼이 잠입하기 쉽기 때문이다.

4. 군대는 높은 곳을 좋아한다

近而靜者 恃其險也. 遠而挑戰者 欲人之進也. 其所居
근 이 정 자 시 기 험 야   원 이 도 전 자 욕 인 지 진 야   기 소 거
易者 利也.
이 자 리 야

"적군이 가까운데도 고요한 것은 적이 험난한 지형을 믿기 때문이고,
적군이 멀리 있으면서 도전하는 것은 아군이 나아가기를 바라는 것이고,
적군이 평탄한 곳에 진을 치고 있는 것은 지리적인 이점이 있기 때문이
다."

【글자 뜻】 恃:믿을 시. 挑:돋울 도. 欲:하고자 할 욕. 易:편할 이, 쉬울
이.

【말의 뜻】 近而靜:적이 가까운데도 고요함. 恃其險:적이 험난한 지형을
믿기 때문임. 欲人之進:아군이 나아가기를 바람. 其所居易:적이 평
탄한 곳에 진을 치고 있음.

【뜻 풀이】 아군이 적군 가까이 이르러서도 떠들지 않고 고요한 것은 적
군이 높고 험난한 지형에 있는 것에 대한 자신이 있기 때문이고, 적
군이 멀리에 진치고 있으면서 자주 도전해 오는 것은 아군을 끌어내
어 공격을 가하려는 작전이고, 적군이 험난한 곳을 피하고 일부러 공
격하기 쉬운 평탄한 곳에 진을 치는 것은 거기에 지리적인 이점을 지
니고 있기 때문이다.

衆樹動者 來也. 衆草多障者 疑也. 鳥起者 伏也. 獸駭
중 수 동 자 래 야　중 초 다 장 자 의 야　조 기 자 복 야　수 해

者 覆也. 塵高而銳者 車來也. 卑而廣者 徒來也. 散而
자 복 야　진 고 이 예 자 거 래 야　비 이 광 자 도 래 야　산 이

條達者 樵採也. 少而往來者 營軍也.
조 달 자 초 채 야　소 이 왕 래 자 영 군 야

"많은 나무들이 움직이는 것은 적군이 오는 것이고, 많은 풀에 장애물이 많은 것은 의심을 불러일으키려는 것이고, 새들이 날아오르는 것은 복병이 있기 때문이고, 짐승이 놀라 달아나는 것은 적군이 기습하려는 것이다.

먼지가 높고 날카롭게 오르는 것은 적군의 수레들이 오고 있는 것이고, 먼지가 낮고 넓게 오르는 것은 적군의 보병들이 오고 있는 것이고, 먼지가 흩어지고 줄기처럼 오르는 것은 적군이 땔나무를 하는 것이고, 먼지가 적고 왔다 갔다 하는 것은 적군이 진을 치려는 것이다.

【글자 뜻】樹:나무 수. 障:막을 장. 疑:의심할 의. 起:일어날 기. 獸:짐
승 수. 駭:놀랄 해. 覆:엎을 복. 塵:티끌 진. 卑:낮을 비. 徒:걸어다
닐 도, 무리 도. 散:흩어질 산. 條:길 조, 가지 조. 達:달할 달. 樵:
나무할 초. 採:캘 채. 往:갈 왕. 營:진영 영, 경영 영.

【말의 뜻】衆樹動:많은 나무들이 움직임. 衆草多障:많은 풀에 장애물이
많음. 鳥起者伏:갑자기 새들이 날아오름은 복병이 있다는 증거임.
獸駭者覆:갑자기 짐승들이 놀라 도망치는 것은 기습 부대가 온다는
증거임. 塵高而銳者車來:먼지가 높고 날카롭게 일어나는 것은 적군
의 수레들이 오고 있다는 증거임. 卑而廣者徒來:먼지가 낮고 넓게 일
어나는 것은 보병 부대가 온다는 증거임. 散而條達:먼지가 여기저기

에서 가는 줄기처럼 일어남. 樵採:적군이 땔나무를 함. 少而往來:먼지가 적게 왔다 갔다 함. 營軍:진을 치고 있음.

【뜻 풀이】멀리서 바라볼 때 많은 나무들이 넓은 범위에 걸쳐 동요하고 있는 것은 적군이 습격해 온다는 것을 나타내고 있는 것이다. 풀밭에 장애물을 많이 만들어 놓은 것은 아군의 움직임을 견제함과 동시에 의심을 불러일으키려는 것이다.

　새들이 갑자기 날아오르는 것은 그곳에 적군의 복병이 있다는 증거다. 또 짐승들이 놀라서 도망치는 것은 아군을 무찌르려는 적군의 기습부대가 있다는 증거다.

　먼지가 높이 똑바로 날카롭게 일어나는 것은 적군의 수레들이 달려오고 있다는 증거다. 또 먼지가 나지막하고 넓게 일어나는 것은 적군의 보병 부대가 오고 있다는 증거다. 먼지가 여기저기 흩어져서 가는 줄기로 일어나는 것은 적군들이 땔나무를 하고 있다는 증거다. 또 먼지가 적고 희미하게 왔다 갔다 피어오르는 것은 적군이 진을 치고 있다는 증거다.

5. 말은 겸손하게 하고 실리를 찾으라

辭卑而益備者 進也. 辭强而進驅者 退也.
사 비 이 익 비 자 진 야 　 사 강 이 진 구 자 퇴 야

"적군 사자의 말이 겸손하면서도 더욱 방비하는 것은 진격할 뜻이 있는 것이고, 말이 강경하고 진격할 기세를 보이는 것은 후퇴할 뜻이 있는 것이다."

【글자 뜻】辭:말씀 사. 卑:낮을 비. 益:더할 익. 備:갖출 비. 强:강할 강. 驅:몰 구. 退:물러갈 퇴.

【말의 뜻】辭卑:말이 겸손함. 益備:더욱 방비를 갖춤. 辭强:말이 강경함. 進驅:진격함.

【뜻 풀이】적군에게서 온 사자가 말을 겸손하게 하면서도 한편으로 계속 방위태세를 굳혀 나간다면 이것은 아군에게 진격해 들어올 준비를 하고 있다는 뜻이다. 이와는 반대로 말은 강경하면서 진격해 들어올 뜻을 나타내는 것은 실은 후퇴를 준비하고 있는 것이다.

輕車先出居其側者 陣也. 無約而請和者 謀也. 奔走而
경 거 선 출 거 기 측 자 진 야 　 무 약 이 청 화 자 모 야 　 분 주 이
陳兵車者 期也. 半進半退者 誘也.
진 병 거 자 기 야 　 반 진 반 퇴 자 유 야

"전투용 수레가 앞에 나와 그 양쪽에 있는 것은 진을 치려는 것이고,

약속도 없는데 화의를 청하는 것은 음모가 있는 것이고, 분주하게 병거(兵車)를 진열하는 것은 공격을 기약하는 것이고, 반은 전진하고 반은 후퇴하는 것은 아군을 유인하려는 것이다."

【글자 뜻】 輕:가벼울 경. 側:곁 측. 約:언약 약. 請:청할 청. 謀:꾀 모. 奔:분주할 분, 달아날 분. 走:달릴 주. 陳:벌일 진. 期:기약할 기. 誘:꾈 유.

【말의 뜻】 輕車:전투용 수레. 居其側:그 양쪽에 있음. 請和:화의를 청함. 奔走而陳兵車:분주하게 병거가 늘어섬. 期也:공격할 것을 기약함.

【뜻 풀이】 적군의 전투용 수레들이 앞에 나와 양쪽에 대열을 이루고 있다면 이것은 그 중간에 진을 치고 있다는 증거이다.

아무런 언약이나 이유도 없이 화의를 청해 오는 것은 거기에 어떤 계략이 숨어 있는 것이다. 태세를 정비하기 위한 시간을 벌려는 등의 수작이다.

또 갑자기 분주하게 전투용 병거가 출동을 서두르는 것은 예정된 날짜가 되었다는 것을 나타내는 것이다. 후원 부대가 도착하였다든지 간첩이 아군의 정세를 알렸다든지 하여 시각에 맞추어 출격하려는 것이다. 여하간 심상치 않은 사태가 벌어질 것으로 받아들여야 한다.

또 적군 일부는 전진을 하는데 다른 일부는 후퇴를 하는 양상을 드러내면, 이것은 아군을 유인하여 끌어내려는 작전이다. 적군에게 농락당하지 않도록 조심해야 한다.

6. 이익을 보고도 나가지 않는 경우

> 杖而立者 飢也. 汲而先飲者 渴也. 見利而不進者 勞
> 장 이 립 자 기 야　급 이 선 음 자 갈 야　견 리 이 부 진 자　로
> 也.
> 야

"적군이 지팡이를 짚어야 일어서는 것은 굶주리고 있기 때문이고, 물을 퍼서 먼저 마시는 것은 목마르기 때문이고, 이익을 보고도 나오지 않는 것은 피로하기 때문이다."

【글자 뜻】杖:지팡이 장. 飢:주릴 기. 汲:물길을 급. 飲:마실 음. 渴:목마를 갈.

【말의 뜻】杖而立:지팡이를 짚어야 일어섬. 汲而先飲:물을 퍼서 먼저 마심. 見利而不進:이익을 눈앞에 보고도 나오지 않음. 勞也:피로한 것임.

【뜻 풀이】적군의 동정을 자세히 관찰해야 한다. 만일 적들이 칼이나 창 등을 지팡이처럼 짚고 다닌다면 그것은 곧 적군에게 식량이 부족하여 병사들의 배를 채워 주지 못하고 있다는 증거이다. 또 물을 길러 온 병사가 우선 자기가 먼저 떠 마신다면 그것은 곧 다른 병사들도 물의 부족으로 목말라 하고 있다는 증거다. 또 좋은 기회가 왔는데도 적군이 진격해 오지 않는다면 그것은 곧 적군들이 너무 피로해 있다는 것을 입증해 주고 있는 것이다.

鳥集者 虛也. 夜呼者 恐也. 軍擾者 將不重也. 旌旗動
조집자 허야 야호자 공야 군요자 장부중야   정기동
者 亂也. 吏怒者 倦也. 殺馬肉食者 無糧也. 懸瓿不返
자 난야 리노자 권야 살마육식자 무양야   현부부반
其舍者 窮寇也.
기 사 자 궁 구 야

　"새들이 모여드는 것은 적진이 텅 비어 있다는 증거이고, 밤에 소리쳐
부르는 것은 두려워하고 있기 때문이고, 군대가 소란한 것은 장수의 위엄
이 무겁지 않기 때문이다.
　깃발이 마구 움직이는 것은 적군의 대오가 혼란하기 때문이고, 상관이
성내어 소리치는 것은 전쟁에 지쳤기 때문이고, 말을 죽여서 고기를 먹는
것은 식량이 없기 때문이고, 밥그릇을 나뭇가지에 걸고 자기 병사로 돌아
가지 않는 것은 궁지에 몰린 적군인 것이다."

【글자 뜻】集:모일 집.　呼:부를 호.　恐:두려워할 공.　擾:소란할 요.　旌:
　　기 정.　吏:관원 리.　怒:성낼 노.　倦:싫증날 권, 게으를 권.　懸:달 현.
　　瓿:질장군 부.　返:돌아갈 반.　舍:집 사.　寇:도적 구.
【말의 뜻】鳥集者虛:새들이 모여드는 것은 적진이 텅 비어 있음.　夜呼者
　　恐:밤에 소리쳐 부르는 것은 두렵기 때문임.　軍擾者將不重:군대가
　　소란스러운 것은 장수의 위엄이 무겁지 않기 때문임.　旌旗動者亂:깃
　　발이 마구 움직이는 것은 대오가 혼란하기 때문임.　吏怒者倦:장교가
　　성내어 소리치는 것은 싫증이 났기 때문임.　懸瓿不返其舍:병사들이
　　밥그릇을 걸어 놓고 자기 병사로 돌아가지 않음.　窮寇:궁지에 몰린
　　적군.

【뜻 풀이】이어서 적군의 동정을 살피는 방법이다.

적군이 진을 쳤던 자리에 새들이 모여들어 지저귀고 있다면 이것은 적군이 이미 다른 곳으로 이동하여 텅 비어 있다는 증거다. 사람들이 생활하던 곳에는 반드시 새들의 먹이가 흩어져 있기 때문에 새들이 그처럼 모여드는 것이다.

어두운 밤에 병사들이 서로 소리쳐 부르고 대답하여 신호를 교환하는 것은 그들의 마음속에 공포심이 가득 차 있기 때문이다. 불안이 없고 자신만만하다면 그들은 그처럼 소리치지 않는다.

적진이 소란하고 질서를 잃고 있다면 이것은 지휘하는 장수의 위엄이 없기 때문이다. 장수가 위엄이 있다면 사병들은 질서정연하게 태세를 갖추게 마련이다.

또 적군의 깃발이 정연하지 못하고 마구 움직이는 것은 그 대오가 혼란하여 질서가 결여되어 있다는 증거이다.

적군의 장교가 부하들에게 화를 내며 소리치는 것은 전투나 부하들에게 싫증이 나 있다는 증거다.

또 군대에서 무엇보다 소중한 말을 죽여 그 고기를 먹고 있다면 이것은 적군에게 식량이 부족하다는 증거다.

또 병사들이 취사도구나 밥그릇을 나뭇가지에 걸어 놓은 채로 자기들의 병사로 돌아갈 생각을 하지 않는 것은 그들이 궁지에 몰려 있기 때문에 이판사판의 결전을 결심하고 있는 것이라고 보아야 한다.

손자(孫子)는 인간의 심리 변화와 움직임에 따라 적군의 동향을 여러 각도에서 관찰하여 판단을 내리고 있다. 여기에 든 여러 가지 예는 비단 적군에게만 적용되는 것이 아니다. 아군 진영의 상태를 아는 데 참고가 되는 방법이기도 하다.

7. 자주 상을 주는 것은 군색하다

諄諄翕翕 徐與人言者 失衆也. 數賞者 窘也. 數罰者
순순흡흡 서여인언자 실중야   삭상자 군야   삭벌자
困也. 先暴而後畏其衆者 不精之至也.
곤야 선폭이후외기중자 주정지지야

"장수가 부하들에게 공손하고 은근하게 천천히 말하는 것은 병사들의
신망을 잃은 경우이고, 자주 상을 주는 것은 군색하기 때문이고, 자주 벌
을 주는 것은 피곤하기 때문이고, 먼저 난폭하고 뒤에는 자기 병사들을
두려워하는 것은 병법에 정통하지 못한 지극히 어리석음 때문이다."

【글자 뜻】諄:거듭 이를 순. 翕:합할 흡. 徐:천천할 서. 數:자주 삭, 두
어 수. 賞:상줄 상. 窘:군색할 군. 罰:벌할 벌. 困:곤할 곤. 暴:사나
울 폭. 畏:두려워할 외. 精:자세할 정, 깨끗할 정. 至:지극할 지, 이
를 지.
【말의 뜻】諄諄:거듭해서 온순하게 말하는 모양. 翕翕:다른 사람의 비위
를 맞춰 말하는 모양. 徐與人言:천천히 부하들과 말함. 失衆:부하들
의 신망을 잃음. 數賞者窘也:자주 부하들에게 상을 주는 것은 부하들
을 다루기가 어려워진 것. 數罰者困也:자주 부하들에게 벌을 주는 것
은 부하들을 다루기에 피곤한 것. 先暴而後畏其衆:먼저 난폭하게 굴
고 뒤에는 자기 부하들을 두려워함. 不精之至:병법에 정통하지 못한
지극히 어리석은 장수

【뜻 풀이】만일 장수가 부하들과 얘기할 때 되풀이해서 온순하게 말하고

부하들의 비위를 맞춰 얘기하는 것은 이미 부하들에게 신망을 잃었다는 증거다.

또 부하 병사들에게 상을 마구 주어 그들의 호감을 사려는 것은 부하들을 다루기가 힘들어졌기 때문이며, 부하들에게 함부로 벌을 주는 것은 부하들을 다루기에 피곤해 있기 때문이다.

또 처음에는 부하들을 엄격하고 사납게 다루어 놓고 나중에는 자기 부하 병사들을 두려워하는 것은 병법에 정통하지 못한 어리석은 장수인 것이다.

來委謝者 欲休息也. 兵怒而相迎 久而不合 又不相去
내 위 사 자　욕 휴 식 야　　병 노 이 상 영　구 이 불 합　우 불 상 거
必謹察之.
필 근 찰 지

"적군이 사자를 보내 인사하는 것은 휴식할 시간을 얻으려는 것이다. 군대가 노기를 띠고 서로 마주 대하여 오래도록 맞붙지도 않고 또 서로 물러서지도 않을 때에는 반드시 삼가 살펴봐야 한다."

【글자 뜻】委:맡길 위.　謝:사례할 사.　休:쉴 휴.　息:쉴 식.　怒:성낼 노.　迎:맞이할 영.　久:오랠 구.　謹:삼갈 근.　察:살필 찰.

【말의 뜻】委謝:사신을 보내어 인사함.　欲休息:휴식을 취하려 함.　兵怒而相迎:군대가 노기를 띠고 서로 마주 대함.　久而不合:시간이 오래되어도 싸우려 하지 않음.　不相去:서로 물러나지도 않음.　謹察之:삼가 살펴봐야 함.

【뜻 풀이】만일 적군이 사신을 보내어 인사를 한다면 이것은 휴식할 시간

을 얻기 위한 수단에 불과하다. 또 양군이 노기를 띠고 마주 대하고 있는데 시간이 오래 지나도록 덤벼들지도 않고 물러나지도 않는다면 거기에는 어떤 음모가 숨어 있는 것이니 반드시 잘 관찰하여 그 음모를 알아내야 한다.

8. 수가 많다고 유익한 것은 아니다

兵非益多也. 惟無武進 足以併力料敵 取人而已. 夫惟
병 비 익 다 야   유 무 무 진   족 이 병 력 료 적   취 인 이 이   부 유

無慮而易敵者 必擒於人.
무 려 이 이 적 자   필 금 어 인

"군대는 수가 많다고 유익한 것이 아니다. 오직 함부로 진격하지 않고,
전력을 합치고 적의 실정을 헤아림으로써 적을 취하면 족할 뿐이다. 대저
오직 계략도 없이 적을 가볍게 여기는 자는 반드시 적에게 사로잡힐 것이
다."

【글자 뜻】益:유익할 익. 惟:오직 유. 併:아우를 병. 料:헤아릴 료. 已:
뿐 이, 이미 이. 慮:생각 려. 易:쉬울 이. 擒:사로잡을 금.

【말의 뜻】非益多:수가 많은 것이 유익하지 아니함. 武進:마구 진격함.
併力:전력을 합침. 料敵:적의 정세를 판단함. 取人:적에게 승리함.
無慮而易敵:아무 전략도 없이 적을 가볍게 여김. 擒於人:적에게 사로
잡힘.

【뜻 풀이】군대에서 병사들의 수는 덮어놓고 많기만 하다고 좋은 것이 아
니다. 병사의 수가 너무 많으면 오히려 주체궂을 때도 있다. 오히려
무모한 진격을 피하고 전력을 하나로 집중시키고 정세를 파악하여 적
군에게 승리할 수 있는 병사의 수면 족한 것이다. 대저 아무 전략도
없이 무모하게 적을 경시한다면 오히려 적의 포로가 될 뿐이다.

"병졸이 아직 가까이 따르기도 전에 벌을 주면 복종하지 않게 되고, 복종하지 않으면 부리기 어렵게 된다. 병졸이 이미 가까이 따르는데도 벌을 행하지 않으면 부릴 수 없게 된다."

【글자 뜻】附:붙일 부. 服:복종할 복. 難:어려울 난. 已:이미 이.
【말의 뜻】卒未親附:병졸이 아직 가까이 따르지 않음. 不服:복종하지 않음. 難用:부리기 어려움. 卒已親附:병졸이 이미 가까이 따름. 罰不行:처벌을 행하지 않음. 不可用:부릴 수 없음.

【뜻 풀이】새로 들어온 병졸이 아직 군대 생활에 익숙해지기도 전에 엄벌주의로 나간다면 그 병졸은 명령에 복종하지 않게 되고, 명령에 복종하지 않으면 마음대로 부리기 어렵게 된다. 그런데 일단 군대 생활에 어느 정도 익숙해진 뒤에 잘못이 있어도 벌을 주지 않는다면 자기 마음대로 행동하게 되어 또한 마음대로 부릴 수 없게 된다는 것이다.

제(齊)나라 경공(景公) 때 진(晋)나라와 연(燕)나라의 연합군이 공격해 들어왔다. 이때 경공은 사마양저(司馬穰苴)를 제나라 군대의 총사령관으로 임명하여 연합군과 싸우게 했다. 그런데 왕의 총애를 받고 있던 신하 장가(莊賈)가 참모로 종군하게 되었다.
사마양저는 제경공에게 하직 인사를 한 후 장가와 상의하여,

"내일 정오에 군문에서 만나자."

하고 약속했다.

다음날 사마양저는 정오가 되자 군문으로 달려가 장가가 도착하기를 기다렸다. 그런데 약속한 정오가 되어도 장가의 모습은 나타나지 않았다. 그 무렵에 장가는 전송을 나온 친척 친지들과 어울려 송별주를 마시고 있었던 것이다. 시간이 지나자 사마양저는 영내로 들어가 부대를 사열하고 군령을 시달했다. 그러다 보니 거의 저녁때가 되었다. 그제야 장가가 급히 달려 들어오면서,

"이거 미안합니다. 실은 중신들과 친척들이 전송을 나와서 늦어졌습니다."

하고 말했다. 이 말을 들은 사마양저는,

"장수가 된 사람은 출진의 명령을 받은 그날부터는 몸과 집을 잊고 충성을 다해야 하오. 지금 제나라는 적군의 침략을 받아 일선에서는 병사들이 목숨을 걸고 싸우고 있으며, 임금께서도 침식을 잊고 걱정하고 계시오. 우리 나라 백성들의 운명이 당신의 두 어깨에 달려 있는 판국에 송별주를 마시느라고 늦었단 말이오?"

하고 말한 다음 군법관을 불러서 말했다.

"약속 시간에 늦은 자는 군법에 의하면 어떤 벌을 받아야 하는가?"

"네, 목을 베는 것으로 정해져 있습니다."

사마양저는 곧 장가의 목을 베고 그 뜻을 전군에 포고했다. 장수와 병사들은 그 엄격함에 모두 몸을 떨었다.

드디어 출정하게 되었다. 사마양저는 병사들의 숙사와 우물과 취사를 비롯하여 병든 병사들의 간호에 이르기까지 솔선해서 일했다. 그리고 총사령관의 봉록으로 병사들의 식량을 사들였다. 이렇게 하여 사흘이 지난 뒤 군대를 점검하니 병든 병사들까지 출전할 것을 희망

하여 사마양저는 용기백배해서 전투에 임했다. 진(晉)나라와 연(燕)나라의 연합군은 이 소식을 듣고 싸우지도 않고서 군대를 철수해버렸다고 한다.

故令之以文 齊之以武 是謂必取. 令素行以教其民 則
고 령 지 이 문   제 지 이 무   시 위 필 취   령 소 행 이 교 기 민   즉

民服. 令不素行以教其民 則民不服. 令素行者 與衆相
민 복   령 불 소 행 이 교 기 민   즉 민 불 복   령 소 행 자   여 중 상

得也.
득 야

"문덕(文德)으로써 명령하고 무위(武威)로써 정제해야 하거니와, 이것을 반드시 승리한다고 이르는 것이다.

법령이 본디부터 행하여져 이로써 그 백성을 가르치면 백성들이 복종하고, 법령이 본디부터 행하여지지 아니하고 이로써 그 백성을 가르치면 복종하지 않는다. 법령이 본디부터 행하여지는 것은 백성들과 더불어 서로 뜻이 맞음을 얻은 것이다."

【글자 뜻】 令:명령할 령. 齊:가지런할 제. 武:호반 무. 素:본디 소, 바탕소. 服:복종할 복, 옷 복.

【말의 뜻】 令之以文:덕과 예절로써 명령함. 齊之以武:무위로써 정제함. 必取:반드시 승리함. 令素行:나라의 법령이 평소에 잘 시행됨. 民服:백성들이 복종함. 與衆相得:임금과 백성들이 서로 뜻이 맞음.

【뜻 풀이】 군대의 질서가 잘 유지되려면 평소의 훈련이 중요하다. 그러므로 장수는 부하들에게 덕과 예절을 지키어 명령하고, 위엄과 군율로

써 태세를 바로잡아야 한다. 이와 같은 군대를 백전백승의 군대라고 말한다.

이와 같이 되려면 전쟁이 일어나기 전부터 임금은 백성들을 사랑하는 어진 정치를 베풀어 국가의 법령이 잘 지켜지도록 해야 한다. 그리고 백성들에게 부모에게 효도하고 나라에 충성하고 어른을 공경하는 교화를 베풀어야 한다. 그렇게 하면 전쟁이 일어났을 때 백성들은 국가의 명령에 복종하게 된다.

그렇지만 임금이 잔악무도하여 백성들을 사랑하지 않으면 자연히 국가의 법령은 잘 시행되지 않고 백성들에게도 올바른 교화가 베풀어지지 못하여, 전쟁이 일어나도 백성들은 국가의 명령에 복종하지 않게 되는 것이다.

그러므로 임금이 어진 정치를 베풀어 평소에 국가의 법령이 잘 시행되는 것을 임금과 백성들의 뜻이 서로 맞는다고 하는 것이다.

제10장
지형편
(地形篇)

　이 지형편(地形篇)에서는 적군과 싸울 때의 지형적인 판단을 전술적인 입장에서 말하고 있다.

　손자(孫子)는 지형을 다음의 여섯 가지로 나눈다.

　① 통형(通形) — 아군이 갈 수도 있고 적군이 올 수도 있는 지형.

　② 괘형(挂形) — 갈 수는 있고 돌아오기는 어려운 지형.

　③ 지형(支形) — 아군에게도 불리하고 적군에게도 불리한 지형.

　④ 애형(隘形) — 먼저 점령한 쪽이 유리한 지형.

　⑤ 험형(險形) — 먼저 높은 양지쪽을 점령하고 적군을 기다려야 하는 지형.

　⑥ 원형(遠形) — 세력이 비슷하면 싸워도 불리한 지형.

1. 여섯 가지 종류의 지형(地形)

孫子曰 地形有通者 有挂者 有支者 有隘者 有險者 有
손자왈 지형유통자 유괘자 유지자 유애자 유험자 유

遠者. 我可以往 彼可以來 曰通. 通形者 先居高陽 利
원자 아가이왕 피가이래 왈통 통형자 선거고양 이

糧道以戰則利.
량도이전즉리

손자(孫子)가 이렇게 말했다.

"지형에는 통형(通形)이 있고, 괘형(挂形)이 있고, 지형(支形)이 있고, 애형(隘形)이 있고, 험형(險形)이 있고, 원형(遠形)이 있다.

아군이 갈 수도 있고 적군이 올 수도 있는 지형을 통형(通形)이라고 말한다. 통형에 있어서는 먼저 높은 양지쪽에 진을 치고 식량의 보급로를 편리하게 하여 싸우면 유리하다."

【글자 뜻】挂:걸 괘. 支:버틸 지, 지탱할 지. 隘:좁을 애. 往:갈 왕.
【말의 뜻】我可以往:아군이 갈 수도 있음. 彼可以來:적군이 올 수도 있음. 通形:사방으로 통하여 있는 지형. 先居高陽:먼저 높은 양지를 점령함. 利糧道:식량의 보급로를 확보함.

【뜻 풀이】지형에는 여러 가지가 있지만 크게 나누면 통형과 괘형과 지형과 애형과 험형과 원형의 여섯 가지가 있다.

전투에 있어서는 우선 지형을 잘 관찰하여 지형의 이점을 살려야 한다. 그래서 맹자(孟子)도 "하늘이 주는 때는 지형의 이점을 살리는 것만 못하고, 지형의 이점을 살리는 것은 인화(人和)만 못하다."고 말하였다. 결국 인화단결이 첫째이고, 지형의 이점을 살리는 것이 둘째이고, 하늘이 주는 때는 셋째라는 말이다. 그러면 다음에서 각 지형의 이점을 살리는 방법을 검토해 보자.

첫째는 통형(通形)이니, 이는 아군이나 적군이나 마음대로 통행할 수 있는 곳으로 이런 지형에서는 아군이 먼저 남향의 고지를 점령하고 보급로를 확보해 놓으면 유리한 전투를 할 수 있다.

可以往 難以返 曰挂. 挂形者 敵無備 出而勝之. 敵若
가 이 왕 난 이 반 왈 괘　괘 형 자 적 무 비 출 이 승 지　적 약

有備 出而不勝 難以返 不利.
유 비 출 이 불 승 난 이 반 불 리

"갈 수는 있고 돌아오기는 어려운 지형을 괘형(挂形)이라고 말한다. 괘형에서는 적군의 방비가 없으면 출격하여 승리할 수 있다. 적군이 만일 방비가 있으면 출격하여도 승리하지 못하고 돌아오기 어려워 불리하다."

【글자 뜻】難:어려울 난.　返:돌아올 반.　備:갖출 비.

【말의 뜻】難以返:돌아오기 어려움.　敵無備:적에 방비가 없음.　出而勝之:출격하면 승리를 거둠.　出而不勝:출격해도 승리하지 못함.

【뜻 풀이】둘째는 괘형(挂形)이다. 괘형은 아군이 진격해 들어가기는 쉬우나 후퇴해서 나오기는 어려운 지형이다. 이런 지형에서는 적군이 방위 태세를 갖추기 전에 출격하여 승리를 거두어야 한다. 만일 적군이 방위 태세를 완전히 갖춘 뒤에는 진격해 들어가도 승리하지 못할 뿐 아니라 후퇴해서 돌아오기가 어렵기 때문에 불리한 싸움이 된다.

我出而不利 彼出而不利 曰支. 支形者 敵雖利我 我無
아 출 이 불 리 피 출 이 불 리 왈 지 지 형 자 적 수 리 아 아 무

出也. 引而去之 令敵半出而擊之 利.
출 야 인 이 거 지 영 적 반 출 이 격 지 리

"아군이 출격해도 불리하고 적군이 출격해도 불리한 곳을 지형(支形)
이라고 한다. 이와 같은 지형(支形)에서는 적이 비록 이익으로 유인해도
아군은 출격해서는 안 된다. 아군을 이끌고 그곳을 떠나서 적군으로 하여
금 반쯤 나오게 한 다음 공격하면 유리하다."

【글자 뜻】彼:저 피. 雖:비록 수. 引:끌 인.

【말의 뜻】我出而不利:아군이 출격해도 불리함. 敵雖利我:적군이 비록
아군을 이익으로 유인함. 我無出:아군이 출격해서는 안 됨. 引而去
之:아군을 이끌고 떠남. 令敵半出而擊之:적으로 하여금 반쯤 나오게
한 다음 공격함.

【뜻 풀이】셋째는 지형(支形)이다. 이런 지형에서는 아군이 먼저 출격해
도 불리하고 적군이 먼저 출격해도 불리하다. 아군과 적군이 모두 높
은 곳에 진을 치고 있는 사이에 좁은 평지가 있다든지 혹은 양군 사이
에 강이나 습지대가 있는 지형이 이에 해당된다 하겠다. 이와 같은 지
형에서는 아무리 적군이 이득을 보여 유인하더라도 절대로 출격해서
는 안 된다. 오히려 아군을 이끌고 그곳을 떠나는 체하여 적군이 반쯤
쫓아 나왔을 때 이를 반격하는 것이 유리하다는 말이다.

隘形者 我先居之 必盈之以待敵 若敵先居之 盈而勿
애 형 자 아 선 거 지 필 영 지 이 대 적 약 적 선 거 지 영 이 물
從 不盈而從之.
종 불 영 이 종 지

"애형(隘形)인 곳에서는 아군이 먼저 그곳을 점령하고 반드시 태세를
충실히 하여 적군을 기다려야 하거니와, 만일 적군이 먼저 그곳을 점령했
을 때 적군의 태세가 충실하면 따라가 싸우지 말고, 태세가 충실치 않으
면 따라가 싸워야 한다."

【글자 뜻】 盈:찰 영. 待:기다릴 대. 勿:말 물. 從:쫓을 종.
【말의 뜻】 我先居之:아군이 먼저 그곳을 점령함. 必盈之以待敵:반드시
    태세를 갖추고서 적군을 기다려야 함. 盈而勿從:적군의 태세가 갖추
    어져 있으면 따라가지 말아야 함. 不盈而從之:적군의 태세가 갖추어
    져 있지 않으면 따라가 공격해야 함.

【뜻 풀이】 넷째는 애형(隘形)이다. 이것은 입구가 좁은 지형으로 누구든
지 먼저 점령하는 편이 유리하다 하겠다. 사방이 높고 험한 산으로 둘
러싸여 있고 입구가 좁기 때문에 누구든지 먼저 점령하고서 입구의
단속만 잘하면 유리한 지형이다.
    그러므로 이런 지형에서는 아군이 먼저 점령하여 입구의 경비를 충
실히 하고서 적군이 오기를 기다리면 유리하다. 만일 적군이 먼저 점
령했을 경우에 입구의 경비 태세가 완전하면 상대하지 말고 입구의
경비 태세가 소홀하면 공격해 들어가도 된다는 말이다.

險形者 我先居之 必居高陽以待敵. 若敵先居之 引而
험 형 자 아 선 거 지 필 거 고 양 이 대 적　약 적 선 거 지　인 이
去之 勿從之.
거 지 물 종 지

　"험형(險形)에서는 아군이 먼저 그곳을 점령하여 반드시 높은 양지쪽
을 차지하고서 적군을 기다려야 한다. 만일 적군이 먼저 점령하였으면 아
군을 이끌고 떠나되 따라가 싸우지 말아야 한다."

【말의 뜻】 必居高陽以待敵:반드시 높은 양지쪽을 차지하고서 적군을 기
　　다려야 함. 　引而去之:아군을 이끌고 그곳을 떠남. 　勿從之:적군을 따
　　라가 싸우지 말아야 함.

【뜻 풀이】 지형이 험한 곳에서는 아군이 적군보다 먼저 점령하여 높고 양
　　지바른 곳에 진을 치고 적군이 공격해 오기를 기다려야 한다. 만일 적
　　군이 먼저 그곳을 점령하고 있다면 아군을 이끌고 후퇴하여야 하고
　　그곳을 공격할 생각은 하지 말아야 한다.

遠形者 勢均 難以挑戰 戰而不利. 凡此六者 地之道也
원 형 자 세 균 난 이 도 전 전 이 불 리　범 차 육 자 지 지 도 야
將之至任 不可不察也.
장 지 지 임 불 가 불 찰 야

　"원형(遠形)에 있어서는 세력이 비슷하면 싸움을 걸기가 어려우니 싸
워도 불리하게 된다.
　무릇 이 여섯 가지는 지형에 따라 싸우는 방법이니 장수의 지극한 임무

로서 가히 살피지 않을 수 없는 것이다."

【글자 뜻】 勢:형세 세. 均:고를 균. 挑:돋울 도. 至:지극할 지. 任:맡을
  임.

【말의 뜻】 勢均:아군과 적군의 세력이 비슷함. 難以挑戰:싸움을 걸기가
  어려움. 地之道:지형을 이용하여 싸우는 방법. 將之至任:장수의 지
  극한 임무.

【뜻 풀이】 적군이 먼 곳에 진을 치고 있을 경우에는 설사 아군의 병력이
  비슷하다 할지라도 적군을 공격한다는 것은 불리한 싸움이 되기 쉽
  다. 그 이유는 병사들이 먼 거리의 행군에 몸이 피로해지고 보급로가
  멀기 때문이다.
  이상에서 설명한 여섯 가지 항목은 지형에 따라 싸우는 방법의 원
  칙이다. 이것은 장수로서는 가장 중요한 임무이기 때문에 충분히 고
  려하여 완전한 이해가 있어야 한다.

2. 패배의 여섯 가지 상태

故兵有走者 有弛者 有陷者 有崩者 有亂者 有北者.
고 병 유 주 자 유 이 자 유 함 자 유 붕 자 유 난 자 유 배 자
凡此六者 非天地之災 將之過也.
범 차 육 자 비 천 지 지 재 장 지 과 야

"군대에는 달아나는 자가 있고, 해이한 자가 있고, 결함이 있는 자가
있고, 무너지는 자가 있고, 혼란한 자가 있고, 패배하는 자가 있다. 무릇
이 여섯 가지는 하늘과 땅의 재앙이 아니라 장수의 잘못인 것이다."

【글자 뜻】 走:달아날 주. 弛:해이할 이. 陷:빠질 함. 崩:무너질 붕. 北:
　　패배할 배, 북녘 북. 災:재앙 재. 過:허물 과, 지날 과.
【말의 뜻】 非天地之災:하늘의 기상이나 지형이 가져오는 재앙이 아님.
　　將之過也:장수의 잘못임.

【뜻 풀이】 앞에서는 지형의 이점을 이용하는 작전에 대하여 설명했지만
　　여기에서 든 여섯 가지(走·弛·陷·崩·亂·北)는 자연 현상이나 지
　　형에 의한 재앙이 아니다. 이것은 오직 장수가 잘못을 저질러 일어나
　　는 재앙인 것이다.

夫勢均 以一擊十 曰走. 卒强吏弱 曰弛. 吏强卒弱 曰
부 세 균 이 일 격 십 왈 주 　 졸 강 리 약 왈 이 　 리 강 졸 약 왈
陷.
함

"대저 아군과 적군의 세력은 대등한데도 하나로써 열을 공격하게 하는 것을 달아나는 군대라고 말한다. 병졸들은 강하고 장교들이 약한 것을 해이한 군대라고 말한다. 장교들은 강하고 병졸들이 약한 것을 결함이 있는 군대라고 말한다."

【글자 뜻】 勢:형세 세. 均:고를 균. 擊:칠 격. 吏:장교 리.

【말의 뜻】 勢均:아군과 적군의 병력이 대등함. 以一擊十:아군의 병사 하나로 적군의 병사 열을 공격하게 함. 卒强吏弱:병사들은 강한데 장교들이 약함. 吏强卒弱:장교들은 강한데 병사들이 약함.

【뜻 풀이】 여기에서는 장수가 범하는 여섯 가지 잘못 중에서 세 가지를 설명한 것이다.

첫째는 달아나는 군대로서 아군과 적군의 전력이 대등한데도 아군의 병사 한 사람이 적군의 병사 열 사람과 싸우게 하는 일이다. 1대 십의 싸움이라면 도저히 감당하지 못하여 도망가지 않을 수 없는 일이다.

둘째는 해이한 군대로서 병사들의 전력은 강한데 이를 지휘하는 장교들이 허약한 경우이다. 이렇게 되면 자연히 군대의 기강과 규율이 해이해져서 싸움을 제대로 할 수 없게 된다.

셋째는 결함이 있는 군대로서 앞의 경우와는 반대로 장교들은 강한데 병사들의 전력이 약한 경우이다. 전쟁에서는 일선에서 싸우는 병사들이 강해야 한다. 그렇지 못하다면 승리는 거두기 어렵다 하겠다.

大吏怒而不服 遇敵懟而自戰 將不知其能 曰崩.
대 리 노 이 불 복 우 적 대 이 자 전 장 부 지 기 능 왈 붕

"고급장교가 성내고 복종하지 아니하며, 적군을 만나면 원망하면서 마음대로 싸우고, 장수가 그의 능력을 모르는 것을 무너진 군대라고 말한다.

【글자 뜻】怒:성낼 노.　服:복종할 복, 옷 복.　遇:만날 우.　懟:원망할 대.
【말의 뜻】大吏:고급장교.　怒而不服:성내고서 장수에게 복종하지 않음.
　遇敵:적군을 만남.　懟而自戰:원망하면서 마음대로 싸움.　將不知其
　能:장수가 고급장교의 능력을 알지 못함.

【뜻 풀이】넷째는 무너지는 군대다. 장수의 아량이 적으면 고급장교는 불만을 품고 장수의 명령에 복종하지 않는다. 또 불만으로 인하여 적군을 만나면 자기 멋대로 싸운다. 장수 역시 고급장교의 능력을 인정하지 않는다. 즉 질서와 기강이 무너진 군대인 것이다.

將弱不嚴 敎道不明 吏卒無常 陳兵縱橫 曰亂.
장 약 불 엄 교 도 불 명 이 졸 무 상 진 병 종 횡 왈 란

"장수가 약하여 위엄이 없고 군사훈련의 방법이 명백하지 못하여 장교와 병사들이 일정한 규율이 없어 싸움에서 진을 치는 것도 세로와 가로 제멋대로인 것을 혼란한 군대라고 말한다."

【글자 뜻】 嚴:엄할 엄.   常:항상 상.   陳:진칠 진, 벌일 진.   縱:세로 종.
　　　橫:가로 횡.

【말의 뜻】 將弱不嚴:장수의 의지가 약하고 위엄이 없음.   敎道不明:군사
　　　훈련의 방법이 명백하지 못함.   陳兵縱橫:전투에서 진을 치는 것이 세
　　　로와 가로 제멋대로임.

【뜻 풀이】 다섯째는 혼란에 빠져 있는 군대다. 장수의 의지가 빈약하고
　　　위엄이 없으며 군사훈련의 방법 또한 철저하지 못하여 이에 따르는
　　　장교나 병사들에게 일정한 규율이 없어지고, 또 전투가 벌어져도 진
　　　을 치는 것이 세로로 혹은 가로로 일정한 대형을 갖추지 못하는 군대
　　　를 혼란에 빠진 군대라고 말한다.

> 將不能料敵 以少合衆 以弱擊强 兵無選鋒 曰北. 凡此
> 장 불 능 료 적 이 소 합 중 이 약 격 강 병 무 선 봉 왈 배　범 차
> 六者 敗之道也. 將之至任 不可不察也.
> 육 자 패 지 도 야　장 지 지 임 불 가 불 찰 야

　　"장수가 능히 적군의 정세를 헤아리지 못하여 적은 병력으로써 많은
적군과 맞붙어 싸우고, 약한 병력으로써 강한 적군을 공격하며, 가려서
뽑은 선봉대가 없는 것을 패배하는 군대라고 말한다.
　　무릇 이 여섯 가지는 패배하는 길이다. 장수의 지극한 임무이니 가히
살피지 않을 수 없는 일이다."

【글자 뜻】 料:헤아릴 료.   選:가릴 선.   鋒:날카로울 봉.   敗:패할 패.

【말의 뜻】 不能料敵:능히 적군의 정세를 헤아리지 못함.   以少合衆:적은
　　　아군으로써 많은 적군과 마주쳐 싸움.   以弱擊强:약한 아군으로써 강

한 적군을 공격함.   兵無選鋒:군대에 가려 뽑은 정예부대가 없음.   敗
之道:싸움에서 패배하는 길임.

【뜻 풀이】 여섯째로 든 것은 싸움에 패배하는 군대로서 만일 장수가 적군
의 실력을 정확하게 판단하는 능력이 없으면 아군의 적은 병력으로써
많은 적군과 마주하여 싸우게 하고, 아군의 약한 병력으로써 세력이
강한 적군을 무모하게 공격시킨다. 이와 같은 형편이므로 유력한 정
예부대를 뽑아 선두에 내세워 당당하게 싸울 생각은 감히 하지도 못
한다. 이리하여 아군은 강력한 적군에게 쫓기어 도망치게 되는 것이
다. 이것이 소위 패배하는 군대인 것이다.

  이상의 여섯 가지, 즉 주병(走兵)·이병(弛兵)·함병(陷兵)·붕병
(崩兵)·난병(亂兵)·배병(北兵)은 전투에서 패배하는 전형적인 것들
이다. 이를 알고 대처하는 것은 장수된 사람의 지극히 중요한 임무이
므로 마땅히 깊이 명심하여야 할 것이다.

  오자(吳子)는 그의 병법(兵書) 도국편(圖國篇)에서 다음과 같이 말
하고 있다.

  "네 가지 불화가 있으니, 나라에 불화가 있으면 군대를 출동시켜서
는 안 되고, 군대에 불화가 있으면 진에서 출병시켜서는 안 되고, 진
에 불화가 있으면 전투에 진격시켜서는 안 되고, 전투에 불화가 있으
면 승리를 거둘 수 없다."

3. 지형은 전쟁을 돕는다

夫地形者 兵之助也. 料敵制勝 計險阨遠近 上將之道
부지형자 병지조야 료적제승 계험액원근 상장지도
也. 知此而用戰者必勝 不知此而用戰者必敗.
야 지차이용전자필승 부지차이용전자필패

"대저 지형이라는 것은 전쟁을 도와주거니와, 적군의 정세를 헤아리고 승리를 제압하여 험하고 막히고 멀고 가까움을 헤아리는 것은 상장군의 도리이다. 이것을 알고 싸우는 사람은 반드시 승리하고, 이것을 알지 못하고 싸우는 사람은 반드시 패한다."

【글자 뜻】 助:도울 조. 制:지을 제. 阨:막힐 액.

【말의 뜻】 兵之助:전쟁을 도움. 制勝:승리를 제압함. 險阨:지형이 험하고 막힘. 上將:우두머리 장수. 知此而用戰:이것을 알고서 싸움.

【뜻 풀이】 지형은 결국 적군과 싸워 승리를 거두기 위한 유력한 보조적인 조건이다. 그러므로 적군의 동태를 충분히 알고서 승리할 방법을 세우고, 지형의 험하고 막힘과 멀고 가까움을 헤아려 여기에 맞추어 작전 계획을 세우는 것이 총사령관인 장수의 임무인 것이다.

이 지형에 대한 원리를 충분히 알고서 싸우는 장수는 틀림없이 승리를 거두고, 이 지형의 원리를 모르고서 싸우는 장수는 반드시 패배하게 된다.

故戰道必勝 主曰無戰 必戰可也. 戰道不勝 主曰必戰
고 전 도 필 승 주 왈 무 전 　필 전 가 야　　 전 도 불 승 　주 왈 필 전

無戰可也. 故進不求名 退不避罪 惟民是保 而利於主
무 전 가 야 　고 진 불 구 명 　퇴 불 피 죄 　유 민 시 보 　이 리 어 주

國之寶也.
국 지 보 야

　"전쟁의 원리로 보아 반드시 승리할 수 있으면 군주가 싸우지 말라고
말할지라도 기필코 싸워도 되고, 전쟁의 원리로 보아 승리할 수 없으면
군주가 반드시 싸우라고 말할지라도 싸우지 않아도 된다. 그러므로 진격
함에 명예를 구하지 않고, 후퇴함에 죄를 피하지 않으며, 오직 백성을 보
전하여 군주에게 이롭게 하는 것이 나라의 보배인 것이다."

【글자 뜻】求:구할 구. 退:물러갈 퇴. 避:피할 피. 罪:허물 죄. 惟:오직
　유. 保:보전할 보. 寶:보배 보.
【말의 뜻】戰道:전쟁의 원리. 主曰無戰:임금이 싸우지 말라고 말함. 必
　戰可也:반드시 싸워도 됨. 進不求名:진격하여 승리해도 명예를 구하
　지 않음. 退不避罪:후퇴하여 패배하더라도 죄를 피하지 않음. 惟民
　是保:오직 백성을 보전함. 利於主:임금에게 이롭게 함. 國之寶:나라
　의 보배.

【뜻 풀이】전쟁에 있어서 싸움터에 있는 장수가 반드시 승리할 수 있다
　고 판단이 서면 설사 국내에 있어서 싸움터의 실정을 잘 모르는 임금
　이 "싸우지 말라."고 명령하더라도 싸워야 하고, 이와는 반대로 승리
　할 전망이 전혀 없다고 판단될 때에는 임금이 "반드시 싸우라."고 명
　령하더라도 싸우지 말아야 한다. 이것이 진정으로 임금을 위하는 길

이다.

　장수는 군대를 진격시켜 승리를 거둘지라도 명예를 추구하지 말아야 하고, 싸움에서 패배할지라도 책임을 회피해서는 안 된다. 장수는 오직 장병들과 백성들의 생명과 재산을 보호함으로써 임금과 국가를 이롭게 하는 것을 첫째로 생각하기 때문에 국가의 보배라고 말할 수 있는 것이다.

4. 병사 보기를 어린아이처럼 하라

視卒如嬰兒. 故可與之赴深谿. 視卒如愛子. 故可與之
시졸여영아 고가여지부심계 시졸여애자 고가여지
俱死. 厚而不能使 愛而不能令 亂而不能治 譬如驕子
구사 후이불능사 애이불능령 란이불능치 비여교자
不可用也.
불가용야

"병사 보기를 어린아이와 같이 하라. 그러면 가히 더불어 깊은 계곡에
도 들어갈 수 있는 것이다. 병사 보기를 사랑하는 아들과 같이 하라. 그
러면 가히 더불어 죽을 수 있는 것이다. 후대하되 능히 부리지 못하고,
사랑하되 능히 명령하지 못하고, 혼란하되 능히 다스리지 못하면 비유컨
대 마치 교만한 아들과 같아서 가히 쓸 수 없게 된다."

【글자 뜻】視:볼 시. 嬰:어릴 영. 赴:다다를 부. 谿:골짜기 계. 俱:함께
구. 厚:후할 후. 使:부릴 사, 하여금 사. 譬:비유할 비. 驕:교만할 교.
【말의 뜻】視卒如嬰兒:병사 보기를 어린아이와 같이 하라. 可與之赴深
谿:장수가 병사와 함께 깊은 계곡에 나아갈 수 있음. 可與之俱死:장수
가 병사와 함께 죽음. 厚而不能使:병사를 후대하되 능히 부리지 못함.
愛而不能令:병사를 사랑하되 능히 명령하지 못함. 亂而不能治:혼란하
되 능히 다스리지 못함. 譬如驕子:비유컨대 마치 교만한 아들과 같음.

【뜻 풀이】장수가 자기의 병사들을 어린아이와 같이 사랑하기 때문에 병
사들은 깊고 험한 골짜기 속에도 함께 들어가는 것이다. 또 장수가 병
사들을 자기의 사랑하는 아들처럼 생각하기 때문에 병사들은 목숨을

바쳐 싸우는 것이다.

그렇지만 병사들을 지나치게 후대하면 부릴 수 없게 되고, 지나치게 사랑하면 명령을 해도 듣지 않고, 질서를 혼란시켜 놓아도 다스리지 못한다. 그것은 마치 버릇없고 교만한 아들과 같아서 결국 쓸모가 없게 된다.

손자(孫子)와 비슷한 병법을 쓴 오자(吳子)도 병사를 통솔하는 데 있어서는 많은 신경을 쓰고 있다. 위(魏)나라의 장군 시절에 오자(吳子)는 항상 병사들과 똑같은 옷을 입고 똑같은 음식을 먹고 잠도 병사들과 함께 자고 행군할 때에도 수레를 타지 않아 병사들과 똑같은 고생을 했다고 한다.

또 오자(吳子)에 대해서 다음과 같은 이야기도 전해지고 있다.

병사 한 사람이 종기가 나서 괴로움을 당하자 오자(吳子)는 그 병사의 종기를 입으로 빨아 낫게 했다. 그런데 병사의 어머니가 이 소식을 전해 듣고 몹시 울었다. 어떤 사람이 이상하게 생각하고,

"당신의 아들이 일개 졸병에 불과하지만 장군이 직접 고름을 빨아 종기를 낫게 해 주었는데 왜 울고 있소?"

하고 묻자 그 어머니가 이렇게 대답했다.

"그건 그렇지만 몇 해 전에 오(吳)장군께서는 그 아이 아버지의 종기도 빨아 주셨습니다. 그 뒤 그애 아버지는 싸움터에 나가서 장군님의 은혜에 보답하려고 끝까지 적과 싸우다가 전사했습니다. 그런데 이번에는 다시 자식의 종기를 빨아 주셨으니 그애도 목숨을 바쳐 싸울 것이 뻔합니다. 그래서 우는 것입니다."

이광(李廣)과 정불식(程不識)은 모두 한(漢)나라의 명장으로 흉노족과의 전쟁에서 크게 활약한 사람들이다. 그런데 부하를 통솔하는 방

법은 극히 대조적이었다.

이광은 왕에게 하사받은 돈을 고스란히 부하들에게 나누어 주고 음식도 항상 병사들과 똑같이 먹었다. 그래서 부하들은 마음으로부터 이광을 사모하여 어떤 명령에나 기꺼이 복종했다. 그렇지만 이광의 군대는 행군할 때에도 대오나 진형이 뒤죽박죽이었다. 풀밭에 나가면 병사들과 말을 쉬게 하여 자유 행동을 취하게 했다. 밤에도 엄격한 경계를 하지 않았다. 다만 척후병만은 멀리 세워 놓았기 때문에 적군의 습격을 받는 일은 없었다.

한편 정불식은 군대의 편성부터 대오나 진형에 이르기까지 일사불란하였고 밤에도 경계를 철저히 했다. 그래서 병사들은 숨을 돌릴 겨를조차 없었다. 정불식은 두 사람의 차이를 이렇게 평했다.

"이광은 군대의 기율이 지나치게 해이하여 불의의 습격이라도 받는다면 큰일이다. 그러나 병사들은 행동이 유유하고 이광을 위해서라면 기꺼이 목숨을 바칠 병사들뿐이다. 이에 비하여 나의 군대는 기율이 엄격하여 적군의 공격을 받아도 요지부동이다."

결국 이광의 방법과 정불식의 방법을 혼합하여 장단점을 보충하면 손자(孫子)의 방법에 가까워질 수 있을 것이다.

5. 적을 알고 나를 알면 승리한다

知吾卒之可以擊 而不知敵之不可擊 勝之半也. 知敵之
지오졸지가이격 이부지적지불가격 승지반야 지적지

可擊 而不知吾卒之不可以擊 勝之半也. 知敵之可擊
가격 이부지오졸지부가이격 승자반야 지적지가격

知吾卒之可以擊 而不知地形之不可以戰 勝之半也.
지오졸지가이격 이부지지형지불가이전 승지반야

"아군의 병사가 공격할 수 있음을 알지만 적군을 공격할 수 없음을 알지 못하면 승리는 반반이다.

적군을 공격할 수 있음을 알지만 아군의 병사가 공격할 수 없음을 알지 못하면 승리는 반반이다.

적군을 공격할 수 있음을 알고 아군의 병사가 공격할 수 있음을 알지만 지형을 보아 싸울 수 없음을 알지 못하면 승리는 반반이다."

【말의 뜻】吾卒:아군의 병사. 可以擊:공격할 수 있음. 敵之不可擊:적군을 공격할 수 없음. 勝之半也:승패는 반반임. 敵之可擊:적군을 공격할 수 있음. 不可以擊:공격할 수 없음. 地形之不可以戰:지형으로 보아 싸울 수 없음.

【뜻 풀이】아군의 전력이 적군을 격멸할 수 있는 실력이 있음을 알고 있을지라도 적군의 방위 태세가 잘 되어 있어서 공격할 수 없음을 모른다면 승리와 패배의 비율은 반반이다.

적군의 방위 태세가 불완전하여 능히 공격할 수 있음을 알고 있을지라도 아군의 전력이 공격할 수 없음을 모른다면 역시 승리와 패배의 비율은 반반이다.

또 적군의 방위 태세가 불완전하여 능히 공격할 여지가 있음을 알고 또 아군의 전력이 능히 공격할 수 있음을 알고 있을지라도 지형적으로 보아 도저히 싸울 곳이 못 됨을 모른다면 역시 승리와 패배의 비율은 반반밖에 되지 않는다.

故知兵者 動而不迷 擧而不窮. 故曰 知彼知己 勝乃不
고 지 병 자 동 이 불 미 거 이 불 궁   고 왈   지 피 지 기   승 내 불

殆 知天知地 勝乃可全.
태 지 천 지 지 승 내 가 전

"전쟁을 잘 아는 장수는 출동하되 미혹됨이 없고, 군사를 일으키되 궁지에 몰리지 않는다. 그러므로 말하기를 적을 알고 나를 알면 승리가 이에 위태롭지 않고, 하늘을 알고 땅을 알면 승리가 이에 완전할 수 있다고 하는 것이다."

【글자 뜻】迷:미혹할 미. 擧:들 거. 窮:막힐 궁, 다할 궁. 殆:위태할 태.
【말의 뜻】動而不迷:군대를 출동시켜도 미혹되지 않음. 擧而不窮:군사를 일으켜도 궁지에 빠지지 않음. 勝乃不殆:승리가 조금도 위태롭지 않음. 知天知地:하늘의 때를 알고 지형의 이점을 앎. 勝乃可全:승리가 이에 완전할 수 있음.

【뜻 풀이】전쟁에 대하여 잘 아는 장수는 군대를 출동시켜도 갈팡질팡하는 일이 없고 전쟁을 일으켜도 절대로 궁지에 몰리는 일이 없다.

그러므로 적군의 전력을 알고 아군의 전력을 알면 승리는 조금도 위태하지 않고, 하늘의 때와 지형의 이점을 알고 싸우는 사람은 항상

승리를 거둘 수 있는 것이다.

요컨대 전쟁을 잘하는 사람은 적군의 전력과 아군의 전력, 그리고 하늘의 때와 지형의 이점을 충분히 파악해야 하는 것이다.

제11장
구지편
(九地篇)

이 구지편(九地篇)에서는 아홉 가지 지형을 전술적인 입장에서 풀이하고
있다.

① 산지(散地) — 자기 나라 땅에서 싸우는 경우.

② 경지(輕地) — 적국에 깊이 들어가지 않은 곳.

③ 쟁지(爭地) — 피차간에 먼저 얻으면 유리한 지형.

④ 교지(交地) — 아군이 갈 수도 있고 적군이 올 수도 있는 지형.

⑤ 구지(衢地) — 외교적으로 해결해야 하는 지형.

⑥ 중지(重地) — 적국에 깊숙이 들어간 곳.

여기에 비지(挂地)·위지(圍地)·사지(死地)를 합치면 아홉 가지 지형이
된다.

손자(孫子)는 전쟁을 상산(常山)에 있는 뱀 솔연(率然)에 비유하여 말하고
있다. 그 머리를 치면 꼬리가 덤벼들고 그 꼬리를 치면 머리가 덤벼들며 그
중간을 치면 머리와 꼬리가 한꺼번에 덤벼든다고 한다.

1. 지형의 성격에 따라 싸우라

孫子曰 用兵之法 有散地 有輕地 有爭地 有交地 有衢
손 자 왈 용 병 지 법 유 산 지 유 경 지 유 쟁 지 유 교 지 유 구

地 有重地 有圮地 有圍地 有死地. 諸侯自戰其地者
지 유 중 지 유 비 지 유 위 지 유 사 지 제 후 자 전 기 지 자

爲散地 入人之地而不深者 爲輕地 我得亦利 彼得亦
위 산 지 입 인 지 지 이 부 심 자 위 경 지 아 득 역 리 피 득 역

利者 爲爭地.
리 자 위 쟁 지

손자(孫子)가 이렇게 말했다.

"용병하는 방법에는 산지(散地)가 있고, 경지(輕地)가 있고, 쟁지(爭地)
가 있고, 교지(交地)가 있고, 구지(衢地)가 있고, 중지(重地)가 있고, 비지
(圮地)가 있고, 위지(圍地)가 있고, 사지(死地)가 있다. 제후가 스스로 자
기 나라 땅에서 싸우는 것을 산지(散地)라 하고, 적의 땅에 들어가되 깊
지 않은 곳을 경지(輕地)라 하고, 아군이 얻으면 또한 유리하고 적군이
얻으면 또한 유리한 곳을 쟁지(爭地)라 한다."

【글자 뜻】散:흩어질 산. 輕:가벼울 경. 爭:다툴 쟁. 交:서로 교, 사귈
교. 衢:거리 구. 圮:무너질 비. 圍:두를 위. 深:깊을 심.

【말의 뜻】諸侯自戰其地:제후가 스스로 자기 영토 안에서 싸움. 入人之
地而不深:적의 영토에 들어갔으나 깊이 들어가지 않음. 我得亦利:아
군이 점령해도 유리함. 彼得亦利:적군이 점령해도 유리함.

【뜻 풀이】전쟁에 있어서는 우선 싸움터가 될 지역의 성격에 따라 싸워야

한다. 싸움터가 될 지역을 분류하면 산지(散地)·경지(輕地)·쟁지(爭地)·교지(交地)·구지(衢地)·중지（重地)·비지(圮地)·위지(圍地)·사지(死地) 등 아홉 가지 종류가 있다.

① 산지(散地)—자기 나라 영토 안에서 싸우며 그 싸움터가 되는 지역을 산지라 한다. 임금이 직접 전쟁에 나선다면 상당히 위급한 상황에 처하게 된 것이며, 한편 병사들은 자기 나라에서 싸우기 때문에 마음이 흐트러지기 쉬우므로 산지라고 한 것이다.

② 경지(輕地)—적국으로 공격해 들어갔다고는 하지만 아직 깊숙이 들어가지 못한 지역을 경지라고 한다. 국경선 가까운 곳이기 때문에 병사들은 고향 생각으로 마음이 동요하기 쉬운 곳이다.

③ 쟁지(爭地)—전략상 몹시 중요한 곳으로 아군이거나 적군이거나 먼저 점령하는 쪽이 승리할 수 있는 지역을 쟁지라고 한다. 이런 지역은 피차간에 먼저 점령하려고 필사적으로 싸우게 된다.

我可以往 彼可以來者 爲交地. 諸侯之地三屬 先至而
아 가 이 왕 피 가 이 래 자 위 교 지 제 후 지 지 삼 속 선 지 이
得天下之衆者 爲衢地. 入人之地深 背城邑多者 爲重
득 천 하 지 중 자 위 구 지 입 인 지 지 심 배 성 읍 다 자 위 중
地.
지

"아군이 갈 수도 있고 적군이 올 수도 있는 곳을 교지(交地)라 하고, 제후의 땅이 세 나라에 인접해 있어서 먼저 이르면 천하의 백성을 얻을 수 있는 곳을 구지(衢地)라 하고, 적의 영토에 깊숙이 들어가서 많은 성과 고을을 등지고 있는 곳을 중지(重地)라고 한다."

【글자 뜻】 屬:붙일 속. 至:이를 지. 深:깊을 심. 邑:고을 읍.

【말의 뜻】 我可以往:아군이 갈 수 있음. 彼可以來:적군이 올 수 있음.
三屬:세 나라에 인접해 있음. 入人之地深:적국의 땅에 깊이 들어감.
背城邑多:성과 고을을 함락시켜 많이 등지고 있음.

【뜻 풀이】 ④ 교지(交地)—아군이 공격해 갈 수도 있고 또 적군이 공격해
올 수도 있는 평지를 말한다. 이런 곳을 먼저 점령하면 방위 태세를
튼튼히 갖추어야 한다.

⑤ 구지(衢地)—적국과는 물론 제3국과도 인접해 있는 교통이 편리
한 요충지대로 이곳을 먼저 점령하면 천하의 백성을 얻을 수 있는 곳
을 말한다. 이런 곳을 점령하려면 제3국과의 외교 관계가 중요하다.

⑥ 중지(重地)—이것은 ②의 경지(輕地)에 대비되는 말로 아군이 적
국의 많은 성과 고을을 점령하여 이들을 배후에 두고 적국의 영토 깊
숙이 들어간 것을 말한다. 이렇게 되면 현지에서 식량과 물자를 조달
할 수 있어서 유리하다.

行山林險阻沮澤 凡難行之道者 爲圯地. 所由入者隘
행 산 림 험 조 저 택 범 난 행 지 도 자 위 비 지 　　소 유 입 자 애
所從歸者迂 彼寡可以擊吾之衆者 爲圍地. 疾戰則存
소 종 귀 자 우 　피 과 가 이 격 오 지 중 자 　위 위 지 　질 전 즉 존
不疾戰則亡者 爲死地.
부 질 전 즉 망 자 위 사 지

"높은 산과 빽빽한 숲속, 험난한 곳, 소택이 있는 곳 등 행군하기 어려
운 길을 비지(圯地)라 하고, 들어가는 곳은 좁고 돌아가는 길은 멀리 돌
아가야 하기 때문에 적군의 적은 병력으로 아군의 많은 병력을 공격할 수

있는 곳을 위지(圍地)라 하고, 빨리 싸우면 생존하고 빨리 싸우지 않으면
멸망하는 곳을 사지(死地)라고 한다."

【글자 뜻】阻:험할 조. 沮:물젖을 저. 澤:못 택. 由:말미암을 유. 隘:좁
　　을 애. 迂:돌아갈 우. 疾:빠를 질. 亡:망할 망.
【말의 뜻】沮澤:습지대와 소택지. 難行之道:행군하기 어려운 길. 圮地:
　　무너지는 지역. 所由入者隘:들어가는 길이 좁음. 所從歸者迂:돌아가
　　는 길은 멀리 돌아서 가야 함. 彼寡可以擊吾之衆者:적군의 적은 병력
　　으로 아군의 많은 병력을 칠 수 있음. 疾戰則存:빨리 싸우면 생존함.
　　不疾戰:빨리 싸우지 않음.

【뜻 풀이】⑦ 비지(圮地)—산이 높고 숲이 빽빽하며 지역이 험난하고 습
　　지대나 소택지여서 행군이 곤란한 길을 말한다. 가급적이면 이런 지
　　역은 통과하지 말고, 부득이 당하면 빨리 지나가야 한다.
　　　⑧ 위지(圍地)—적군에게 포위당하기 쉬운 지역이다. 움푹 들어간
　　분지가 이에 해당한다 하겠다. 들어가는 길은 좁고 돌아가려면 멀리
　　돌아서 가야 하므로 적군의 적은 병력으로도 능히 아군의 많은 병력
　　을 전멸시킬 수 있는 지역이다. 그러므로 가급적이면 이런 지역에는
　　들어가지 않는 것이 상책이다.
　　　⑨ 사지(死地)—죽음의 땅이라는 뜻이다. 이런 곳에서는 오직 용감
　　히 싸우는 길만이 있을 뿐이다. 그것도 빨리 싸워야 생존할 수 있으며
　　그렇지 않으면 전군이 전멸하게 된다.

是故散地則無戰 輕地則無止 爭地則無攻 交地則無絕
시 고 산 지 즉 무 전 경 지 즉 무 지 쟁 지 즉 무 공 교 지 즉 무 절

衢地則合交 重地則掠 圮地則行 圍地則謀 死地則戰.
구 지 즉 합 교 중 지 즉 략 비 지 즉 행 위 지 즉 모 사 지 즉 전

"이런 까닭에 산지(散地)에서는 싸우지 말아야 하고, 경지(輕地)에서는 멈추지 말아야 하며, 쟁지(爭地)에서는 공격하지 말아야 한다. 교지(交地)에서는 부대 간의 연락을 단절하지 않도록 하고, 구지(衢地)에서는 제3국과의 외교를 잘 맺어야 하며, 중지(重地)에서는 약탈을 강행해야 한다. 비지(圮地)에서는 빨리 행군해야 하고, 위지(圍地)에서는 계략을 써야 하며, 사지(死地)에서는 싸워야 한다."

【글자 뜻】止:그칠 지. 攻:칠 공. 絕:끊어질 절. 交:교섭할 교, 사귈 교. 掠:노략질할 략. 謀:꾀할 모.

【말의 뜻】散地則無戰:자기 영토 안에서는 싸우지 말라. 輕地則無止:적국의 국경선 근처의 영토에서는 주둔하지 말라. 爭地則無攻:평지에서 적군이 먼저 점령했을 때에는 공격하지 말라. 交地則無絕:서로 점령하기 좋은 곳에서는 부대 간의 연락을 단절시키지 말라. 衢地則合交:교통이 편리한 제3국과의 국경선에서는 외교를 잘해야 한다. 重地則掠:적국의 영토 깊숙이 공격해 들어갔을 때에는 식량과 물자를 현지에서 조달해야 한다. 圮地則行:지형이 험하거나 습지대 같은 곳은 빨리 통과해야 한다. 圍地則謀:사방이 둘러싸인 분지와 같은 곳에서는 계략을 써서 벗어나야 한다. 死地則戰:사지에서는 오직 싸워야 한다.

【뜻 풀이】이상의 아홉 가지 지역(九地)에 대한 전략은 다음과 같아야
한다.

　① 산지(散地)—자기 나라 영토 안에서는 전투를 피해야 한다.

　② 경지(輕地)—적국의 경계선 근처에서는 주둔하지 말고 공격해
들어가야 한다.

　③ 쟁지(爭池)—적군이 먼저 유리한 지점에 진치고 있으면 공격하
지 말아야 한다.

　④ 교지(交地)—서로 뺏을 수 있는 곳에서는 부대 간의 연락을 긴밀
히 해야 한다.

　⑤ 구지(衢地)—제3국과 인접한 교통이 편리한 요충지대라면 제3국
과의 외교관계를 잘 맺어야 한다.

　⑥ 중지(重地)—적국의 영토 깊숙이 들어간 곳에서는 식량과 물자
등을 현지에서 조달해야 한다.

　⑦ 비지(圮地)—지형이 험하거나 저습지대 같은 곳은 빨리 통과해
야 한다.

　⑧ 위지(圍地)—사방이 둘러싸인 분지와 같은 곳에서는 계략을 써
서 벗어나야 한다.

　⑨ 사지(死地)—아무런 전략이 있을 수 없다. 오직 용감히 싸우는
일만이 있을 뿐이다.

2. 유리하면 행동을 개시하라

所謂古之善用兵者 能使敵人 前後不相及 衆寡不相恃
소위고지선용병자 능사적인 전후불상급 중과불상시
貴賤不相救 上下不相收 卒離而不集 兵合而不齊 合
귀천불상구 상하불상수 졸리이부집 병합이부제 합
於利而動 不合於利而止.
어리이동 불합어리이지

　"소위 옛날에 용병을 잘하던 사람은 능히 적군으로 하여금 앞뒤가 서로 미치지 못하게 하였으며, 대부대와 소부대가 서로 믿지 못하게 하였으며, 장교와 병사가 서로 구원하지 못하게 하였으며, 상관과 하졸이 서로 수습하지 못하게 하였으며, 병사들이 흩어져 집합하지 못하게 하였으며, 병사들이 모이되 정제하지 못하게 하였다. 그리고 유리하면 움직이고 불리하면 중지하였다."

【글자 뜻】 使:하여금 사. 及:미칠 급. 恃:믿을 시. 賤:천할 천. 救:구원할 구. 收:거둘 수. 離:떠날 리. 集:모일 집. 齊:가지런할 제.
【말의 뜻】 前後不相及:전방의 부대와 후방의 부대 사이에 연락이 닿지 못하게 함. 衆寡不相恃:대부대와 소부대가 서로 원조하지 못하게 함. 貴賤不相救:장교와 병사들이 서로 구원하지 못하게 함. 上下不相收:상관과 하졸이 서로 수습하지 못하게 함. 卒離而不集:병사들을 분리시켜 집합하지 못하게 함. 兵合而不齊:병사들이 모여도 태세를 정비하지 못하게 함. 合於利而動:이익에 맞으면 움직임. 不合於利而止:이익에 맞지 않으면 중지함.

【뜻 풀이】 예로부터 전쟁을 잘하는 명장들은 대체로 다음과 같은 방법을 취했다. 즉 적군의 전방과 후방 사이에 연락을 취하지 못하게 하고, 대부대와 소부대가 각각 개별적으로 활동하게 함으로써 서로 원조를 못하게 하였으며, 장교들과 병사들의 협력 관계를 파괴함으로써 서로 구원하지 못하게 하고, 상관과 부하들의 의견을 일치하지 못하게 함으로써 서로 수습하지 못하게 하며, 병사들을 이산시킴으로써 집합하지 못하게 하고, 병사들이 모일지라도 완전한 태세를 갖추지 못하게 하였다.

또 전세가 유리해지면 군대를 움직여 싸우고, 전세가 불리하게 전개되면 자중하여 싸우지 않았다. 이것은 주로 교란전술이라 하겠다.

敢問. 敵衆整而將來 待之若何. 曰 先奪其所愛 則聽
감문 적중정이장래 대지약하 왈 선탈기소애 즉청
矣. 兵之情主速 乘人之不及 由不虞之道 攻其所不戒
의 병지정주속 승인지불급 유불우지도 공기소불계
也.
야

"감히 묻기를, 장차 적군의 병사들이 대열을 정비하고 공격해 오면 어떻게 대처해야 하는가? 나는 이렇게 대답하겠다. 먼저 적군의 사랑하는 바를 뺏으면 된다. 군대의 정세는 신속한 것이 으뜸이니, 적이 미치지 못하는 틈을 타고 생각지 못하는 길을 따라 적이 경계하지 않는 곳을 공격해야 한다."

【글자 뜻】 敢:구태여 감. 整:가지런할 정. 奪:뺏을 탈. 聽:들을 청. 速: 빠를 속. 乘:탈 승. 及:미칠 급. 由:말미암을 유. 虞:헤아릴 우. 戒:

경계할 계.

【말의 뜻】 敢問:감히 물음. 敵衆整而將來:적군의 병사들이 대열을 정비
하고 장차 공격해 옴. 待之若何:어떻게 대하여야 하는가? 先奪其所
愛:먼저 적이 가장 사랑하는 것을 빼앗음. 聽矣:생각대로 됨. 효과가
있음. 兵之情主速:군대의 정세는 신속한 것이 제일임. 乘人之不及:
적군의 미치지 못하는 틈을 탐. 由不虞之道:적이 생각지 못하는 길을
따름. 攻其所不戒:적이 경계하지 않는 곳을 공격함.

【뜻 풀이】 만일 누가 나에게 '적군의 병사가 태세를 정비하고서 바야흐
로 아군을 공격해 오려 한다면 이에 대하여 어떻게 대비해야 하는
가?' 하고 묻는다면 나는 다음과 같이 말할 것이다.

우선 적군의 관심이 가장 많은 소중한 것을 탈취하라. 그것이 무엇
인지는 경우에 따라 다르겠지만 예를 들면 적국의 군주나 가족, 또는
식량창고나 무기창고나 보급로 등 적군에게 가장 중요한 것을 공략하
면 반드시 효과가 있다. 전략적인 가치보다도 적군에게 정신적인 충
격을 줌으로써 적군을 심리적으로 동요하게 만드는 것이다. 적군에게
동요나 혼란이 일어나면 아군의 작전은 효과가 나타나게 된다.

전쟁에 있어서 군대의 움직임과 정세는 무엇보다도 신속한 것이 제
일이다. 만일 적군의 전력이 아직 미치지 못한 곳이 발견되면 즉시 적
군이 생각지 못하는 길을 통하여 적군이 경계하지 않고 있는 곳을 공
격해야 한다.

중국 삼국시대 초기에 당시 최대의 군벌이었던 원소(袁紹)와 신흥
세력인 조조(曹操)가 중국 북부에서 패권을 걸고 격돌한 것이 서기
200년에 있었던 '관도(官渡)의 싸움' 이었다.

이 싸움에서 원소의 군대는 십만 대군이고 조조의 군대는 일만이어서 병력으로 보면 원소가 압도적으로 유리했다. 사실 조조의 군대는 때때로 전술적인 승리는 거두었지만 계속 수세에 몰려 가까스로 전투를 유지해 가고 있는 형편이었다. 그런데 이때 투항한 병사 하나가 원소 측의 내막을 조조에게 말했다.

"원소군의 물자 보급 수레 일만여 대가 오소(烏巢) 근처에 집중되어 있는데 경계가 소홀합니다. 기습부대를 편성하여 그 수레들을 불태워 버린다면 사흘이 지나기 전에 적군을 격파할 수 있습니다."

이 말을 들은 조조는 몹시 기뻐하며 자신이 직접 보병과 기병을 합하여 오천의 병사를 이끌고 오소로 급히 달려갔다. 병사들은 모두 적군의 깃발을 꽂고 소리를 내지 않도록 입에 재갈을 물고는 손에 섶을 안고 밤을 틈타 샛길로 진군했다. 도중에 적병을 만났지만 "장군의 명을 받고 수비를 굳히기 위하여 가는 길이다."라고 대답하자 적군은 더 이상 추궁하려 하지 않았다.

이렇게 하여 오소로 들어간 조조는 우선 진영을 포위하고 일제히 불을 던져 적의 수비대를 대혼란에 빠지게 했다. 이윽고 먼동이 터왔다. 적군의 지휘관인 순우경(淳于瓊)은 적군의 병력이 적은 것을 알고 진영 밖으로 공격해 나왔다. 조조의 군대는 일제히 이를 공격했다.

한편 오소가 습격당했다는 소식은 곧 원소가 있는 본영으로 보고되었다. 그런데 참모들의 의견이 둘로 갈라졌다. 한편에서는,

"이 틈에 조조의 본영을 급습합시다. 본영이 함락되면 조조는 돌아갈 곳이 없어질 것이오."

하고 주장하는 반면 다른 한편에서는,

"아니오, 오소를 구원하는 것이 급하오. 오소가 무너지면 다음은 우리들의 차례요."

하고 양보하지 않았다. 결국 원소는 적은 병력을 오소의 구원병으로 보내고 주력부대를 조조의 본영을 공략하는 데 투입했다. 그러나 적군의 수비가 견고하여 함락시킬 수 없었다.

그 사이에도 오소에서는 격전이 계속되고 이윽고 원소의 구원부대가 몰려왔다. 이것을 본 조조의 부하가,

"뒤에서 적군이 몰려옵니다. 이제 그만 후퇴를 하도록 하시지요."

하고 말하자 조조는 얼굴을 붉히면서 꾸짖었다.

"염려할 것 없다. 그런 적군은 바로 뒤에까지 온 다음에도 늦지 않다."

이 말을 들은 병사들은 더욱 용감히 싸웠다. 이리하여 드디어 적진이 함락되고 순우경 등의 목을 벤 다음, 쌓여 있던 군량미와 무기 등을 다 불태웠다. 구원군은 조조군의 아수라장 같은 전투에 겁이 나서 감히 접근하려 하지 않았다.

수송부대를 잃은 원소의 군대는 곧 큰 혼란에 빠졌다. 이런 틈을 타 조조의 군대는 더욱 세차게 공격했다. 원소는 불과 팔백 명의 기병을 거느리고 본국으로 도망쳤다.

교란작전은 기습에서 시작된다. 기습이란 상대방의 급소를 찌르는 일이다. 이렇게 하여 상대방의 질서와 균형을 무너뜨리는 것이다.

3. 적의 영토 안에서의 작전

> 凡爲客之道 深入則專 主人不克. 掠於饒野 三軍足食
> 범위객지도 심입즉전 주인불극 략어요야 삼군족식
> 謹養而勿勞 併氣積力 運兵計謀 爲不可測 投之無所
> 근양이물로 병기적력 운병계모 위불가측 투지무소
> 往 死且不北.
> 왕 사차불배

"무릇 남의 나라에 침략해 들어간 군대는 깊이 들어가면 싸움에 오로지 하여 주인이 이기지 못한다. 풍요한 들판에서 약탈하면 3군의 식량이 풍족하니 삼가 휴양시켜서 수고롭게 하지 않으면 사기가 합쳐지고 힘이 쌓이거니와, 병사들을 움직이는 계략을 써서 적이 헤아리지 못하게 하고, 갈 곳이 없는 곳으로 몰아넣으면 죽더라도 또한 도망가지 않게 된다."

【글자 뜻】克:이길 극. 饒:넉넉할 요. 併:어우를 병. 積:쌓을 적. 計:계교 계. 謀:꾀 모. 測:헤아릴 측. 投:던질 투. 且:또 차. 北:도망할 배, 북녘 북.

【말의 뜻】爲客之道:적국 영토에 공격해 들어간 군대가 할 방법. 深入則專:적지에 깊이 들어가면 싸움에만 오로지 함. 主人不克:적군이 이기지 못함. 掠於饒野:넉넉한 들판에서 약탈함. 三軍足食:모든 군대의 식량이 넉넉함. 謹養而勿勞:삼가 휴양시키고 수고롭게 하지 않음. 併氣積力:사기가 합쳐지고 힘이 쌓임. 運兵計謀:병사들을 배치하여 계략을 세움. 爲不可測:적군이 예측하지 못하게 함. 投之無所往:갈 곳이 없는 데에 투입함. 死且不北:죽는 한이 있더라도 도망가지 않음.

【뜻 풀이】적국의 영토를 공격해 들어간 침략군이 싸우려면 우선 아군을 적지 깊숙이 이끌고 들어가야 한다. 그러면 아군의 병사들은 오직 단결하여 전투에만 전념하게 된다. 그렇게 되면 적군은 도저히 전투에서 아군을 이기지 못하게 되는 것이다.

한편 병사들의 식량은 적국의 농경지 내에서 조달하도록 하여 모든 병사들이 충분히 먹을 수 있도록 해야 한다. 그러면 본국에서 식량을 수송하기 위하여 많은 병력을 소모하지 않아도 되고 병사들을 쉬게 할 수 있다. 이렇게 하여 병사들의 단결을 도모하는 한편 전력을 축적해야 한다.

그런 다음 병사들을 적당한 전투 태세에 배치하고 면밀한 작전 계획을 세워 적군이 예측하지 못하는 허점을 찔러 병사들을 투입하면 병사들은 죽기를 한하고 싸울지언정 결코 도망갈 생각을 하지 않게 된다.

死焉不得士人盡力. 兵士甚陷則不懼 無所往則固 入
사언부득사인진력　　병사심함즉불구　무소왕즉고　입
深則拘 不得已則鬪. 是故其兵不修而戒 不求而得 不
심즉구　부득이즉투　　시고기병불수이계　불구이득　불
約而親 不令而信 禁祥去疑 至死無所之.
약이친　불령이신　금상거의　지사무소지

"죽게 된다면 어찌 병사들이 힘을 다하여 싸우지 않겠는가? 병사들이란 심한 위험에 빠지면 두려워하지 않고, 갈 곳이 없으면 단결이 굳어지고, 깊이 들어가면 투지가 일어나고, 부득이하면 싸우게 된다.

이런 까닭으로 그와 같은 군대는 수련하지 않아도 경계하고, 구하지 않아도 얻고, 단속하지 않아도 친하고, 명령하지 않아도 믿게 된다. 미신을 금하고 의심을 버리게 하면 죽음에 이르러도 갈 곳이 없게 된다."

【글자 뜻】焉:어찌 언, 어조사 언. 盡:다할 진. 甚:심할 심. 陷:빠질 함. 懼:두려워할 구. 拘:거리낄 구. 修:닦을 수. 約:단속할 약, 약속할 약. 禁:금할 금. 祥:조짐 상, 상서 상. 疑:의심할 의. 之:갈 지.

【말의 뜻】死焉不得士人盡力:죽음을 당하여 어찌 병사들이 힘을 다하여 싸우지 않겠는가? 甚陷則不懼:심한 위험에 빠지면 두려워하지 않음. 無所往則固:갈 곳이 없으면 단결이 굳어짐. 入深則拘:적지에 깊이 들어가면 행동이 구속되기 때문에 전투력이 생김. 不修而戒:수련하지 않아도 스스로 경계함. 不求而得:요구하지 않아도 따라와 줌. 不約而親:단속하지 않아도 서로 친해짐. 不令而信:명령하지 않아도 믿고 복종함. 禁祥:미신을 금함. 去疑:의심하는 마음을 제거함. 至死無所之:죽음에 이르러도 갈 곳이 없어 용감히 싸움.

【뜻 풀이】병사란 죽을 각오가 되어 있으면 용감히 싸우게 마련이다. 어차피 싸워도 죽고 도망가도 죽을 처지에 놓이게 되면 병사들은 강한 힘을 발휘하여 용전분투하게 되는 것이다. 원래 병사들이란 극심한 위험에 빠지게 되면 두려워하지 않고 싸우게 되고, 도망갈 곳이 없으면 의외로 단결이 견고해지고, 적지에 깊이 들어가면 행동의 자유가 없기 때문에 강력한 힘이 솟아나고, 부득이한 경우에는 용감히 전투하게 되는 것이다.

　그러므로 이와 같은 처지에 놓인 병사들은 잔소리를 하지 않아도 스스로 경계하게 되고, 특별히 요구하지 않더라도 장수의 생각대로 따라와 주고, 강제로 단속하지 않더라도 친근함이 생겨나고, 명령하지 않더라도 믿고 따라와 준다. 이러한 경우 길흉에 대한 미신과 의혹을 제거해 주면 병사들은 도망갈 곳이 없기 때문에 죽기를 한하고 싸우게 되는 것이다.

吾士無餘財 非惡貨也 無餘命 非惡壽也. 令發之日 士
오 사 무 여 재　비 오 화 야　무 여 명　비 오 수 야　　령 발 지 일　사
卒坐者涕霑襟 偃臥者涕交頤 投之無所住 諸劌之勇也.
졸 좌 자 체 점 금　언 와 자 체 교 이　투 지 무 소 왕　제 귀 지 용 야

"아군의 병사들이 남은 재물이 없는 것은 재물을 싫어해서가 아니고, 남은 목숨이 없는 것은 목숨을 싫어해서가 아니다. 전투 명령이 떨어진 날, 앉은 병사는 눈물이 옷깃을 적시고 누운 자는 눈물이 턱으로 엇갈려 흐르거니와, 그들을 갈 곳 없는 곳으로 투입하면 전저(專諸)나 조귀(曹劌)의 용맹이 되는 것이다."

【글자 뜻】 財:재물 재. 惡:싫어할 오, 악할 악. 貨:재물 화. 命:목숨 명. 壽:목숨 수. 涕:눈물 체. 霑:젖을 점. 襟:옷깃 금. 偃:누울 언. 臥: 누울 와. 頤:턱 이. 諸:땅이름 저, 모두 제. 劌:찌를 귀.

【말의 뜻】 無餘財:재물에 대한 욕심이 없어짐. 非惡貨:재물을 싫어해서가 아님. 無餘命:전투가 벌어져 남은 목숨이 없음. 非惡壽:수명을 싫어해서가 아님. 令發之日:전투 명령이 떨어진 날. 坐者涕霑襟:앉아 있는 자는 눈물이 옷깃을 적심. 偃臥者涕交頤:누워 있는 자는 눈물이 턱에서 교차됨. 投之無所往:갈 곳 없는 곳에 투입시킴. 諸劌之勇:전저(專諸)와 조귀(曹劌)의 용맹. 전저는 王子인 합려의 명을 받고 당시의 吳王 요(僚)를 암살한 용사로서 자기도 칼에 찔려 죽임을 당함. 조귀는 魯나라 사람으로 조말(曹沫)이라고도 하는데 노장공(魯莊公)을 도와 장수가 되었으나 齊나라와 싸워 모두 패하였다. 魯나라에

서는 영토를 齊나라에 떼어 주기로 하고 강화조약을 맺는데 그 조인식 자리에서 제환공(齊桓公)을 단도로 위협하여 魯나라의 영토를 다시 찾게 한 용감한 장수이다.

【뜻 풀이】 적국의 영토로 깊숙이 들어가 드디어 전투가 벌어지게 되면 아군의 병사들은 재물에 대한 욕망도 사라지게 되는데 그것은 재물을 싫어해서 그렇게 되는 것이 아니다. 또 전투가 벌어지면 남은 목숨이 없어지게 되는데 이는 그들이 목숨을 싫어해서가 아니라 그날 하루 목숨을 유지할 수 있을지 모르기 때문이다.

이렇게 모든 병사들이 다 재물에 대한 욕심이 없고 생사에 대하여도 태연한 영웅이냐 하면 그렇지는 않다. 최후의 전투 명령이 내리는 날에 병사들의 모습을 보면 앉아 있는 병사들은 눈물이 옷깃을 적시고 누워 있는 병사들은 두 줄기 흘러내린 눈물이 턱 근처에서 엇갈려 흐르는 것이다.

그렇지만 그들이 최후의 결전장에 임하게 되면 마치 저 오(吳)나라의 전저(專諸)나 노(魯)나라의 조귀(曹劌)와 같은 용맹으로 싸우게 되는 것이다.

삼국시대 조조(曹操)는 서기 198년에 남양(南陽)에 자리 잡고 있는 장수(張繡)의 토벌에 나서 양성(穰城)에서 이를 포위했다. 그러자 장수는 이웃 형주(荊州)에 웅거하고 있는 유표(劉表)에게 원군을 청하여 앞뒤에서 조조의 군대를 협공하는 태세를 만들어 대항했다.

고전에 빠진 조조는 부득이 철수할 것을 결심했지만 앞에서는 유표의 군대가 앞길을 가로막고 뒤에서는 장수의 군대의 추격을 받아 철수하기도 어려웠다. 그래도 조조는 마음의 동요를 조금도 보이지 않

앗다. 이때 조조는 진중에서 고향의 늙은 종에게 친서를 보내어,

"적군의 추격을 받아 어려움에 빠져 있지만 근심할 것은 없다. 반드시 격퇴시켜 보일 것이다."

하고 자신만만한 태도를 보여 주었다. 그러면 조조는 이 난국을 어떻게 타개했는가?

아군을 산속의 작은 길로 도망치게 하고 복병을 매복시켜 적군을 유인했던 것이다. 적군은 눈앞에 이득을 보자 온 군대로 하여금 공격하게 했다. 조조는 충분한 거리까지 적군을 유인한 다음, 병사들로 하여금 일제히 화살과 쇠뇌로 사격하게 했다. 혼란에 빠진 적군에게 이번에는 사방에서 복병들이 습격을 가했다. 이리하여 적군은 패주하고 조조는 도읍으로 무사히 귀환할 수 있었다. 도읍으로 돌아온 조조에게 늙은 종이,

"몹시 위험하셨군요. 용케 무사히 빠져 나오셨습니다."

하고 말하자 조조는,

"적군이 아군의 돌아오는 길을 막아 아군은 사지에서 싸우게 된 것이다. 그래서 나는 반드시 이길 것을 알고 있었지."

하고 대답했다고 한다. "병사들을 사지에 투입하면 사력을 다해서 싸운다."는 손자(孫子)의 말을 조조는 충분히 알고 실전에 활용했던 것이다.

4. 오월동주(吳越同舟)

> 故善用兵者 譬如率然. 率然者 常山之蛇也 擊其首則
> 고선용병자 비여솔연 솔연자 상산지사야 격기수즉
>
> 尾至 擊其尾則首至 擊其中則首尾俱至. 敢問 兵可使
> 미지 격기미즉수지 격기중즉수미구지 감문 병가사
>
> 如率然乎. 曰 可. 夫吳人與越人相惡也 當其同舟而濟
> 여솔연호 왈 가 부오인여월인상오야 당기동주이제
>
> 遇風 其相救也 如左右手.
> 우풍 기상구야 여좌우수

"용병을 잘하는 장수는 비유컨대 솔연(率然)과 같다. 솔연이란 상산(常山)의 뱀이니 그 머리를 치면 꼬리가 덤비고, 그 꼬리를 치면 머리가 덤비며, 그 중간을 치면 머리와 꼬리가 한꺼번에 덤빈다.

감히 묻거니와 군대를 솔연과 같이 부릴 수 있는가? 말하되 옳다. 대저 오(吳)나라 사람과 월(越)나라 사람은 서로 미워하지만 같은 배를 타고 건널 때 풍랑을 만나면 서로 구원함이 마치 왼손과 오른손 같다."

【글자 뜻】 譬:비유할 비. 率:거느릴 솔. 蛇:뱀 사. 首:머리 수. 尾:꼬리 미. 俱:함께 구. 惡:미워할 오, 악할 악. 舟:배 주. 濟:건널 제. 遇: 만날 우.

【말의 뜻】 譬如率然:비유하면 솔연과 같음. 솔연은 상산에 있는 큰 뱀. 常山:중국 5악의 하나인 항산(恒山). 擊其首則尾至:그 머리를 공격하면 꼬리가 대듦. 首尾俱至:머리와 꼬리가 한꺼번에 대듦. 吳人與越人相惡:吳나라 사람과 越나라 사람이 서로 미워함. 同舟而濟:같은 배를 타고 강을 건넘. 遇風:풍랑을 만남. 如左右手:왼손과 오른손처럼

서로 도움.

【뜻 풀이】 솔연이란 상산에 있다는 전설 속의 큰 뱀으로 행동이 몹시 민첩하여 사람들이 두려워했다고 한다.

전투를 잘하는 장수는 마치 상산에 있는 뱀 솔연처럼 작전을 편다. 솔연이라는 뱀은 머리를 치면 꼬리가 덤벼들고, 꼬리를 치면 머리가 덤벼들며, 그 중간을 치면 머리와 꼬리가 한꺼번에 덤벼든다고 한다.

그러면 군대를 움직이는 데에도 이 솔연과 같이 할 수 있는가? 물론 할 수 있다. 오나라 사람과 월나라 사람은 평소에는 원수지간으로 몹시 미워하지만, 일단 같은 배를 타고 강물을 건널 때 풍랑을 만나면 평소의 미움과 반감은 사라지고 마치 한 사람의 두 손과 같이 일치 협력하여 배가 뒤집히는 것을 막게 되는 것이다.

평소의 원수지간인 오나라 사람과 월나라 사람에게 있어서도 이러하거늘 하물며 같은 장수 밑에서 뜻을 같이하는 아군의 군대를 움직임에 있어서야 머리와 꼬리가 상응하여 능히 적군을 공격할 수 있는 것이다.

> 是故方馬埋輪 未足恃也. 齊勇若一 政之道也. 剛柔皆
> 시고방마매륜 미족시야　제용약일　정지도야　강유개
> 得 地之理也. 故善用兵者 携手若使一人 不得已也.
> 득 지지리야　고선용병자　휴수약사일인 부득이야

"이런 까닭으로 말들을 네모로 늘어놓고 수레바퀴를 묻을지라도 족히 믿을 것이 못 된다. 용맹을 가지런히 하여 하나같이 함이 군대를 다스리는 방법이고, 굳세게 공격하고 부드럽게 물러남을 깨닫는 것이 지형의 이치를 살리는 길이다.

그러므로 용병을 잘하는 장수가 손을 이끌되 한 사람을 부리는 것같이 함은 그렇게 아니할 수 없기 때문이다."

【글자 뜻】方:모 방.　埋:묻을 매.　輪:수레바퀴 륜.　恃:믿을 시.　剛:굳셀 강.　柔:부드러울 유.　携:이끌 휴.

【말의 뜻】方馬:병거를 사각형으로 늘어놓고 말고삐를 서로 연결시킴.　埋輪:수레바퀴를 땅에 묻어 마음대로 움직이지 못하게 함.　未足恃:족히 믿을 것이 못 됨.　齊勇若一:병사들의 용기를 가지런히 하여 하나같이 만듦.　政之道:군대를 다스리는 방법.　剛柔皆得:강하게 진격함과 부드럽게 후퇴함을 깨달아 앎.　地之理:지형의 이치를 살리는 길임.　携手若使一人:손을 이끌되 한 사람을 부리는 것같이 함.

【뜻 풀이】전투용 수레들을 사각형으로 늘어놓고 말고삐를 서로 연결하여 후퇴하지 못하게 하거나 수레바퀴를 땅속에 묻어 마음대로 움직일 수 없게 하는 강압적인 수단은 믿을 것이 못 된다. 싸움터에서는 용감한 병사는 달려 나가고 겁 많은 병사는 나가지 못하니 모든 병사들의 용기를 한결같이 정비하는 것이 군대를 다스리는 방법이다.

　한편 강하게 공격하고 부드럽게 후퇴하는 방법을 모두 터득하는 것이 지형의 이점을 살리는 길이다. 그러므로 전쟁에 밝은 장수는 모든 병력을 전진시키고 후퇴시킴에 있어 마치 한 병사를 움직이는 것과 같이 하는데 이것은 그렇게 하지 않을 수 없기 때문인 것이다.

5. 장군으로서 해야 할 일

將軍之事 靜以幽 正以治. 能愚士卒之耳目 使之無知
장 군 지 사 정 이 유 정 이 치   능 우 사 졸 지 이 목   사 지 무 지

易其事 革其謀 使人無識 易其居 迂其途 使人不得慮.
역 기 사 혁 기 모 사 인 무 식 역 기 거 우 기 도 사 인 부 득 려

"장군으로서 해야 할 일은 고요하면서 이로써 그윽해야 하고, 올바르
면서 이로써 다스려야 한다. 능히 사졸들의 귀와 눈을 어리석게 만들어
그들로 하여금 알지 못하게 하며, 일을 바꾸고 계략을 변경하되 병사들로
하여금 알지 못하게 하며, 진영을 바꾸고 길을 돌게 하되 병사들로 하여
금 짐작할 수 없게 해야 한다."

【글자 뜻】靜:고요할 정. 幽:그윽할 유. 愚:어리석을 우. 易:바꿀 역.
革:고칠 혁, 가죽 혁. 謀:꾀할 모. 識:알 식. 迂:돌아갈 우. 途:길
도. 慮:생각할 려.

【말의 뜻】將軍之事:장군이 해야 할 일. 靜以幽:침착하고 고요하면서도
그윽하여 알지 못하게 함. 正以治:기율이 엄정하면서도 질서 있게 다
스림. 能愚士卒之耳目:능히 병사들의 귀와 눈을 어리석게 만듦. 使
之無知:병사들이 알지 못하게 함. 易其事:한 번 한 일은 되풀이하지
않도록 바꿈. 革其謀:한 번 사용한 계략을 바꿈. 易其居:장수가 있는
곳을 바꿈. 迂其途:행군하는 길을 돌아서 감. 使人不得慮:병사들로
하여금 짐작하지 못하게 함.

【뜻 풀이】장수가 힘써서 해야 할 일은 다음과 같다. 즉 침착하고 안정되

어 있으면서도 그윽한 데가 있어 알 수 없게 만들고, 기율이 엄정하면서도 태세가 다스려져야 한다. 병사들의 귀와 눈을 어리석게 만들어 군사기밀 등을 알지 못하게 해야 한다.

그리고 한 번 사용한 일은 되도록 되풀이하지 않도록 하고, 전에 사용한 전략은 다시 쓰지 않도록 바꾸어 사람들이 그 내막을 알지 못하게 해야 한다. 그러기 위하여 장수가 있는 장소를 바꾸고 진군하는 길을 멀리 돌아가 병사들이 그 사실을 짐작할 수 없게 만들어야 한다.

帥與之期 若登高而去其梯. 帥與之深入諸侯之地 而
수 여 지 기   약 등 고 이 거 기 제   수 여 지 심 입 제 후 지 지   이
發其機 焚舟破釜 若驅群羊 驅而往 驅而來 莫知所之.
발 기 기   분 주 파 부   약 구 군 양   구 이 왕   구 이 래   막 지 소 지
聚三軍之衆 投之於險 此將軍之事也. 九地之變 屈伸
취 삼 군 지 중   투 지 어 험   차 장 군 지 사 야   구 지 지 변   굴 신
之利 人情之理 不可不察也.
지 리   인 정 지 리   불 가 불 찰 야

"장수가 병사들과 더불어 기약할 때에는 마치 높은 곳에 올라가게 하고서 그 사다리를 치우는 것처럼 해야 한다.

장수가 병사들과 더불어 제후의 영토에 깊숙이 들어가면 쇠뇌를 쏘듯이 민첩하게 행동하고, 배를 불태우고 솥을 부수어 결사를 각오하며, 마치 양떼를 모는 것같이 몰아가고, 병사들을 몰아오되 가는 곳을 알지 못하게 한다.

3군의 병사들을 모아 위험한 곳으로 투입하는 것, 이것이 장군의 할 일이다. 아홉 가지 지형의 변화와, 굽히어 후퇴하고 펴서 공격하는 이익과, 병사들의 감정의 이치를 잘 살피지 않으면 안 된다."

【글자 뜻】 帥:장수 수. 期:기약할 기. 登:오를 등. 梯:사다리 제. 驅:몰
구. 聚:모을 취. 屈:굽힐 굴. 伸:펼 신. 察:살필 찰.

【말의 뜻】 帥與之期:장수가 병사들과 더불어 기약함. 登高而去其梯:높은
곳에 오르게 하고서 그 사다리를 치움. 諸侯之也:적국의 땅. 發其機:
쇠뇌의 방아쇠를 당겨 쏨. 焚舟破釜:배를 불태우고 솥을 부숨. 若驅
群羊:마치 양떼를 모는 것 같음. 莫知所之:가는 곳을 알지 못함. 投
之於險:위험한 곳에 투입함. 九地之變:아홉 가지 지형의 변화. 屈伸
之利:굽히어 후퇴함과 펴서 공격하는 것의 유리함. 人情之理:병사들
의 감정의 이치.

【뜻 풀이】 장수가 자기 병사들을 적군과 결전시킬 때에는 마치 병사들을
높은 곳에 오르게 한 다음 사다리를 치워버리듯이 해야 한다. 또 장수
가 병사들을 거느리고 적국의 땅 깊숙이 들어가면 쇠뇌를 쏘듯이 민
첩하게 행동하고, 배를 불태우고 솥을 부수어 결사의 의지를 다지며,
마치 양떼를 몰고 다니듯 몰아가고 몰아오기도 하지만 병사들은 자기
들이 가는 곳을 알지 못하게 해야 한다.

　또 장수는 온 군대의 병사들을 모아 위험한 싸움터로 몰아넣어야
하는데 이것이 장수의 할 일인 것이다. 아홉 가지 지형의 변화에 따라
전략을 세우고, 부드럽게 후퇴하는 것과 강경하게 공격하는 것 중 어
떤 것이 유리한가를 살펴야 하고, 또 병사들의 감정의 변화를 잘 살펴
서 행동을 일으켜야 한다.

　손자(孫子)는 여기에서 다시 "병사들로 하여금 사력을 다해서 싸우
도록 하기 위해서는 병사들을 사지로 몰아넣어야 한다."고 강조하고
있다.

6. 상황에 따라서 싸워라

凡爲客之道 深則專 淺則散. 去國越境而師者 絕地也
범 위 객 지 도 심 즉 전 천 즉 산   거 국 월 경 이 사 자 절 지 야

四達者 衢地也 入深者 重地也 入淺者 輕地也 背固前
사 달 자 구 지 야 입 심 자 중 지 야 입 천 자 경 지 야 배 고 전

隘者 圍地也 無所往者 死地也.
애 자 위 지 야 무 소 왕 자 사 지 야

"무릇 적국을 침략한 군대는 깊이 들어가면 싸움에 전념하고, 얕게 들어가면 단결이 흩어진다. 나라를 떠나 국경을 넘어 들어가서 싸우는 것은 절지(絕地)이고, 사방으로 통하는 곳은 구지(衢地)이고, 적지에 깊이 들어간 것은 중지(重地)이고, 얕게 들어간 것은 경지(輕地)이고, 견고한 지형을 등지고 앞이 좁은 것은 위지(圍地)이고, 갈 곳이 없는 것은 사지(死地)이다."

【글자 뜻】專:오로지 할 전. 越:넘을 월. 境:경계 경. 師:군사 사, 스승
  사. 達:달할 달. 固:굳을 고. 隘:좁을 애.
【말의 뜻】深則專:적지에 깊이 들어가면 병사들의 마음이 싸움에만 오로
  지 함. 去國越境而師:자기 나라를 떠나 국경을 넘어 적지로 들어가서
  전투함. 四達:교통이 편리하여 사방으로 통함. 背固前隘:견고한 지
  형을 등지고 앞이 좁음.

【뜻 풀이】여기에 나오는 지형들에 대해서는 앞의 구지(九地)에 자세히
  설명되어 있으므로 해설은 생략하기로 한다.

是故散地 吾將一其志 輕地 吾將使之屬 爭地 吾將趨
시 고 산 지 오 장 일 기 지 경 지 오 장 사 지 촉 쟁 지 오 장 추

其後 交地 吾將謹其守 衢地 吾將固其結 重地 吾將繼
기 후 교 지 오 장 근 기 수 구 지 오 장 고 기 결 중 지 오 장 계

其食 圮地 吾將進其途 圍地 吾將塞其闕 死地 吾將示
기 식 비 지 오 장 진 기 도 위 지 오 장 색 기 궐 사 지 오 장 시

之以不活. 故兵之情 圍則禦 不得已則鬪 過則從.
지 이 불 활 고 병 지 정 위 즉 어 부 득 이 즉 투 과 즉 종

"이런 까닭으로 산지(散地)에서는 장차 병사들의 뜻을 하나로 단결시
키고, 경지(輕地)에서는 병사들을 밀집시키고, 쟁지(爭地)에서는 적의 배
후로 달려가 공격하게 하고, 교지(交地)에서는 수비를 신중히 하고, 구지
(衢地)에서는 외교관계의 결속을 굳게 하고, 중지(重地)에서는 아군의 식
량을 계속 확보하고, 비지(圮地)에서는 아군을 빨리 진군시키고, 위지(圍
地)에서는 아군의 탈출구를 막을 것이고, 사지(死地)에서는 죽을 각오로
싸우기를 지시할 것이다.

그러므로 병사들의 심리는 포위당하면 방어하고, 부득이하면 싸우고,
위험이 지나치면 명령에 복종한다."

【글자 뜻】 吾:나 오. 將:장차 장, 장수 장. 志:뜻 지. 屬:모을 촉. 붙일
속. 趨:달릴 추. 結:맺을 결. 繼:이을 계. 塞:막을 색. 闕:빌 궐, 대
궐 궐. 示:보일 시. 活:살 활. 禦:막을 어. 鬪:싸울 투. 過:지날 과,
허물 과. 從:쫓을 종.

【말의 뜻】 一其志:병사들의 뜻을 하나로 단결시킴. 使之屬:병사들로 하
여금 집결시켜 긴밀한 연락을 취하게 함. 趨其後:적의 배후로 달려가
공격하게 함. 謹其守:아군의 수비를 삼가 견고히 함. 固其結:제3국
과의 외교 관계를 견고히 함. 繼其食:식량을 현지에서 계속 공급하여

넉넉하게 함. 進其途:병사들이 길을 빨리 지나가게 함. 塞其闕:적이 비워 놓은 길을 막아 용감히 싸우게 함. 示之以不活:죽음으로써 용감히 싸우도록 지시함. 兵之情:병사들의 심정. 圍則禦:포위당하면 대항하여 방어함. 不得已則鬪:어쩔 수 없게 되면 용감히 싸움. 過則從: 위험이 지나치면 상관의 명령에 복종함.

【뜻 풀이】 아홉 가지 지형에서 싸울 때는 어떻게 대처해야 하는가?

① 산지(散地)에서 싸울 때—자기 나라 영토 안에서 싸울 때에는 병사들의 마음을 하나로 굳게 단결시켜야 한다.

② 경지(輕地)에서 싸울 때—적국의 영토 국경선 근처에서 싸울 때는 각 부대 사이의 연락을 밀접하게 하여 흩어지지 않게 한다.

③ 쟁지(爭地)에서 싸울 때—먼저 점령하게 되면 유리한 지형에서 싸울 때는 적의 배후로 급히 달려가 공격한다.

④ 교지(交地)에서 싸울 때—서로 공격할 수 있는 평지에서는 자중하여 수비를 견고하게 한다.

⑤ 구지(衢地)에서 싸울 때—제3국과의 동맹 관계를 튼튼하게 한다.

⑥ 중지(重地)에서 싸울 때—적국의 영토 깊숙이 들어갔을 때에는 우선 식량을 현지 조달하여 병사들의 사기를 돋우어야 한다.

⑦ 비지(圮地)에서 싸울 때—병사들을 신속하게 통과하도록 한다.

⑧ 위지(圍地)에서 싸울 때—적군이 틔어 놓은 길로 나가면 전멸당하므로 그 도망갈 길을 막아 병사들로 하여금 결사적인 각오로 전투에 임하게 한다.

⑨ 사지(死地)에서 싸울 때—용감하게 싸우는 것 말고는 살아날 길이 없기 때문에 모든 병사들에게 목숨을 걸고 싸우게 한다.

원래 병사들의 심리는 적군에게 포위를 당하면 용감히 방어하고,

어쩔 수 없는 처지에 놓이면 필사적으로 싸우고, 지나치게 위험을 느끼는 경우에는 상관의 명령에 복종하게 마련인 것이다.

7. 죽을 고비를 넘겨야 산다

是故 不知諸侯之謀者 不能預交 不知山林險阻沮澤之
시고 부지제후지모자 불능예교 부지산림험조저택지
形者 不能行軍 不用鄕導者 不能得地利. 四五者 不知
형자 불능행군 불용향도자 불능득지리 사오자 부지
一 非霸王之兵也.
일 비패왕지병야

"이런 까닭으로 이웃 제후들의 계략을 알지 못하는 사람은 능히 미리
외교를 맺지 못하고, 산림과 험난한 곳과 저습지대의 지형을 알지 못하는
사람은 능히 군대를 진행시키지 못하고, 그 고장의 길 안내인을 활용하지
않는 사람은 능히 지형의 이득을 얻지 못한다. 아홉 가지 지형 중에서 한
가지라도 모른다면 이는 패왕(霸王)의 군대가 아닌 것이다."

【글자 뜻】謀:꾀 모. 預:미리 예. 阻:험할 조. 沮:물젖을 저. 鄕:시골
향. 導:인도할 도. 霸:으뜸 패.

【말의 뜻】諸侯之謀:이웃 나라 제후들의 계략. 預交:자기 나라에 유리하
도록 미리 외교를 수립함. 鄕導:그 고장의 길 안내인. 四五:합치면
아홉이 된다. 즉 九地를 가리킴. 霸王:천하를 제패하는 임금.

【뜻 풀이】이웃 나라 제후들의 계략을 깨닫지 못하는 사람은 사전에 자기
나라에 유리하도록 외교 관계를 수립하지 못한다. 또 산과 숲과 험한
곳과 저습지대 등에 관한 지형을 파악하지 못하고 있는 장수는 자기
군대를 마음대로 행군시키지 못한다. 또 그 고장의 현지인을 길 안내
인으로 활용하지 않는 사람은 지형의 이점을 충분히 살리지 못한다.

아홉 가지 지형 중 단 한 가지라도 모른다면 이는 벌써 천하를 제압하는 패왕의 군대라고는 말할 수 없다.

夫覇王之兵 伐大國 則其衆不得聚 威加於敵 則其交
부 패 왕 지 병 벌 대 국 즉 기 중 부 득 취 위 가 어 적 즉 기 교
不得合. 是故 不爭天下之交 不養天下之權 信己之私
부 득 합 시 고 부 쟁 천 하 지 교 불 양 천 하 지 권 신 기 지 사
威加於敵. 故其城可拔 其國可墮.
위 가 어 적 고 기 성 가 발 기 국 가 타

"대저 패왕의 군대는 큰 나라를 정벌하면 적의 군사들이 모여들지 못하고, 적에게 위압을 가하면 그 나라와 외교는 맺을 수 없게 된다. 이런 까닭으로 천하의 외교를 다투지 않고, 천하의 권력을 기르지 않고, 자기의 사사로운 힘을 펴서 적에게 위압을 가하는 것이다. 그러므로 적의 성을 함락할 수 있고 적의 나라를 격파할 수 있는 것이다."

【글자 뜻】 伐:칠 벌. 聚:모을 취. 威:위엄 위. 養:기를 양. 信:펼 신, 믿을 신. 拔:뺄 발. 墮:떨어질 타.

【말의 뜻】 伐大國:큰 나라를 정벌함. 其衆不得聚:적의 병사들이 모여들지 못함. 威加於敵:적군에게 위압을 가함. 其交不得合:적국의 외교가 힘을 합치지 못함. 不爭天下之交:천하의 외교를 다투지 않음. 不養天下之權:천하의 권력을 기르지 않음. 信己之私:자기 나라의 힘을 단독적으로 폄. 其城可拔:적의 성을 함락시킬 수 있음. 其國可墮:적국을 격파할 수 있음.

【뜻 풀이】 천하의 세력을 장악한 패왕의 군대가 일단 큰 나라를 정벌하면

그 강력함에 위압되어 적국의 민심은 하나로 통일되지 못하고, 그 위력을 적국에게 가함으로써 그 나라와 평소에 친교를 맺고 있던 나라들도 감히 원군을 보내어 공격하지 못하게 된다.

그러므로 패왕의 실력을 가진 나라는 다른 나라들이 협력해 주기 때문에 다른 나라의 협력을 얻기 위하여 외교적인 교섭을 하려 하지 않고, 천하의 권세가 저절로 생기기 때문에 굳이 강국의 세력을 증강하려 하지도 않는다.

오직 자기 나라의 힘을 길러 국위를 선양하려 하며, 한편 적국에 위압을 가하여 전의를 상실하게 하기 때문에 능히 적군의 성을 함락시키고 적국을 쉽게 정복할 수 있는 것이다.

施無法之賞 縣無政之令 犯三軍之衆 若使一人. 犯之
시 무 법 지 상 현 무 정 지 령 범 삼 군 지 중 약 사 일 인 범 지
以事 勿告以言 犯之以利 勿告以害.
이 사 물 고 이 언 범 지 이 리 물 고 이 해

"법에 없는 상을 베풀고 정사에 없는 벌을 내리면 3군의 병사 움직이기를 마치 한 사람을 부리듯 할 수 있다. 병사들 움직이기를 일로써 하고 말로써 고하지 말아야 하며, 이익으로써 움직이고 해로움으로써 고하지 말아야 한다."

【글자 뜻】施:베풀 시. 賞:상줄 상. 縣:달 현. 犯:움직일 범, 침범할 범.
若:같을 약. 使:부릴 사.

【말의 뜻】無法之賞:법규에 없는 상. 無政之令:규정에 없는 엄격한 처벌. 犯三軍之衆:3군의 병사를 움직임. 犯之以事:임무로써 행동시킴.
勿告以言:말이나 설명으로 알리지 말라. 犯之以利:이익으로써 움직

임. 勿告以害:불리한 것을 알리지 말라.

【뜻 풀이】 이것은 전쟁터에서 장수가 병사들을 부리는 방법이다.

전쟁터에서는 평소의 규정이 통용되지 않는다. 경우에 따라서는 병사들에게 규정에 없는 상을 내려 주고, 또 규정에 없는 엄격한 벌을 내려야 모든 병사들을 마치 한 사람처럼 움직일 수 있는 것이다.

전쟁터에서는 모든 일이 이론으로만 통하지 않는다. 오직 행위만이 있을 뿐이다. 설명이나 교훈 같은 것으로는 통하지 않는다. 행동이 곧 말인 것이다. 또 병사들에게는 전투의 유리한 점만을 말하면 된다. 손실이나 해로운 정보는 병사들에게 알리지 말아야 한다.

投之亡地然後存 陷之死地然後生. 夫衆陷於害然後
투 지 망 지 연 후 존   함 지 사 지 연 후 생   부 중 함 어 해 연 후
能爲勝敗.
능 위 승 패

"병사들은 멸망할 처지에 투입한 연후에 존재하게 되고, 사지(死地)에 빠뜨린 연후에 살아남게 된다. 대저 병사들은 해로운 처지에 빠진 연후에야 능히 승리를 결정하게 되는 것이다."

【글자 뜻】 投:던질 투. 亡:망할 망. 陷:빠질 함. 敗:패할 패.
【말의 뜻】 投之亡地:멸망할 처지에 투입함. 陷之死地:사지에 빠지게 함.
能爲勝敗:능히 승패를 걸고 싸움.

【뜻 풀이】 병사들은 멸망할 처지에 놓이게 되면 사력을 다해 용감히 싸워 활로를 생기게 하고, 사지에 몰아넣으면 목숨을 걸고 싸워 살아남게

된다. 이와 같이 병사들은 해로운 처지에 놓여야 비로소 승부를 걸고 용감히 싸우게 되는 것이다.

한(漢)나라 고조(高祖)를 도와 '용병의 천재'라고 일컬어진 한신(韓信)이라는 장수가 있었다.

이 한신이 고조의 명을 받고 조나라를 공략했을 때의 일이다. 한신이 이끌고 간 군대는 겨우 일만 대군이었다. 더구나 적군은 요지에 성을 견고하게 쌓고 기다리고 있으니 보통의 공격 방법으로는 승산이 없었다.

드디어 총공격을 개시하는 전날 밤 한신은 가벼운 기병 이천을 선발하여 그들에게 한(漢)나라 깃발인 붉은 기를 한 개씩 갖게 하고 이렇게 말했다.

"내일 싸움에서는 거짓으로 패하여 달아날 것이다. 적군은 성을 비우고 아군을 추격할 것이니 너희들은 그 틈을 이용하여 성을 점령하고 붉은 기를 꽂으라."

이리하여 기병대는 성 가까이까지 가서 그늘에 숨었다. 한편 나머지 팔천 명의 병사들도 그날 밤으로 이동하여 성 앞을 흐르는 강을 등지고 배수진(背水陣)을 쳤다.

날이 밝았다. 성에 있는 적군은 강을 등지고 배수진을 친 한나라 군대를 보고 손뼉을 치며 웃었다. 이것은 병법을 모르는 것이기 때문이었다. 한신은 군대의 일부를 이끌고 적군에게 공격을 가하다가 다시 군대를 이끌고 본진으로 도망쳐 돌아왔다. 적군은 때를 놓칠세라 추격하여 성을 비우고 밀어닥쳤다. 여기서 배수진의 위력이 발휘되었다. 한나라 병사들은 강물 때문에 후퇴하려야 후퇴할 수가 없어 사력을 다해 싸워 적의 대군을 밀어붙였다.

조나라 군대는 하는 수 없이 성으로 돌아가려 했지만 성은 이미 한나라의 기병대들이 점령하여 돌아갈 수가 없었다. 이때 한신의 군대가 습격을 가하여 조나라의 대군을 격파했던 것이다.

싸움이 끝나자 한나라 군대의 참모가,

"배수진을 치고 싸운다는 것은 들어 보지도 못했거니와 이것은 도대체 어떤 전술입니까?"

하고 묻자 한신은 이렇게 대답했다.

"병법에도 '병사들을 사지로 몰아넣어야 비로소 산다.'는 말이 있지 않은가? 이것을 응용한 것이 바로 배수진이라는 것이지. 어차피 우리 군대는 약세이기 때문에 이를 생지(生地)에 두면 곧 흩어지고 말지. 그래서 사지로 몰아넣은 것이네."

한신의 배수진도 따지고 보면 손자(孫子)의 병법을 응용한 것이었던 것이다.

정정당당하게 마주하여 싸우는 것이 원래의 모습이지만 전투에는 이런 일면도 있는 것이다. 이와 같이 전혀 다른 두 가지 방법을 시기와 장소에 따라 적당히 응용하는 것이 필승의 요체라 하겠다.

故爲兵之事 在順詳敵之意 幷敵一向 千里殺將 是謂
고 위 병 지 사　재 순 상 적 지 의　병 적 일 향　천 리 살 장　시 위
巧能成事.
교 능 성 사

"전쟁을 행하는 일은 적의 뜻을 따르면서 자세히 살펴 적을 한 가지 방향으로 몰아넣으면 천 리 밖의 장수도 죽일 수가 있다. 이것을 일러 교묘하여 능히 일을 성취시킨다고 하는 것이다."

【글자 뜻】順:따를 순. 詳:자세할 상. 幷:합할 병. 巧:교묘할 교.

【말의 뜻】爲兵之事:전쟁을 하는 일. 順詳:따르면서 자세히 살핌. 幷敵
　一向:적을 한 방향으로 몰아넣음. 千里殺將:천 리 밖에 있는 적장을
　죽임. 巧能成事:교묘하여 능히 승리를 거두게 함.

【뜻 풀이】전쟁을 함에 있어서는 무엇보다도 적군의 전략을 자세히 알아
야 한다. 그러므로 적군이 공격해 오면 아군이 후퇴하고, 적군이 후퇴
하면 아군이 진격하면서 적군의 작전을 자세히 관찰해야 한다. 이렇
게 하면서 적군을 서서히 일정한 방향으로 몰아붙여야 한다. 이러면
능히 천 리 밖에 있는 적의 장수를 죽일 수 있을 만큼 적군을 격파하
여 승리를 거둘 수 있다. 이것을 교묘한 작전으로 큰 승리를 거둔다고
말하는 것이다.

是故 政擧之日 夷關折符 無通其使 厲於廊廟之上 以
시 고　정 거 지 일　이 관 절 부　무 통 기 사　려 어 랑 묘 지 상　이
誅其事. 敵人開闔 必亟入之 先其所愛 微與之期 踐墨
주 기 사　　적 인 개 합　필 극 입 지　선 기 소 애　미 여 지 기　천 묵
隨敵 以決戰事.
수 적　이 결 전 사

　"이런 까닭으로 전쟁을 일으키는 날에는 국경을 폐쇄하고 통행증을 없
애고, 적의 사신을 통과시키지 않고, 조정에서는 격려함으로써 전쟁에
대한 책임자를 결정한다.
　한편 적국에서 관문을 열고 닫으면 반드시 간첩을 빨리 들여보내어, 적
이 가장 소중히 여기는 바를 먼저 찾아 은밀히 기약하고, 계획을 밟아 적
군의 정세에 따름으로써 전투할 일을 결정해야 한다."

【글자 뜻】夷:막을 이, 오랑캐 이. 關:관문 관, 관계할 관. 折:꺾을 절.
符:부적 부. 厲:권할 려. 廊:행랑 랑. 廟:사당 묘. 誅:다스릴 주, 벨
주. 闔:닫을 합. 亟:빠를 극. 微:은미할 미, 적을 미. 踐:밟을 천.
墨:먹 묵. 隨:따를 수. 決:결단할 결.

【말의 뜻】政擧之日:조정에서 결정하여 전쟁을 일으키는 날. 夷關:국경
의 관문을 폐쇄함. 折符:통행증을 없앰. 無通其使:적의 사신을 통과
시키지 않음. 厲於廊廟之上:조정에서 군사회의를 엶. 誅其事:전쟁
에 대한 책임자를 임명함. 敵人開闔:적국에서 관문을 열고 닫음. 亟
入之:빨리 들어감. 先其所愛:적이 소중하게 생각하는 것을 먼저 살
핌. 微與之期:은근히 더불어 기약함. 踐墨隨敵:계획을 밟아 적의 정
세에 따름.

【뜻 풀이】전쟁을 일으킬 날이 되면 우선 국경의 관문을 봉쇄하고 통행증
을 폐기시켜야 하며, 적국의 사신을 통과시키지 않는 한편 조정에서
는 작전회의를 열어 최고책임자인 장수를 임명해야 한다.

　또 적국에서 관문을 열고 닫을 때 재빨리 간첩을 적국으로 들여보
내 적이 가장 소중하게 여기는 급소를 찾아내서 그것을 습격할 계획
을 세워야 한다. 그리고 계획에 따라 적국의 정세에 응하여 전투를 전
개할 결정을 해야 한다.

是故 始如處女 敵人開戶 後如脫兎 敵不及拒.
시 고　시 여 처 녀　적 인 개 호　후 여 탈 토　적 불 급 거

"처음에는 처녀같이 하고, 뒤에는 적국 사람들이 문을 열거든 달아나
는 토끼같이 하여 적이 항거할 겨를이 없게 해야 한다."

【글자 뜻】戶:지게 호. 脫:벗어날 탈. 兎:토끼 토. 拒:항거할 거.

【말의 뜻】始如處女:처음에는 처녀처럼 신중하게 행동함. 敵人開戶:적이 문을 열어 놓고 수비를 소홀히 함. 脫兎:덫에서 벗어난 토끼처럼 달림. 不及拒:항거할 겨를이 없음.

【뜻 풀이】전쟁이 터지면 처음 얼마 동안은 유순한 처녀처럼 조용히 몸을 보전하다가 적군이 안심하여 방비를 소홀히 하면 그 틈을 타 마치 덫에서 벗어난 토끼처럼 공격을 개시하여 재빠르게 행동으로 옮기면 적군은 미처 대항할 겨를도 없이 패망하고 만다.

　'처음에는 수줍은 처녀같이 그리고 뒤에는 덫에서 벗어난 토끼같이'라는 말은 권모술수의 극치라고 하겠다.

　사기(史記)를 편찬한 사마천(司馬遷)은 제(齊)나라의 장군인 전단(田單)의 용병을 칭찬하며 이 말을 사용하고 있다.

　"전쟁이란 정공법(正攻法)으로 적과 상대하고 기책(奇策)으로써 승리를 거두는 것이다. 따라서 전쟁을 잘하는 장수는 계속하여 기묘한 전략을 만들어 내어 정공법과 기공법을 교묘하게 엮어 싸운다. 처음에는 수줍은 처녀같이 행동하여 적의 민심을 유인하고 뒤에는 덫에서 벗어난 토끼같이 습격하여 적으로 하여금 수비할 여유를 주지 않았다. 전단이야말로 바로 이런 장수였다.—사기(史記) 전단열전(田單列傳)"

　그러면 전단의 용병술은 어떤 것이었는가?

　기원전 284년에 제(齊)나라는 연(燕)나라의 장수 악의(樂毅)가 이끄는 군대의 공격을 받아 거의 전 국토가 제압당하고 겨우 거(莒)와 즉묵(卽墨)의 두 성을 지키고 있을 뿐이었다. 이때 전단이 즉묵의 사령관으로 임명되었다. 전단은 처음에 적의 대군을 앞에 놓고 농성하여 움직이지 않은 채 계속 간첩을 보내 적의 실정을 파악하게 했다.

이때 우연히 연나라에서는 소왕(昭王)이 죽고 그의 아들 혜왕(惠王)이 왕위에 올랐다. 혜왕은 태자 시절부터 장군인 악의와는 사이가 좋지 않았다고 전해지고 있었다.

전단은 즉시 연나라로 간첩을 잠입시켜 '악의가 두 마음을 품고 있다.'는 유언비어를 유포시켰다. 혜왕은 기다렸다는 듯이 악의를 해임시켰다. 악의는 연나라에서 가장 뛰어난 명장으로 병사들의 신뢰도 두터웠다. 연나라의 병사들은 이 소식을 듣자 울면서 애석해 했다.

전단은 다시 연나라 군대 속으로 간첩을 보내어 '성안에 있는 제나라의 병사들은 적군이 조상의 산소를 파헤치지나 않을까 그것만을 걱정하고 있다.'는 소문을 유포시켰다. 이 소문을 들은 연나라 군대는 성 밖에 있는 무덤이란 무덤은 깡그리 파헤쳤다. 이것을 멀리서 바라본 성안의 사람들은 적군에 대한 증오심이 불타오르고 서로 복수할 것을 맹세했다.

이리하여 적군의 내부를 이간시키고 아군의 사기를 환기시키는 데 성공한 전단은 총공격을 가하기 전에 적군에게 항복할 것을 권하여 다시 한 번 적군의 사기를 꺾었다.

한편 전단은 성안에 있는 황금을 모두 모아 즉묵의 부호들을 통하여 연나라 장수들에게 보내면서,

"만일 즉묵이 항복하더라도 우리 집안의 안전을 보증해 주시기를 바랍니다."

하고 말하게 했다. 연나라 장수들은 이를 기꺼이 승낙하고 경계심을 완전히 풀었던 것이다.

수줍은 처녀처럼 행동하면서 이와 같은 준비 공작을 모두 끝낸 전

단은 기름 먹인 갈대로 꼬리에 불을 붙인 소 떼를 앞세우고 성문을 열어 일제히 공격에 나섰다. 허를 찔린 연나라 군대는 대항할 겨를도 없이 패주하고 말았다.

제12장
화공편
(火攻篇)

이 화공편(火攻篇)에서는 불로 공격하는 원리를 설명하고 있다.

화공법(火攻法)은 불태우는 대상물에 따라 다음의 다섯 가지로 분류할 수 있다.

① 적군이 병사나 인가를 불태우는 경우

② 적군이 쌓아 놓은 식량을 불태우는 경우

③ 적군의 수송물자를 불태우는 경우

④ 적군의 창고를 불태우는 경우

⑤ 적군의 진영을 불태우는 경우

화공법(火攻法)은 바람을 이용하지 않고서는 공격할 수 없는 전법이다. 이 화공법(火攻法)과 아울러 수공법(水攻法)이란 전략이 있다. 화공법(火攻法)은 자주 쓰이지만 수공법(水攻法)는 자주 쓰이지 않던 전략이다.

1. 불로 공격하는 목표물

孫子曰 凡火攻有五 一曰火人 二曰火積 三曰火輜 四
손 자 왈　범 화 공 유 오　일 왈 화 인　이 왈 화 적　삼 왈 화 치　사

曰火庫 五曰火隊.
왈 화 고　오 왈 화 대

손자(孫子)가 이렇게 말했다.

"무릇 불로 공격함에는 다섯 가지가 있으니 첫째는 적의 병사를 불태우는 것이고, 둘째는 쌓아 놓은 양식을 불태우는 것이고, 셋째는 적의 수송 물자를 불태우는 것이고, 넷째는 적의 창고를 불태우는 것이고, 다섯째는 적의 진영을 불태우는 것이다."

【글자 뜻】 積:쌓을 적. 輜:짐수레 치. 庫:창고 고. 隊:떼 대.

【말의 뜻】 火攻:불로 공격함. 火人:적의 병사를 불태움. 火積:적이 쌓아 놓은 식량을 불태움. 火輜:적의 수송 화물을 불태움. 火庫:적의 창고를 불태움. 火隊:적의 진영을 불태움.

【뜻 풀이】 화공법(火攻法)에는 다섯 가지가 있다. 첫째는 적의 병사나 민가를 불태우는 것이고, 둘째는 쌓아 놓은 식량이나 군수품을 불태우는 것이고, 셋째는 수송 물자를 실은 수레를 불태우는 것이고, 넷째는 적의 식량 창고나 군수품 창고를 불태우는 것이고, 다섯째는 적군의 진영을 불태우는 것이다.

중국 역사를 보면 이 화공법으로 승리를 거둔 예가 많다. 앞에서 설

명한 전국시대 제(齊)나라의 장수 전단(田單)은 소의 꼬리에 매단 기름 먹인 갈대에 불을 붙여 성 밖으로 몰아냄으로써 연(燕)나라의 대군을 혼란에 빠뜨려 승리를 거두었다.

行火必有因 煙火必素具. 發火有時 起火有日 時者天之
행 화 필 유 인 연 화 필 소 구 발 화 유 시 기 화 유 일 시 자 천 지

燥也 日者月在箕壁翼軫也. 凡此四宿者 風起之日也.
조 야 일 자 월 재 기 벽 익 진 야 범 차 사 수 자 풍 기 지 일 야

"화공법을 행함에는 반드시 이유가 있어야 하며, 불을 붙이는 재료는 반드시 평소에 갖추어야 한다. 불을 지르는 데 때가 있고 불을 일으키는 데 날이 있으니, 때란 건조한 날씨이고 날이란 달이 기(箕)·벽(壁)·익(翼)·진(軫)에 있는 때이다. 무릇 이 사수(四宿)는 바람이 일어날 날인 것이다."

【글자 뜻】 因:인할 인. 煙:연기 연. 素:본디 소. 具:갖출 구. 燥:마를 조. 箕:별이름 기, 깍지 기. 壁:별이름 벽, 벽 벽. 翼:별이름 익, 날개 익. 軫:별이름 진, 움직일 진. 宿:별 수, 잘 숙.

【말의 뜻】 行火:화공법을 행함. 必有因:반드시 이유가 있음. 煙火:불을 붙이는 연모와 재료. 必素具:반드시 평소에 갖춤. 天之燥也:건조한 날씨. 箕壁翼軫:二十八 수(宿) 중의 네 별로, 달이 이 방향에 있으면 바람이 일어난다고 함.

【뜻 풀이】 화공법을 실시함에는 반드시 이유가 있어야 하며 불을 붙이는 도구와 재료는 미리 갖추고 있어야 한다. 불을 지르는 데는 때와 날짜가 있다. 때란 바로 날씨가 계속 건조한 상태에 있을 때이고, 날짜란

바로 달이 기성(箕星)과 벽성(壁星)과 익성(翼星)과 진성(軫星)의 방향에 있는 날이다. 달이 이 네 별에 있을 때는 바람이 일어나는 날인 것이다.

참고로 이십팔 수(宿)의 방향을 적으면 다음과 같다.

창룡(蒼龍)·東 — 각(角)·항(亢)·저(氐)·방(房)·심(心)·미(尾)·기(箕)

현무(玄武)·北 — 두(斗)·우(牛)·여(女)·허(虛)·위(危)·실(室)·벽(壁)

백호(白虎)·西 — 규(奎)·루(婁)·위(胃)·묘(昴)·필(畢)·자(觜)·삼(參)

주작(朱雀)·南 — 정(井)·귀(鬼)·유(柳)·성(星)·장(張)·익(翼)·진(軫)

결국 동쪽의 기(箕), 북쪽의 벽(壁), 남쪽의 익(翼)과 진(軫)에 달이 있을 때 바람이 일어난다는 것이다.

중국의 전쟁사 중에서 화공법으로 가장 극적인 승리를 거둔 것은 서기 208년에 있었던 '적벽(赤壁)의 싸움'이었다. 승승장구하던 조조도 이때는 큰 패배를 당했던 것이다.

'관도(官渡)의 싸움'으로 북부 중국에서 패권을 확립한 조조는 8년 뒤에 군대를 일으켜 강동에 할거하고 있던 손권(孫權)에게 싸움을 걸었다. 손권만 항복시키면 천하를 통일한 것과 마찬가지였기 때문이다.

이때 조조의 군대는 이십오만의 대함대로 양자강을 내려왔다. 이에 대항하여 손권은 장수 주유(周瑜)에게 불과 삼만의 수군을 이끌고 싸우게 했다. 여기에 유비(劉備)의 군대 이만이 합류하여 군대 오만이었다.

주유의 군대는 양자강을 거슬러 올라가 적벽(赤壁)에서 조조의 군대를 만났다. 조조의 대함대는 북쪽 강가에 정박해 있고 주유의 군대는 남쪽 강가에 진을 치고서 서로 적군의 동정을 살폈다. 이때 장군인 황개(黃蓋)가 주유에게 말했다.

"지금 적군의 수는 많고 아군의 수는 적어 지구전이 되면 승산이 없습니다. 그런데 적군의 함대를 살펴보니 이물과 고물이 연결되어 있습니다. 화공법의 계략이 상책으로 생각됩니다.”

조조의 군대는 북방 출신이었기 때문에 함선에 익숙하지 않아 배와 배를 연결하여 동요를 막고 있었던 것이다.

황개의 계략에 고개를 끄덕인 주유는 즉시 쾌속정 열 척을 준비시켜 그 배들에 마른 풀을 가득 싣고 기름을 끼얹어 놓고 뱃머리에 흰 깃발을 달았다. 각 전함에는 탈출용 거룻배를 연결해 놓았다. 그리고 황개는 미리 조조에게 서장을 보내어 일부러 항복할 것임을 가장했다.

그런데 이 책에도 있는 바와 같이 화공법을 쓰려면 바람이 불어야 한다. 삼국지에 의하면 이때 유비의 군사(軍師)인 제갈량(諸葛亮)은 언덕 위에 칠성단(七星壇)을 만들어 바람이 불기를 하늘에 빌었다고 한다. 그들의 간절한 소원이 하늘을 감동시켰는지 다음날 아침부터 동남풍이 불어오기 시작했다. 황개는 곧 진군할 것을 명하여 열 척의 함대는 북쪽을 향하여 출발했다. 조조의 병사들은 목을 길게 뽑고,

“자, 보라구. 황개가 항복을 하려고 오는 거야.”

하고 서로에게 말했다. 적군의 함대에 가까이 이르자 황개의 함대에서는 일제히 불을 뿜기 시작했다. 때마침 동남풍이 불어 조조의 함대는 순식간에 불덩어리가 되어 물 위에 있던 배들은 불길에 다 타고 불길은 언덕에 있는 적진에까지 번져 나갔다. 타오르는 불길은 충천하여 조조의 병사들과 말은 불에 타거나 물에 빠져 수많은 병사들이 죽었다.

주유는 가벼운 차림의 정예부대를 이끌고 배후에서 공격해 들어갔다. 이리하여 조조의 군대는 순식간에 무너져 달아나고 조조 자신도 겨우 목숨을 부지하여 도망쳤다.

2. 임기응변(臨機應變)의 조치

凡火攻 必因五火之變而應之. 火發於內 卽早應之於
범화공 필인오화지변이응지 화발어내 즉조응지어

外 火發而其兵靜者 待而勿攻. 極其火力 可從而從之
외 화발이기병정자 대이물공 극기화력 가종이종지

不可從則止. 火可發於外 無待於內 以時發之 因變應
불가종즉지 화가발어외 무대어내 이시발지 인변응

之. 火發上風 無攻下風 晝風久 夜風止. 凡軍 必知五
지 화발상풍 무공하풍 주풍구 야풍지 범군 필지오

火之變 以數守之.
화지변 이삭수지

"무릇 화공법은 반드시 다섯 가지 불의 변화에 따라 대응해야 한다. 불이 적진 안에서 일어나면 곧 빨리 밖에서 호응하여 공격해야 하고, 불이 났는데도 적군의 병사들이 고요하면 기다려 공격하지 말아야 하고, 그 불길이 극성해졌을 때 공격할 수 있으면 공격하고 공격할 수 없으면 그만두어야 하고, 불을 밖에서 붙일 수 있으면 안에서 불이 일어나기를 기다리지 말고 적당한 때에 불을 질러 변화에 따라 호응해야 하고, 불이 바람 부는 위쪽에서 일어났으면 바람 아래쪽에서 공격하지 말아야 하고, 낮에 바람이 오래 불면 밤에는 바람이 그치니 무릇 군대는 반드시 다섯 가지 불의 변화를 알아 술책으로써 지켜야 한다."

【글자 뜻】 卽:곧 즉. 早:일찍 조. 靜:고요할 정. 待:기다릴 대. 極:극진할 극. 止:그칠 지. 晝:낮 주. 久:오랠 구.

【말의 뜻】 五火之變:다섯 가지 화공법의 변화. 火發於內:적진 안에서 불이 일어남. 早應之於外:빨리 외부에서 응하여 싸움. 其兵靜:적군의

병사들이 고요함. 待而勿攻:기다려 공격하지 말라. 極其火力:그 불
길이 극도에 이름. 可從而從之:공격할 수 있으면 공격함. 不可從則
止:공격할 수 없으면 그만둠. 火可發於外:불을 밖에서 놓을 수 있음.
無待於內:안에서 불길이 일어나기를 기다리지 않음. 以時發之:적당
한 때에 불을 지름. 因變應之:변화에 따라 호응함. 火發上風:불이 바
람 부는 위쪽에서 일어남. 無攻下風:바람 부는 아래쪽에서 공격하지
말아야 함. 晝風久:낮에 바람이 오래 붊. 夜風止:밤에 바람이 그침.

【뜻 풀이】 화공법은 반드시 다음의 다섯 가지 변화에 따라 이에 대응해야
한다.

① 불이 적진의 내부에서 일어나면 즉시 신속하게 외부에서 호응하
여 적을 공격해야 한다.

② 불이 일어났는데도 적군의 병사들이 안정하고 있으면 그대로 기
다려야지 공격해서는 안 된다. 이윽고 그 불길이 극도에 이르렀을 때
공격할 수 있으면 공격하고 공격이 불가능하면 그만두어야 한다.

③ 적진 밖에서 불을 지를 수 있으면 안에서 불 지르기를 기다리지
말고 바람이 부는 적당한 때에 불을 질러 변화에 대응해야 한다.

④ 바람이 불어오는 위쪽에서 불을 질렀을 때에는 바람이 부는 아
래쪽에서 공격해서는 안 된다.

⑤ 낮에 바람이 오래 불면 밤에는 바람이 멈춘다.

3. 화공법(火攻法)과 수공법(水攻法)

> 故以火佐攻者明 以水佐攻者强. 水可以絕 不可以奪.
> 고 이 화 좌 공 자 명 이 수 좌 공 자 강   수 가 이 절 불 가 이 탈

"화공법으로써 공격을 돕는 것은 명백하고, 수공법으로써 공격을 돕는 것은 강력하다. 수공법으로써 끊을 수는 있지만 뺏을 수는 없다."

【글자 뜻】 佐:도울 좌. 絕:끊을 절. 奪:뺏을 탈.

【말의 뜻】 以火佐攻者:화공법으로써 공격을 돕는 것. 以水佐攻者:수공법으로써 공격을 돕는 것. 水可以絕:적군의 통로를 끊음. 不可以奪:적군의 생명이나 재물을 뺏어버리지는 못함.

【뜻 풀이】 화공법과 수공법은 모두 공격을 돕는 유효한 보조 수단이다. 그러나 그 작용에는 큰 차이가 있다. 화공법을 이용하면 적군의 생명과 재물을 불태워 승리가 명백해지지만 수공법을 이용하면 적군의 통로나 보급로 등을 끊을 수는 있어도 화공법처럼 적군의 인명과 재물 등을 빼앗지는 못한다.

중국의 전쟁사에서 화공법을 이용한 예는 많지만 수공법을 이용한 예는 드물다. 여기에서는 한(漢)나라 한신(韓信)의 수공법을 예로 들어 두겠다.

한신이 제(齊)나라를 정벌했을 때 용저(龍且)라는 장수가 이를 맞아 유수(濰水)라는 강을 사이에 두고 대진했다.

한 가지 계략을 생각해 낸 한신은 부하들에게 명하여 일만여 개나
되는 모래 포대를 만들어 밤에 몰래 유수의 상류를 막았다. 그리고 직
접 군대의 반을 이끌고 물이 빠진 강을 건너가 용저의 군대에 공격을
가했다. 그리고는 일부러 패하여 도망하는 체하고 강을 건너 본진으
로 돌아왔다.

　이것을 본 용저는 때를 놓칠세라 한신의 뒤를 추격하여 유수를 건
너려 했다. 이때를 기다리고 있던 한신은 상류를 막았던 모래 포대를
무너뜨려 강물을 덮치게 했다. 강물 가운데 있던 용저의 병사들은 태
반이 강물에 쓸려 내려가 한신은 큰 승리를 거두었던 것이다.

4. 이익에 맞추어 행동하라

夫戰勝攻取　而不修其功者凶　命曰費留．故明主慮之
부 전 승 공 취　이 불 수 기 공 자 흉　명 왈 비 류　고 명 주 려 지

良將修之．非利不動 非得不用 非危不戰．
량 장 수 지　비 리 부 동　비 득 불 용　비 위 부 전

"대저 싸워 이기고 공격하여 취하더라도 그 공을 닦지 아니하는 자는
흉하니, 이름 붙여 비류(費留)라고 말한다. 그러므로 현명한 군주는 이것
을 생각하고 훌륭한 장수는 이것을 닦는다. 이익이 없으면 움직이지 않
고, 얻는 것이 없으면 용병하지 않고, 위태하지 않으면 싸우지 않는다."

【글자 뜻】 修:닦을 수. 功:공 공. 凶:흉할 흉. 命:이름 지을 명, 목숨 명.
費:쓸 비. 留:머무를 류. 慮:생각할 려. 危:위태할 위.

【말의 뜻】 戰勝攻取:싸워 이기고 적의 성을 공략하여 빼앗음. 不修其功:
그 공을 닦지 않음. 전쟁의 목적을 완수하지 못함. 命曰:이름 붙여 말
함. 費留:국비를 낭비하고 병사들을 전쟁터에 남겨 둠. 明主慮之:현
명한 군주는 결과를 생각함 良將修之:훌륭한 장수는 결과를 닦음.
非危不戰:위태하지 않으면 싸우지 않음.

【뜻 풀이】 아무리 싸움에서 이기고 적의 성을 공격하여 함락시킬지라도
전쟁의 목적을 달성하지 못한다면 결과는 실패인 것이다. 이것을 말
하여 '국가의 재물을 낭비하고 병사들을 싸움터에 남겨 둔다.'고 한
다.
그러므로 현명한 군주와 훌륭한 장수는 항상 신중한 태도로 전쟁의

목적 달성에 힘쓰는 것이다. 유리한 상황과 필승의 태세가 아니면 전쟁을 일으키지 않고, 부득이한 경우가 아니면 전쟁을 하지 않는다.

主不可以怒而興師 將不可以慍而致戰 合於利而動 不
주 불 가 이 노 이 흥 사 장 불 가 이 온 이 치 전 합 어 리 이 동 불

合於利而止. 怒可以復喜 慍可以復悅 亡國不可以復
합 어 리 이 지 노 가 이 부 희 온 가 이 부 열 망 국 불 가 이 부

存 死者不可以復生. 故明主愼之 良將警之 此安國全
존 사 자 불 가 이 부 생 고 명 주 신 지 량 장 경 지 차 안 국 전

軍之道也.
군 지 도 야

"군주는 노여움으로써 군대를 일으키지 말아야 하고, 장수는 성냄으로써 싸움을 해서는 안 된다. 이득에 맞으면 움직이고 이득에 맞지 않으면 그만두어야 한다. 노여움은 다시 기쁨이 될 수 있고 성냄은 다시 즐거움이 될 수 있지만, 망한 나라는 다시 존재할 수 없고 죽은 자는 다시 살아날 수 없다.

그러므로 현명한 군주는 전쟁을 삼가고 훌륭한 장수는 전쟁을 경계하거니와 이것은 나라를 안전하게 하고 군대를 온전하게 하는 길인 것이다."

【글자 뜻】怒:성낼 노. 師:군사 사, 스승 사. 慍:성낼 온. 致:이를 치.
　　復:다시 부. 悅:기쁠 열. 存:있을 존. 愼:삼갈 신. 警:경계할 경.

【말의 뜻】以怒而興師:노여움으로써 군대를 일으킴. 以慍而致戰:성냄으로써 전투를 함. 怒可以復喜:군주의 노여움은 다시 기쁨이 될 수 있음. 慍可以復悅:장수의 성냄은 다시 즐거움이 될 수 있음. 亡國:멸망한 나라. 不可以復存:다시 존재할 수 없음. 死者不可以復生:죽

은 병사들은 다시 살아날 수 없음. 愼之:전쟁을 삼가함. 警之:전쟁을 경계함. 安國全軍:나라를 안전하게 하고 군대를 온전하게 함.

【뜻 풀이】오자(吳子)는 그의 병서 도국편(圖國篇)에서 "천하에는 싸운 나라들이 다섯 번 승리한 자는 재앙을 당하고, 네 번 승리한 자는 피폐하고, 세 번 승리한 자는 패자(覇者)가 되고, 두 번 승리한 자는 왕이 되고, 한 번 승리한 자는 황제가 된다. 그러므로 자주 승리하여 천하를 얻은 자는 드물고 망한 자는 많다."고 말했다.

또 울료자(尉繚子) 병담편(兵談篇)에도 "전쟁은 국가의 대사이므로 한때의 감정으로 달리는 것은 엄하게 삼가야 한다. 냉정하게 상황을 판단하여 아군에게 승산이 있으면 일으키고 이익이 없으면 물러나는 마음가짐이 필요하다."는 말이 있다.

군주가 일시적인 분노를 참지 못하여 전쟁을 일으키고 장수가 한때의 분노로 전투를 벌여서는 안 된다. 국가의 운명이 좌우되는 전쟁인 것이다. 그러므로 상황이 유리하면 군사 행동을 일으켜도 되지만 상황이 불리하다고 판단되면 전쟁은 하지 말아야 한다. 일시적인 분노는 시간이 흐르면 기쁨과 즐거움이 될 수도 있지만 나라가 망하면 다시 일어나기 어렵고 병사들은 한번 죽으면 다시 살아날 수 없다.

그러므로 현명한 군주와 훌륭한 장수는 신중한 태도로 전쟁에 임한다. 이것이 국가의 안전을 도모하고 군대를 온전히 유지하는 방법인 것이다.

삼국지의 주인공인 유비(劉備)에게는 항상 관우(關羽)와 장비(張飛)라는 두 호걸이 따라다닌다. 이 세 사람의 사이는 단순한 주종 관계가 아니라 인간적이고 깊은 유대관계로 결합되어 있었다.

삼국지연의에 보면 세 사람은 도원(桃園)에서 의형제를 맺은 것으로 되어 있으며, 정사 삼국지에도 의형제라는 말은 사용하고 있지 않지만 '주종 관계보다는 형제와 같았다.'고 기록되어 있다.

그런데 유비가 촉한(蜀漢)이라는 나라를 세우고 황제에 올랐을 때 관우에게 형주(荊州) 지방을 맡겼다. 형주는 위(魏)나라와 오(吳)나라의 두 나라와 국경선이 접해 있어 촉한으로서는 공격과 수비의 요충지대였다.

그런데 관우는 용기 있는 장수이기는 했지만 정치성이 결여되어 있었다. 그래서 오(吳)나라 손권(孫權)의 계략에 빠져 목숨을 잃었을 뿐 아니라 형주까지 빼앗기고 말았다.

이 소식을 들은 유비는 몹시 슬퍼했다. 형주를 빼앗긴 것보다도 형제와 마찬가지인 관우의 죽음에 대하여 화가 치밀어 올랐던 것이다. 유비는 분노를 참지 못하여 곧 손권을 토벌하는 군대를 일으키려 했다. 그러자 촉한의 모든 신하들이 다 반대했다. 왜냐하면 위나라를 타도하고 한나라의 왕조를 다시 세우는 것이 촉한의 국시(國是)였으므로 손권을 토벌하여 관우에 대한 원한을 씻는다는 것은 유비의 사사로운 정 외에는 아무것도 아니었기 때문이다.

그러나 유비는 끝내 여러 신하들의 반대를 물리치고 손권 토벌의 군대를 일으켰지만 대패를 맛보게 되었다. 이 패전으로 인하여 촉한은 큰 타격을 받았고 결국 유비 자신도 심신의 고달픔이 겹쳐 죽음을 재촉하는 결과가 되고 말았다. 유비의 실패는 개인적인 감정에 의한 군사행동에 그 원인이 있다고 말할 수 있을 것이다.

제13장
용간편
(用間篇)

이 용간편(用間篇)에서는 간첩을 부리는 방법에 대하여 설명하고 있다. 간첩에는 다음의 다섯 가지가 있다.

① 향간(鄕間) — 적국의 고을 사람을 쓰는 것

② 내간(內間) — 적국의 관리를 쓰는 것

③ 반간(反間) — 적의 간첩을 이용하는 것

④ 사간(死間) — 유언비어를 퍼뜨리는 간첩

⑤ 생간(生間) — 적의 실정을 돌아와 보고하는 간첩

이중에서도 가장 중요한 것은 반간(反間)이니, 적군의 실정을 이 반간(反間)을 통하여 다 알 수 있기 때문이다. 그러므로 반간(反間)에게는 후하게 대우하지 않을 수 없는 것이다.

1. 선견지명(先見之明)을 지니라

孫子曰　凡興師十萬　出征千里　百姓之費　公家之奉
손자왈　범흥사십만　출정천리　백성지비　공가지봉

日費千金　內外騷動　怠於道路　不得操事者　七十萬
일비천금　내외소동　태어도로　부득조사자　칠십만

家.
가

손자(孫子)가 이렇게 말했다.

"무릇 군대 십만을 일으켜 천 리의 먼 길을 출정하려면 백성들이 대는
비용과 국가에서 대는 군사비로 하루에 천 금을 소비하게 되며, 나라의
안팎이 소란하게 움직여 도로에서 왔다 갔다 하여 생업에 종사하지 못하
는 자가 칠십만 호나 된다."

【글자 뜻】師:군사 사. 征:정벌할 정. 費:쓸 비. 奉:받들 봉. 騷:시끄러
　　울 소. 怠:게으를 태. 操:잡을 조.

【말의 뜻】興師十萬:군사 십만을 동원함. 百姓之費:백성들이 부담하는
　　비용. 公家之奉:국가에서 지출하는 군사비. 內外騷動:나라 안팎에서
　　소란하게 움직임. 怠於道路:백성들이 식량과 군수물자를 수송하느라
　　고 도로에서 왔다 갔다 함. 不得操事者:자기 농사를 하지 못하는 사
　　람들.

【뜻 풀이】 병사 십만의 대군을 동원하여 천 리나 되는 먼 곳에까지 원정
　　을 하려면 백성들의 부담과 국가의 군사비 지출은 하루에 천 금이나
　　된다.

이렇게 되면 온 나라가 전쟁에 말려들게 되어 국내는 물론 국외까지 소동이 일어나 많은 백성들은 식량과 물자 공급을 위하여 길거리에서 방황해야 하기 때문에 농사를 제대로 짓지 못하는 사람들이 무려 칠십만 호에 이르게 된다.

相守數年 以爭一日之勝 而愛爵祿百金 不知敵之情者
상 수 삭 년 이 쟁 일 일 지 승 이 애 작 록 백 금 부 지 적 지 정 자

不仁之至也 非人之將也 非主之佐也 非勝之主也.
불 인 지 지 야 비 인 지 장 야 비 주 지 좌 야 비 승 지 주 야

"서로 지키기를 여러 해 동안 하여 하루의 승리를 다투는데, 벼슬과 봉록과 백금을 아끼느라 적의 정세를 모른다는 것은 어질지 못함의 지극함이니, 병사들의 장수가 아니고, 군주를 돕는 것이 아니며, 승리의 주인이 아니다."

【글자 뜻】 爭:다툴 쟁. 愛:아낄 애, 사랑 애. 爵:벼슬 작. 祿:녹 록. 佐: 도울 좌.

【말의 뜻】 相守數年:서로 지키기를 수년 동안 함. 愛爵祿百金:벼슬과 봉록과 백금을 아끼어 간첩을 쓰지 않음. 不知敵之情者:적의 실정을 모르는 것. 不仁之至:지극히 현명하지 못함. 非人之將:병사들을 거느릴 장수가 못 됨. 非主之佐:군주를 돕는 것이 못 됨. 非勝之主:승리의 주인이 못 됨.

【뜻 풀이】 손자(孫子)는 제3장 모공편(謀攻篇)에서 "적을 알고 아군을 알면 백 번 싸워도 위태하지 않다."고 말했다. 전쟁에 있어서 무엇보다도 중요한 것은 적의 병력과 작전을 아는 일이다.

수년 동안을 적군과 대치하더라도 최후의 승리를 거두는 것은 단지 하루의 싸움에서 결정되는 것이다. 그런데도 벼슬자리와 봉록과 돈을 아끼느라 간첩을 이용하여 적군의 정보 수집을 게을리하는 것은 어리석기 짝이 없는 일이다. 이런 장수는 장수로서의 자격이 없고 군주를 보좌하는 역할도 못하고 최후의 승리를 거두지도 못한다.

故明君賢將 所以動而勝人 成功出於衆者 先知也. 先
고 명 군 현 장 소 이 동 이 승 인 성 공 출 어 중 자 선 지 야 선
知者 不可取於鬼神 不可象於事 不可驗於度 必取於
지 자 불 가 취 어 귀 신 불 가 상 어 사 불 가 험 어 도 필 취 어
人 知敵之情者也.
인 지 적 지 정 자 야

"명석한 군주와 현명한 장수가 움직이면 적을 이겨 남들보다 뛰어난 공을 이루는 까닭은 적의 실정을 먼저 알기 때문이다.

적의 실정을 먼저 안다는 것은 신에게 물어서 취할 수 있는 것도 아니고, 사례에서 본받을 수 있는 것도 아니고, 법칙에서 증험할 수 있는 것도 아니며, 반드시 사람에게서 취하여 적의 실정을 알아야 하는 것이다."

【글자 뜻】 功:공 공. 衆:무리 중. 取:취할 취. 鬼:귀신 귀. 神:귀신 신. 象:본받을 상, 코끼리 상. 驗:증험할 험. 度:법도 도.

【말의 뜻】 所以:까닭. 動而勝人:움직이면 적을 이김. 出於衆:사람들보다 뛰어남. 출중함. 先知:적의 실정을 먼저 앎. 不可取於鬼神:귀신에게 물어서 취할 수 없음. 옛날 중국에서는 전쟁을 하려면 우선 종묘에 모셔 놓은 거북 껍질을 불태워 그 갈라진 모습으로 길흉을 판단했다.

이것을 귀복(龜卜)이라 한다.　不可象於事:전에 있었던 사례에서 본받을 수 없음.　不可驗於度:어떤 법칙에 의하여 증험할 수 없음.　取於人:사람에게서 말을 듣고 취함.　知敵之情:적의 실정을 앎.

【뜻 풀이】 예로부터 현명한 군주와 장수는 일단 군대를 움직여 싸우면 반드시 적에게 승리하여 다른 사람들보다 뛰어나게 성공하였으니 이는 모두 적군의 실정을 미리 알고 있었기 때문이다.

　그러면 적군의 실정은 어떤 방법으로 알았던가? 이것은 거북점을 통하여 알 수 없고 전에 있었던 사례를 통하여 알 수도 없으며 또 일정한 법칙에 의하여 알 수 있는 것이 아니다. 이것은 반드시 적군의 실정을 잘 알고 있는 사람을 통해서만 알 수 있다.

2. 간첩의 다섯 가지 종류

故用間有五 有鄕間 有內間 有反間 有死間 有生間.
고용간유오 유향간 유내간 유반간 유사간 유생간

五間俱起 莫知其道 是謂神紀 人君之寶也. 鄕間者 因
오간구기 막지기도 시위신기 인군지보야 향간자 인

其鄕人而用之也 內間者 因其官人而用之也 反間者
기향인이용지야 내간자 인기관인이용지야 반간자

因其敵間而用之也 死間者 爲誑事於外 令吾間知之
인기적간이용지야 사간자 위광사어외 령오간지지

而傳於敵也 生間者 反報也.
이전어적야 생간자 반보야

"간첩을 사용함에 다섯 가지가 있으니, 향간(鄕間)이 있고 내간(內間)이 있고 반간(反間)이 있고 사간(死間)이 있고 생간(生間)이 있다. 이 다섯 가지 간첩은 함께 일으키되 적이 그 방법을 알지 못하니 이를 신묘한 방법이라 이르며 군주의 보배인 것이다.

향간(鄕間)이란 적의 고을 사람을 꾀어 쓰는 것이고, 내간(內間)이란 적의 관리를 꾀어 쓰는 것이고, 반간(反間)이란 적의 간첩을 꾀어 쓰는 것이고, 사간(死間)이란 밖으로 일을 속여 아군의 간첩으로 하여금 알리어 적에게 전하는 것이고, 생간(生間)이란 돌아와 보고하는 것이다."

【글자 뜻】 反:돌이킬 반. 俱:함께 구. 紀:방법 기, 벼리 기. 因:인할 인.
誑:속일 광. 令:하여금 령. 報:알릴 보.

【말의 뜻】 用間:간첩을 사용함. 五間俱起:다섯 가지 간첩을 동시에 씀.
莫知其道:적이 그 방법을 알지 못함. 神紀:신묘한 방법. 因其鄕人而
用之:적의 고을 사람을 꾀어서 사용함. 因其官人:적의 관리를 꾀어서 사용함. 因其敵間:적군의 간첩을 꾀어서 사용함. 爲誑事於外:밖으로 일을 속임. 吾間知之:아군의 간첩으로 하여금 알리게 함. 傳於敵:적에게 전함. 反報:돌아와 보고함.

【뜻 풀이】 적군의 정보를 알려 주는 간첩에는 다섯 가지 종류가 있으니, 즉 향간(鄕間)과 내간(內間), 반간(反間), 사간(死間), 생간(生間)이 그것이다. 이 다섯 가지 간첩은 동시에 사용하되 적군이 그 방법을 알지 못하도록 해야 한다. 이를 신묘한 병법이라 이르며 군주의 큰 보배가 되는 것이다. 그러면 이 다섯 가지 간첩이란 어떤 것인가?

향간(鄕間)—적국의 백성을 시켜 정보를 제공하게 한다.

내간(內間)—적국의 관리를 매수하여 정보를 제공하게 한다.

반간(反間)—적국의 간첩을 역으로 이용한다.

사간(死間)—죽음을 각오하고 적국에 잠입하여 아군에 대한 거짓 정보를 유포시킨다.

생간(生間)—적국에서 살아 돌아와 정보를 제공한다.

진시황(秦始皇)은 중국 전토를 처음으로 통일한 황제로서 유명하다. 물론 그가 여섯 나라를 차례차례로 멸망시켜 천하를 통일한 것은 진(秦)나라의 군대가 최강이었기도 하지만 그 배후에는 간첩들의 활약이 컸다는 것을 잊어서는 안 된다. 진시황은 그만큼 간첩의 활동을 중요시했던 것이다.

여기에서는 그 두드러진 세 가지 예를 들기로 한다.

첫째, 위(魏)나라에 신릉군(信陵君)이라는 장군이 있었다. 그는 안희왕(安釐王)의 이복동생으로 정치가로서도 탁월한 기량을 지니고 있었으며 5개국의 연합군을 집결시켜 진나라 군대를 격파하여 진나라의 세력을 함곡관(函谷關) 서쪽에서 나오지 못하게 했다. 따라서 동쪽 침략에 나선 진나라로서 신릉군은 눈 위의 혹과 같은 존재였다.

진나라는 위나라 상급 관리들에게 막대한 공작금을 뿌려 신릉군의 반대파를 매수해서 안희왕에게 이렇게 말하게 했다.

"지금 천하의 제후들은 위나라에 신릉군이 있다는 것은 알면서도 왕께서 계시다는 것은 모릅니다. 신릉군도 그것을 알고 왕위를 노리고 있습니다. 이를 명심하시기 바랍니다."

한편 진나라에서는 신릉군에게도 간첩을 보내어,

"신릉군께서 이미 왕위에 오르신 줄로 알고 있습니다. 축하드리는 바입니다."

하고 축하 인사를 했다. 이 소문은 곧 안희왕의 귀에 들어갔다. 이에 안희왕은 의심에 사로잡혀 신릉군을 해임시켰다. 이후로 신릉군은 술에 젖어 4년 뒤에 죽었다. 이리하여 진나라는 힘들이지 않고 신릉군을 몰아냈고 이어서 위나라의 항복을 받았던 것이다.

둘째, 역시 이 무렵 조(趙)나라에 이목(李牧)이라는 명장이 있었다. 기원전 229년에 진나라의 대군이 조나라를 공격해 들어갔을 때 총사령관이 바로 이목이었다. 진나라의 군대는 여러 차례 이목의 군대에게 패배를 당했다. 조나라를 멸망시키려면 우선 이목을 처치하지 않으면 안 되었다. 그래서 진나라는 조나라 왕의 총신인 곽개(郭開)에게 많은 돈을 보내어 매수한 다음,

"이목이 반란을 계획하고 있다."

라고 왕에게 고하게 했다. 이 말을 들은 조나라의 왕은 곧 이목을 체포하여 목을 베어 죽였다. 이윽고 진나라는 쉽게 조나라의 군대를 격파하여 조나라는 멸망하고 말았던 것이다.

셋째, 제(齊)나라에 대한 진(秦)나라의 공작은 더욱 철저한 것이었

다. 이 무렵 제나라에는 후승(后勝)이라는 자가 재상으로 있었다. 진나라는 후승에게 막대한 재물을 보내어 매수했다. 후승은 진나라의 요청을 받아들여 자기 부하와 빈객들을 진나라로 보냈다. 진나라의 간첩이 되어 제나라로 돌아온 그들은 제나라 임금에게 전쟁 준비의 중지를 요청했다.

나중에 진나라 군대가 제나라의 도읍인 임류(臨溜)에 쳐들어갔을 때 제나라에는 대항하는 자가 한 사람도 없었다고 한다. 간첩들의 활동으로 백성들이 전의를 상실하고 있었던 것이다.

3. 미묘한 간첩의 활동

故三軍之事 交莫親於間 賞莫厚於間 事莫密於間. 非
고 삼 군 지 사 교 막 친 어 간 상 막 후 어 간 사 막 밀 어 간 비

聖智不能用間 非仁義不能使間 非微妙不能得間之實
성 지 불 능 용 간 비 인 의 불 능 사 간 비 미 묘 불 능 득 간 지 실

微哉微哉 無所不用間也. 間事未發而先聞 間者與所
미 재 미 재 무 소 불 용 간 야 간 사 미 발 이 선 문 간 자 여 소

告者皆死.
고 자 개 사

"3군의 일 중에서 사귐이 간첩보다 더 친함이 없고, 상이 간첩보다 더 후함이 없고, 일이 간첩보다 더 비밀스러움이 없다. 뛰어난 지혜가 아니면 능히 간첩을 사용하지 못하고, 어질고 의롭지 아니하면 능히 간첩을 부리지 못하고, 미묘하지 아니하면 능히 간첩의 실적을 얻지 못한다. 미묘하고도 미묘하도다. 간첩은 쓰이지 않는 곳이 없다. 간첩의 일은 말하기 전에 먼저 누설되면 간첩과 더불어 보고를 받은 자는 다 죽인다."

【글자 뜻】厚:후할 후. 密:비밀할 밀, 빽빽할 밀. 智:지혜 지. 微:정묘할 미, 작을 미. 妙:묘할 묘. 告:고할 고. 皆:다 개.

【말의 뜻】三軍之事:장수가 맡아 하는 3군의 일. 交莫親於間:사귐이 간첩보다 더 친함이 없음. 事莫密於間:일이 간첩보다 더 비밀스러움이 없음. 聖智:뛰어난 지혜. 仁義:어질고 의로움. 不能得間之實:능히 간첩의 실적을 얻지 못함. 微哉:미묘하구나. 無所不用間:간첩을 쓰지 않는 곳이 없음. 間事:간첩의 기밀. 未發而先聞:보고하기 전에 먼저 다른 사람에게 누설함. 間者與所告者:간첩과 정보 제공을 받은 사

람. 皆死:다 죽임을 당함.

【뜻 풀이】3군을 맡아 다스리는 장수의 일 중에서 장수와 간첩 사이보다
더 친한 사이는 없고, 상도 간첩에게 제일 후하게 주며, 모든 일은 극
비 속에 이루어져 간첩은 장수의 직속 부하인 것이다.
    그러므로 장수에게 뛰어난 지혜가 없다면 간첩을 사용하지 못하고,
인의를 지니지 못하였으면 간첩을 부리지 못하고, 미묘하게 운영하지
못하면 간첩을 사용하는 실적을 올리지 못한다. 그러므로 미묘하고도
놀라운 위력을 발휘하는 것은 간첩을 잘 쓰기 때문이며 간첩은 어떤
곳에나 유효하게 쓸 수 있는 것이다.
    그러나 만일 간첩이 사전에 다른 곳에 기밀을 누설한다면 간첩은
물론 그 기밀을 들은 사람까지 다 죽여야 하는 것이다.

4. 간첩은 후대해야 한다

凡軍之所欲擊 城之所欲攻 人之所欲殺 必先知其守將
범 군 지 소 욕 격 성 지 소 욕 공 인 지 소 욕 살 필 선 지 기 수 장
左右 謁者 門者 舍人之姓名 令吾間必索知之.
좌 우 알 자 문 자 사 인 지 성 명 령 오 간 필 색 지 지

　"무릇 군대가 공격하고자 하는 곳과 성의 공략하고자 하는 곳과 죽이
고자 하는 사람이 있을 때는 반드시 먼저 그곳을 지키는 장수와 좌우에
있는 측근자와 당번과 문지기와 사용인들의 성명을 알아야 하는데 아군
의 간첩으로 하여금 반드시 찾아내어 알도록 해야 한다."

【글자 뜻】 欲:하고자 할 욕.　擊:칠 격.　攻:칠 공.　殺:죽일 살.　謁:뵐 알.
　　舍:집 사.　索:찾을 색.
【말의 뜻】 所欲擊:공격하고자 하는 곳.　人之所欲殺:죽이고자 하는 사람.
　　守將:지키는 장수.　左右:측근자.　謁者:장수의 당번병.　門者:문지기.
　　舍人:심부름꾼.　索知:조사하여 알게 함.

【뜻 풀이】 부득이 싸워야 할 적군에 대하여 습격해야 할 장소, 성이라면
　　공격을 가해야 할 장소를 중점적으로 조사하게 하고, 만일 사람을 죽
　　이려 할 경우에는 경호하는 장교와 측근자나 당번병과 문지기나 잡역
　　부에 이르기까지 그 이름들을 조사하여 알아 두어야 한다. 이들을 알
　　기 위해서는 아군의 간첩을 적군에 침투시켜 조사하게 하는 수밖에
　　없다.

必索敵人之間來間我者 因而利之 導而舍之 故反間可
필색적인지간래간아자 인이리지 도이사지 고반간가
得而使也. 因是而知之 故鄉間內間可得而使也. 因是
득이사야 인시이지지 고향간내간가득이사야 인시
而知之 故死間爲誑事可使告敵. 因是而知之 故生間
이지지 고사간위광사가사고적 인시이지지 고생간
可使如期. 此五間之事 主必知之 知之必在於反間 故
가사여기 차오간지사 주필지지 지지필재어반간 고
反間不可不厚也.
반간불가불후야

"적의 간첩으로 와서 아군의 간첩 노릇을 하는 사람을 반드시 찾아내어 이익으로 매수하고 인도하여 적지로 놓아 보내야 하므로 반간(反間)을 얻어 부릴 수 있다.

이로 인하여 적의 실정을 알 수 있으므로 향간(鄕間)과 내간(內間)도 얻어 부릴 수 있다.

또 이로 인하여 적의 실정을 알 수 있으므로 사간(死間)이 아군의 일을 속여 적에게 알리게 할 수 있다.

또 이로 인하여 적의 실정을 알게 되므로 생간(生間)을 기약한 대로 부릴 수 있는 것이다.

이 다섯 가지 간첩에 대한 일은 반드시 군주가 알아야 한다. 알게 되는 것은 반드시 반간(反間)에게 있으니 반간(反間)은 후하게 대우하지 않을 수 없는 것이다."

【글자 뜻】 索:찾을 색. 導:인도할 도. 舍:놓을 사, 집 사.
【말의 뜻】 導而舍之:잘 인도하여 적지로 놓아 보냄. 可得而使:얻어서 부릴 수 있음. 因是而知之:이 反間으로 인하여 적의 실정을 알게 됨.

可使告敵:적에게 알리게 할 수 있음. 可使如期:기약대로 부릴 수 있음. 主必知之:반드시 군주가 알아야 함.

【뜻 풀이】이것은 반간(反間), 즉 이중간첩에 대한 설명이다.

　　적군의 간첩이 아군의 실정을 탐지하기 위하여 잠입해 들어오면 반드시 이를 찾아내어 이익을 주어 매수한 다음 잘 지도하여 다시 적지로 보내야 한다. 이렇게 함으로써 반간(反間)을 이용할 수 있다.

　　이 반간(反間)으로 인하여 적지의 고을 사람의 이름이나 관리의 이름을 알 수 있기 때문에 향간(鄕間)과 내간(內間)을 얻어 부릴 수 있는 것이다.

　　또 이 반간(反間)으로 인하여 적군의 실정을 잘 알 수 있기 때문에 능히 사간(死間)을 보내어 아군의 일을 거짓으로 꾸며 적에게 알리게 할 수 있는 것이다.

　　그리고 또 이 반간(反間)으로 인하여 적군의 실정을 잘 알 수 있기 때문에 능히 생간(生間)으로 하여금 기약한 일을 제때에 알아 가지고 돌아와 보고하게 할 수 있는 것이다.

　　그러므로 이 다섯 가지 간첩에 대한 일은 군주가 반드시 잘 알고 있어야 하는데 이 모든 것을 알 수 있게 되는 것은 반드시 반간(反間)의 수중에 달려 있다. 그러므로 반간(反間)을 후하게 대우하지 않으면 안 되는 것이다.

　　한고조(漢高祖) 유방(劉邦)을 섬긴 참모 진평(陳平)은 전략의 명수로서 여러 번 기묘한 전략으로 유방을 위기에서 구해 주었다.

　　유방이 초(楚)나라 항우(項羽)와의 전투에서 어려운 처지에 몰렸을 때,

"어떤 좋은 계략이 없겠는가?"

하고 묻자 진평이 이렇게 말했다.

"염려하실 것 없습니다. 항우 측에도 약점이 있습니다. 항우를 따르고 있는 사람들로서 강직한 신하는 겨우 범증(范增)과 종리매(鐘離昧) 등 몇 명에 불과합니다. 그래서 지금 황금 수만금을 내어 간첩을 보내 그들의 군신 관계를 이간시켜 서로 의심을 갖게 하려는 것입니다. 감정적으로 중상을 받기 쉬운 항우의 인품으로 보아 틀림없이 내부의 분열이 일어날 것입니다. 그 틈을 타서 공격을 가하시면 됩니다."

유방은 곧 황금 사만 근을 조달하여 진평에게 주면서 말했다.

"이 황금을 전부 그대 마음대로 쓰게. 일일이 사용처를 보고할 필요는 없네."

진평이 이 황금을 충분히 뿌려 반간(反間)을 매수한 후 초나라 군대 내부에 다음과 같은 소문을 퍼뜨리게 했다.

"종리매를 비롯한 여러 장수는 항우에게 봉사하여 큰 공적을 세웠는데도 조금도 평가해 주지 않아 한(漢)나라 유방과 내통하려 하고 있다."

과연 항우는 종리매 등 여러 장수들에 대한 의혹이 깊어졌다.

그때 유방에게 항우가 보낸 사자가 왔다. 진평은 호화로운 연석을 베풀었다가 사자의 얼굴을 보더니,

"아니, 범증이 보낸 사자로 알았는데 항우가 보낸 사자였구먼."

하고는 준비해 놓은 요리를 물리고 거친 요리를 가져오게 하는 것이었다.

항우의 사자는 진으로 돌아가 이 사실을 항우에게 자세히 보고했다. 이로써 범증에 대한 항우의 신뢰는 일시에 무너졌다. 이후로 범증이 어떤 전략을 말해도 항우는 들으려고조차 하지 않았다고 한다.

진평의 반간 공작(反間工作)으로 말미암아 군신 관계가 산산조각이
난 항우의 군대는 이때부터 패색이 짙어져 결국 유방에게 멸망당하고
말았던 것이다.

5. 지혜 있는 군주의 태도

昔殷之興也 伊摯在夏 周之興也 呂牙在殷. 故惟明君
석은지흥야 이지재하 주지흥야 려아재은 고유명군
賢將 能以上智爲間者 必成大功. 此兵之要 三軍之所
현장 능이상지위간자 필성대공 차병지요 삼군지소
恃而動也.
시이동야

"옛날에 은(殷)나라가 일어남에 이윤(伊尹)은 하(夏)나라에 있었고, 주
(周)나라가 일어남에 강태공(姜太公:呂牙)은 은(殷)나라에 있었다. 그러
므로 오직 밝은 군주와 현명한 장수만이 능히 뛰어난 지혜로써 간첩을 삼
아 반드시 큰 공을 이루는 것이다. 이것은 용병의 요결이요, 3군이 믿고
서 움직이는 바가 되는 것이다."

【글자 뜻】 昔:옛 석. 伊:저 이. 摯:잡을 지. 夏:나라 하, 여름 하. 呂:법
중 려. 牙:어금니 아. 惟:오직 유. 恃:믿을 시.

【말의 뜻】 殷之興也:은나라가 일어남. 伊摯:商나라 16대왕 탕왕(湯王)
때의 재상 伊尹. 伊尹은 원래 夏나라의 백성이었으나 湯王이 그의 명
성을 듣고 세 차례나 그를 초빙하여 湯王을 도와 夏나라의 폭군인 걸
왕(桀王)을 쳐서 천하를 평정함. 呂牙:姜太公. 그의 자가 子牙였기 때
문에 呂牙라 하였음. 원래 위수(渭水)에서 낚시질로 유유자적하고 있
었는데 周나라 14대 文王이 사냥을 나갔다가 그를 만나 재상으로 삼
아 殷나라의 폭군 주왕(紂王)을 쳐서 천하를 평정하였음. 上智:뛰어
난 지혜. 必成大功:반드시 큰 공을 이룸. 兵之要:용병의 요결. 所恃
而動:믿고 움직이는 바가 됨.

【뜻 풀이】옛날에 은(殷)나라가 일어날 때 탕왕(湯王)은 하(夏)나라에서 밭 갈던 이윤(伊尹)을 맞이하여 하나라의 폭군인 걸왕(桀王)을 토벌하였고, 또 주(周)나라가 일어날 때 문왕(文王)이 사냥 나갔다가 위수(渭水)에서 낚시질하는 은나라의 강태공(姜太公)을 만나 재상을 삼아서 은나라의 폭군인 주왕(紂王)을 토벌하였다.

그러므로 오직 현명한 군주와 장수만이 능히 뛰어난 지혜로써 간첩을 내 사람으로 만들어 큰 성공을 거두게 되는 것이다. 그러므로 간첩을 잘 부리는 것은 용병의 중요한 비결인 동시에 온 군대가 그것을 믿고 군사행동을 일으키게 되는 것이다.

손자(孫子)는 이 마지막 글에서 이윤과 강태공을 지혜가 뛰어난 간첩으로 해석하고 있으며 그들의 실력을 높이 평가하고 있다. 탕왕이나 문왕은 지혜가 뛰어난 그들을 재상으로 삼음으로써 왕업의 기초를 튼튼히 할 수 있었던 것이다.

깊이 있는 해설과 풍부한 원문해석으로

고전 해석의 깊은 감동을 드립니다.

일생에 한번은 꼭 읽고 마음에 새겨야할 《명심보감(明心寶鑑)》
"착한 일을 하는 사람에게는 하늘이 복으로 갚고,
악한 일을 하는 사람에게는 하늘이 재앙으로 갚는다."

《明心寶鑑》이는 곧 '마음을 밝혀 주는 보배로운 거울'이란 뜻이다. 사람이 세상에 태어나서 어찌 사람답지 못한 인간이 될 수 있으랴? 사람은 누구나 자기 자신의 인격을 꾸준히 수양함으로써, 마음이 선량한 데서 떠나지 않고 행동이 올바른 도리에서 벗어나지 않게 되는 것이다.

'착한 일을 하는 사람에게는 하늘이 복으로써 갚고, 악한 일을 하는 사람에게는 하늘이 재앙으로써 갚는다.'고 말하고 있다. 착한 행실은 선량한 마음에서 나오고 악한 행실은 악한 마음에서 나온다. 그러므로 착한 행실을 하려면 먼저 마음부터 선량하게 닦아야 한다. 극단적으로 말하면, 사람은 누구나 자신의 마음을 가꾸기 위하여 일생을 산다고 해도 과언이 아니다. 사람의 마음은 그만큼 가꾸기 어려운 것이다. 그러나 또 본인 자신이 마음만 굳게 먹는다면, 누구나 온전한 마음을 지녀 나갈 수 있는 것이다.

추적. 범립본 원저 | 박일봉 편저 | 신국판 양장 | 472쪽 | 정가 20,000

고전 역사학자 박일봉 선생께서 직접 번역 · 감수하신
일봉 시리즈는 풍부한 원문해설, 어원, 뜻 풀이, 해설 등으로
정통 고전의 진수를 직접 확인해 보실 수 있습니다.

인격수양의 지침서 《채근담(菜根譚)》
부귀한 사람에게 경계를, 가난한 사람에게 기쁨을,
성공한 사람에게 충고를 주어 인생의 모든 일을 달성할 수 있게 한다.

세상에는 인생과 처세에 대한 수양서가 헤아릴
수 없이 많이 있지만 그 중에서 이 《채근담》이
야말로 동서고금에 그 유례가 없는 군계일학의
백미이리라. 《채근담》 전 · 후집을 통하여 살펴
보면 저자 홍자성은 그 사상의 뿌리를 유교에
두고 있으나 노장의 도교나 불교의 사상까지도
폭넓게 받아들이고 있다. 그러므로 그는 인생
을 초탈하되 속세 속에서 초탈하라고 강조하고
있으며 물질과 명예도 맹목적으로 부정하고 있
지는 않다. 《채근담》이 현대인의 공감을 불러
일으키는 이유도 여기에 있는 것이다. 이리하
여 이 《채근담》은 부귀한 사람에게는 경계를
주고 빈천한 사람에게는 안락을 주며, 성공한
사람에게는 충고를 주고 실의에 빠진 사람에게
는 격려를 주어 누구에게나 인격수양의 지침서
가 되고 삶의 지혜의 샘물이 되어 만인에게 즐
거움을 안겨 주는 것이다.

홍자성 원저 | 박일봉 편저 | 신국판 양장 | 576쪽 | 정가 20,000원